Dnevnik Paralelne Slučajnosti

Ljubavna priča van svake mašte

ALEX CSALÁD

Ovo delo je zaštićeno autorskim pravima. Osim u slučaju poštenog korišćenja u svrhe privatnog učenja, istraživanja, kritike ili pregleda, kako je dozvoljeno Zakonom o autorskim pravima iz 1968. godine, nijedan deo ove knjige ne može biti reprodukovan, čuvan u sistemu za pretraživanje ili prenet u bilo kom obliku ili na bilo koji način, elektronski, mehanički, fotokopiranjem, snimanjem ili na drugi način, bez prethodne pisane dozvole autora.

Alex Család – Dnevnik Paralelne Slučajnosti:
Ljubavna priča van svake mašte
ISBN: 978-1-7642731-2-1 (meki povez)

 Zapis u katalogu za ovu knjigu dostupan je u Nacionalnoj biblioteci Australije

Objavio Delphian Books
Unit 1, 29 Mile End Road, Rouse Hill, NSW 2155
delphianbooks.com.au

Štampano u Australiji

Priča u ovoj knjizi odražava autorova sećanja na događaje. Imena, lokacije i prepoznatljive karakteristike su izmenjeni kak bi se zaštitila privatnost osoba koje su prikazane.

Mili, ljubavi mog života, i našim potomcima koji i dalje veruju u moć večne ljubavi.

U tihom prostoru gde prebivaju kajanja priznajem bol koji su izazvale moje reči. Ova knjjga je moje priznanje—putovanje kroz nesporazume i greške koji su bacili senku na našu vezu. Tražim oproštaj sa skromnim srcem i ovu priču nudim kao put ka isceljenju.

Neka naša kajanja budu most do mesta mira, usidrenog u kajanju, nadi i ljubavi koja prkosi vremenu.

Zovi me Aleksa.

Stojim na ivici litice, vetar mi mrsi kosu, slani miris okeana ispunjava mi pluća.
Ispod, talasi udaraju o stene, neumoljivi kao misli koje jure kroz moj um. Ovaj trenutak – ovaj izbor – mogao bi da mi preoblikuje ili okonča život. Gledajući u beskonačni horizont, osećam težinu svake odluke kaja mi je pritiskala.

Jedan korak napred mogao bi doneti mir – ili me baciti u neizrecivi mrak.

Sadržaj

Predgovor
   Naša ljubav je zapisana u zvezdama   ix
Sidnej, Australija – 1999   **1**
Zora Našeg Ljubavnog Početka   **5**
   Zelenika, Jugoslavija   5
   Sastanak sa Sudbinom   7
   Poljubac Koji Je Sve Promenio   11
   Produbljivanje Naše Veze   13
   Naš Filmski Roman   15
   Deljenje Tajni u Parku Zelenika   16
   Otkrivanje Prošlosti Mili   18
   Porodična Priča: Gubitak Oca – Jun 1952.   19
   Moj Najbolji Prijatelj – Badi   21
   Nevolja i Raskid Veze   22
Razmišljanja o Detinjstvu   **24**
   Lekcija o Veri – Sveštenička Izdaja   25
   Iza Zidova Crkve   28
   Izgubljen i Pronađen u Senci   29
   Izdaja i Oproštaj   30
Zanatska škola i moje muzičko putovanje   **33**
   Odsvirani put ka slobodi   35
   Zaključani i isključeni   36
   Muzičko Putovanje kroz Izazove   38
   Ukradeni Motor   39
Vojna služba   **42**
   Pešadinac ili vojni vozač?   42
   Dok se ponovo ne sretnemo   44
   Na liniji dužnosti   46
   Utočište Jedinstva   47
   Niti Prkosa   48
   Istorija: Američka Flota Jugoslovenske Vojske   51
   U Srcu Planine – Sklonište Građeno da Traje   52
   Red i Pobuna: Cena Neposlušnosti   54

Šta Sve Radimo Zbog Ljubavi 56
Vanzemaljci, Anđeli ili Slučajnost – Misterija Iz Dosijea X 57
Bliski Susreti na Planinskom Putu 59
Moji Poslednji Dani Službe 61
Zarobljenički Izbori – Pustolovine i Neočekivani Susreti 63
Ples Obmane – Promišljeni Kockarski Pokušaj za Slobodu 65

Italijanska potraga 67
U potrazi za brodom za Australiju 67
Početak slobode 69
Padričano, Italija: Kamp čekanja 71
Dnevnik nade: Ljubav na daljinu 72
U Budnom Oku Istorije: Priče iz izbegličkog kampa 74
Neočekivani Poziv 77
Pred licem Interpola: Moj dan na vrućoj stolici 79
Jedno jutro koje je moglo promeniti sve 81

Izbeglički kamp Latina – 1968 86
Lekcije iz empatije i Lekcije 88
Obećanje Da Nikada Više Ne Povredim 90
Šapat pod Mesečinom: Sećanje na Ljubav 91
Poklanjam Mili Prsten – Avgust 1968. 93
Raskršće izbora 94

Novi početak u novoj zemlji – 1968 98
Otrežnjujući otkriće – Kako je "Vog" postao ponos 101
Komedija grešaka – Moj prvi posao u Australiji 102

Milin Dnevnik – Zelenika, 1968 108

Milin dnevnik postaje naš dnevnik 124
Život u Orandžu, Novi Južni Vels – 1969 128
Šok zbog izdaje, ili sam barem tako mislio… 138
Brak iz osvete 143

Istorija – Na ivici Trećeg vetskog rata 148
Zaboravljena kriza Jugoslavije 148

Odvojeni životi Alekse i Mile 151
U potrazi za ljubavlju 151
Zategnut brak 151
Postajem otac 152

Paralelni životi – Mila	153
Mašinski radnik prvog reda	154
Kad se sreća i brzina sudare	155
Balansiranje porodičnog života	158
Šapat iz vinove loze	160
Potraga za mojom decom – 1975	160
Nova veza – Sendi	162
Put do starateljstva	163
Od gotovo tragedije do blagostanja – 1977	164
Priče sa Puta	166

Porodična Istorija – Maj 1945 — 169

Ljubav, Gubitak i Novi Počeci — 172

Drugi brak sa Sendi – Maj 1978	172
Preokret izazova u prilike	175
Uspešni poslovni poduhvati	176
Vođeni snovima i inovacijama	179
Paralelni Životi – Mila, 1982. do 1997	180

Bođenje u Ljubav – 1998. do 2000. — 182

Godina 2000: Prekretnica	184
Naši Prvi E-mailovi – Zajednički Snovi	185
Obnavljanje veze – Oktobar 2000	187
Šapat onoga što je moglo biti	190
Nedovršena melodija	191
Žena koja je nadmudrila Smrt	193
Ponovno Povezivanje Srca: Pitanja i Mogućnosti	195

Ponovno rasplamsana ljubav u Budimpešti — 204

April 2001	204
Pronalaženje našeg puta nazad i davno izgubljenog prstena	206
Ahic Hotel, Zelenika – April 2001	212
Aleksa: Pismo za Milu i Mladena	214
Vera i Moje Sopstvene Odluke	215

Razmišljanja, Otkrovenja i Obnova — 218

Sećanje na moj brak od 26 godina	218
Moj poverenik u Zelenici	219
Otkrivenja i gubitak poverenja	220
Neshvaćena ljubav	221
Traženje pomoći od Tonija – maj 2001	223

„Kraj sveta"	**226**
Moj lični dnevnik iskupljenja i razmišljanja	226
Menjajući našu sudbinu i tražeći pomoć	228
Koraci Ka Nama	**234**
Novo Poglavlje u Ljubavi	234
„Mila, hoćeš li da se udaš za mene?"	**242**
Avgust 2002.	242
Neraskidive veze, Tunis – septembar 2002.	244
Miline e-poruke: Sačuvane i dragocene	249
Planovi da budemo zajedno	257
Trijumf ljubavi: Ponovno jedinjenje uz pomoć D.I.M.I.A.	**262**
Čekanje na odluku D.I.M.I.A.-e	267
Moj najsrećniji dan	268
Šta se desilo posle …	269
Epilog	**271**
Nevidljivo nasleđe	271
„Ono što je duboko voljeno nikada nije zaista izgubljeno."	271
Autorova refleksija: Snovi izvan vremena	272
Zauvek u rečima: Pismo ljubavi i čežnje	273
Dodaci	**274**
Dodatak 1: Rečima moje ćerke	274
Put do starateljstva	279
Dodatak 2: Moja filozofija „Neodgovorena pitanja"	281
Dodatak 3: O Autoru	286
Ko je Aleksa Család?	286
Dodatak 4: Moje muzičko putovanje	288
Soundtrack Paralelne Srećne Slučajnosti	288

Predgovor

Naša ljubav je zapisana u zvezdama

Godine 1965, kada je Mila imala šesnaest, a ja dvadeset godina, naši putevi su se ukrstili na način koji je delovao gotovo sudbinski. Uprkos našoj mladosti, delili smo vezu toliko duboku da nas je izdvajala od drugih. Naš odnos je bio zasnovan na poverenju i međusobnom poštovanju, negujući čistoću onoga što smo imali. Iako je naša ljubav bila izražena samo kroz nežne poljupce, dali smo sebi zavet: čekaćemo brak da bismo se u potpunosti predali jedno drugom. Ali ljubav, ma koliko bila čista, nikada nije bez iskušenja. Pozvan u vojsku socijalističke Jugoslavije pod Titovom vlašću, nosio sam Milu u srcu kao skriveno blago.

Kao mlad vojnik, učio sam da se nosim sa strogim rutinama i beskrajnim vežbama, pronalazeći snagu u pomisli na njen nežni osmeh i način na koji su joj oči sijale dok se smejala.

Kada mi je služba završena, sa jedva dovoljno novca za voznu kartu do Italije, krenuo sam na put ka neizvesnoj budućnosti. Imao sam samo jedan cilj: da izgradim dom za nas u Australiji dok Mila završi pravni fakultet, uz obećanje da ćemo se ponovo ujediniti. Tokom tih dugih meseci razdvojenosti, njeno pismo mi je bilo sidro. Napisala je:

„Iako nas dele okeani i ratovi, moje srce je uvek s tobom, Aleksa."

Te reči su bile svetlost u najmračnijim trenucima, podsetnik da naša ljubav može izdržati svaku oluju. Čitao sam ih iznova i iznova, ponekad ih šapćući kao molitvu.

Ovo je priča o našoj ljubavi, našem rastanku i našim paralelnim životima.

Sidnej, Australija – 1999

Sedim sam u sobi, razmišljajući o svom životu i putevima koje sam izabrao. U rukama držim dnevnik – Milin dnevnik – i preplavljen sam talasom sećanja. Korice su istrošene i krhke, baš kao i tanke stranice unutra, ali njene reči i dalje žive kao onog dana kada ih je napisala. Kako okrećem svaku stranicu, godine između nas nestaju. Miline reči me vraćaju u vreme kada je naša ljubav bila mlada, ali silna. Suze mi naviru dok čitam misli i osećanja koje je poverila ovim stranicama – namenjenim samo meni. Nekadašnji privatni dnevnik sada deluje kao šapat iz prošlosti – prozor u trenutke koje smo delili i odluke koje su sve promenile.

Ove stranice ne sadrže samo Miline reči, već i moje. Mila je ostavila prazne stranice za mene, da i ja zapišem svoju priču o tim mesecima bez nje. Ispunio sam ih svojim čežnjama i željom da me čeka. Kada je Milin dnevnik stigao sa druge strane sveta, našao me je u jednom malom gradiću u unutrašnjosti Novog Južnog Velsa, u Australiji. Za mene je to bilo vreme puno zbunjenosti, iščekivanja pisama i pitanja da li naša ljubav može opstati. Taj dnevnik je potvrdio njenu ljubav, ali mi je i posadio seme sumnje.

> *Malecki, 6. III 1969*
> *tek sada ti šaljem dnevnik sa kojim želim da označim naš godišnjicu rastanka. Želim da ga sačuvaš, da budeš srećan isto toliko koliko sam bila i ja kada sam ga pisala. I kada nestanem iz tvoga života, sačuvaj uspomenu od tvoje Mile koja te iskreno i zauvek VOLI.*

Tada nisam u potpunosti shvatio dubinu njenih reči – kada više ne budem u tvom životu – delovalo je neumesno pored topline njene ljubavi, kao senka na vedrom danu. Da li je to bio njen način da me pripremi za nešto što ni sama nije mogla da predvidi, ili trenutak sumnje u ono što je delovalo neuništivo? Danas shvatam zašto su mi te reči zapele u grlu. Čak i sada, dok ovo pišem, one nose tihu težinu ljubavi koja se priprema na gubitak – istinu na koju nisam bio spreman.

Kada sam završio sa čitanjem, primetio sam svoju ćerku Elen kako stoji na vratima, sa licem punim zabrinutosti dok me je posmatrala kako brišem suze.

„Tata, šta nije u redu?" upitala je nežno. Pokušao sam da smirim glas.

„Nije ništa," odgovorio sam. „Samo... nešto što čitam. Teško mi je da završim poslednju stranicu."

Elenin pogled se spustio na knjigu u mojim rukama, i u očima joj je zaiskrila prepoznatljivost. „Da nije to ona stara knjiga koju sam jednom videla u fioci?" pitala je. „Mislim da sam u nju nešto škrabala, a mama mi je uzela rekavši da je tvoja i da se ne igram s njom."

Oklevao sam trenutak, znajući da će je radoznalost odvesti tamo gde nisam planirao. Podigao sam stari dnevnik – izbledela, ali još uvek čvrsta korica.

„Da, to je taj," priznao sam. „To je dnevnik... od nekoga iz moje prošlosti." Elen je prišla bliže, pogledom prešla preko izlizanih ivica i konaca koji su jedva držali povez. „Izgleda prastaro," primetila je s blagim osmehom. „Čuvaš ga sve ove godine?"

Klimnuo sam glavom. „Elen, imam pedeset godina. Život te nauči da čuvaš ono što ti je najvažnije, čak i ako je iz davnih vremena. Ovaj dnevnik... spada u takve stvari." Nasmejao sam se tiho. „Preživeo je dva braka, odgajanje tebe i tvog brata. Bio je skriven u kutijama, u fiokama, selio se sa mnom... i još je tu."

Elenin osmeh je postao topliji, sa primesom radoznalosti i ohrabrenja. „Tata, hajde, ispričaj mi više."

Duboko sam udahnuo. „To je prilično velika priča, Elen. Nisam siguran da bi ti bila zanimljiva," rekoh oklevajući. „Ovaj dnevnik nije samo zbirka stranica; to je prozor u jedno poglavlje mog života, mnogo pre nego što si se ti rodila."

Nagnula je glavu, oči joj nisu napuštale moje. „Pokušaj," prošaptala je.

„Da li je to neka tvoja stara devojka?" upitala je, pomalo zadirkujući.

„Nemojmo baš koristiti reč stara," nasmejao sam se.

„Znači ima priče! Hajde, tata, reci mi. Kako se zove?"

„Mila," rekao sam, njeno ime mi je izašlo s mešavinom nostalgije i nežnosti. „I da, bila je više od devojke. Još sam bio veren s njom kada sam zaprosio tvoju majku."

Elenine oči su se raširile. „Tata, kako si mogao to da kriješ? Da li je mama znala? A šta je sa Sendi, tvojom drugom ženom?"

„Ispričao sam im ponešto, ali ne sve," priznao sam, prisećajući se tih neizrečenih istina.

„Tata, mislim da je vreme da mi kažeš celu priču," rekla je tiho, ali odlučno.

„Ne sada, Elen. Nije pravi trenutak. Možda neki drugi put," pokušao sam da se izvučem, iako sam znao da je taj trenutak došao.

„Tata, sada je pravi trenutak. Sendi se neće vratiti još dva dana, a ja sam ovde da provedem vreme s tobom. Iskoristimo ga. Ja ću da stavim vodu za čaj, ti se smesti i samo počni."

Uz osmeh sam rekao: „U redu. Odakle da počnem?"

„Od samog početka," rekla je, sa očima punim očekivanja.

Zastao sam, shvativši da pravo mesto početka nije u prošlosti, već u ovom trenutku – tamo gde su odjeci prošlosti najglasniji.

Pogledao sam u kalendar. „24. mart 1999," rekao sam tiho. „Tog dana je NATO počeo bombardovanje Jugoslavije. Bacali su kasetne bombe, što su potvrdile i SAD i Britanija. Celi gradovi su ostali u mraku – nestalo je struje, telefona, pa čak i vode. Vesti su bile pune razaranja, a vazduh je bio ispunjen strahom i neizvesnošću."

Elenino lice je odražavalo zabrinutost. „Užasno," rekla je.

„A tetka Ilona i devojčice su usred svega toga," dodao sam. „Moram da pošaljem ta pisma da proverim da li su dobro. Sve je prekinuto – telefoni, struja, voda."

„To je strašno," promrmljala je Elen, zamišljena. „Ali, reci mi više o Mili. Kakva je ona bila?"

„Mila," ponovio sam nežno, s osmehom. „Njeno ime znači *draga i nežna* na srpskom. I bila je baš takva – topla i puna dobrote."

„Molim te, tata, nastavi. Želim da čujem sve."

Duboko sam udahnuo. „Život zna da nas iznenadi," počeo sam.

„Posle 26 godina braka sa tvojom maćehom Sendi, osećam nešto što ne mogu da objasnim. U poslednje vreme stalno sanjam tu devojku. Ljubav u tim snovima je ogromna, ali njeno lice mi uvek izmiče. Počinjem da se pitam da li je ta devojka možda Malecka," priznao sam s dozom nesigurnosti.

„Malecka?" ponovila je Elen s podignutom obrvom.

„Da," klimnuo sam glavom. „To je bio Milin nadimak. Znači *malena.*"

Elen je ćutala, slušajući s pažnjom i saosećanjem. „Da li si razgovarao sa Mejsonom o tome?" upitala je.

Odmahnuo sam glavom. „Nisam. Misliš da treba?"

Elen je zastala, razmišljajući. „Ne znam, tata. To je nezgodna situacija. Ali Mejson ti je sin, možda ima neki savet. Možda vredi pokušati."

Zahvalno sam se nasmešio. „Hvala ti, Elen. Ali nisam siguran — da li da pokušam da pronađem Milu? Ili da pustim prošlost da ostane tamo gde jeste?"

Elen je uzdahnula. „Teška odluka. Pronaći je može doneti mir… ili otvoriti nove rane. Ali možeš dobiti odgovore koje tražiš. I moraš biti spreman i na jedno i na drugo."

Klimnuo sam. „A možda je bolje da prošlost ostane — samo prošlost," rekao sam tiho.

Zajedno smo ćutali, svako sa svojim mislima.

Nakon nekog vremena, Elen je tiho rekla: „Tata, šta god da odlučiš, nemoj da dozvoliš da te strah zaustavi. Ako misliš da ti to može doneti mir, onda pokušaj. Ako misliš da će doneti nemir — pusti. Šta god da odlučiš, nisi sam. Mi smo ovde za tebe. Možda suočavanje sa prošlošću pomogne da bolje razumeš sadašnjost. A ako ti je pričanje ove priče danas donelo bilo kakvu utehu, onda sam zahvalna na tome." Zastala je i nasmešila se. „Nemoj zaboraviti – izgradio si život sa Sendi, sa nama. Sve što smo zajedno prošli ima vrednost." Zatim je dodala uz osmeh: „I naravno — naša nestašna mačka."

„Naravno, Bejbi," nasmejao sam se. „Ona je posebna priča."

Nagnula se bliže. „Hajde, tata. Spreman sam. Počni odakle god osećaš da treba."

Zora Našeg Ljubavnog Početka
Zelenika, Jugoslavija

Bila je 1966. godina – vreme kada se sve činilo da se menja. Živeo sam u Zeleniki, šarmantnom gradiću blizu mađarske granice, u tadašnjoj Jugoslaviji. Grad je imao svoj poseban šarm – Zelenika park bio je pravo utočište mira, gde su ruže cvetale u jarkim bojama, a klupe pozivale prolaznike da zastanu i odmore se. Park je delovao gotovo čarobno, sa krivudavim stazama koje su vodile do skrivenih kutaka – idealnih za zaljubljene parove u potrazi za malo privatnosti.

Jedne večeri, moj bend, *Eternal Flames*, svirao je u vojničkom domu. Sala je bila puna, sve je vrvelo od tinejdžerske energije. Otvorili smo s pesmom „Apache" – legendarnim instrumentalom grupe *The Shadows* – i publika je odmah živnula, njihovo klicanje i pokreti stvorili su sopstveni ritam.

U toj električnoj atmosferi, moj pogled se zaustavio na poznatom licu – Vera, moja komšinica. A pored nje, jedna devojka koju nikad ranije nisam video… ali koja me je momentalno očarala. U trenutku kada sam je ugledao, zastao mi je dah. Nešto se probudilo u meni – neko čudno, toplo osećanje – kao da me neka nevidljiva sila vuče ka njoj. Čuo sam za ljubav na prvi pogled, ali sam je uvek odbacivao kao bajku – previše savršenu da bi bila stvarna. Ipak, dok sam stajao tamo, zarobljen njenim prisustvom, znao sam da je to – to.

Kretala se s lakoćom i gracioznošću koju je bilo nemoguće ne primetiti. Njena tamna, savršeno oblikovana kosa uokvirivala je njeno prelepo lice.

Odeća joj je bila elegantna, s merom – ali ono što me je stvarno privuklo bila je toplina u njenom pogledu, njena pristupačnost. Oči su joj bile duboke i izražajne, pomno posmatrale sve oko sebe, kao da upijaju svaki trenutak.

A onda – njen osmeh. Blag, tajanstven, osmeh koji kao da je osvetlio celu prostoriju.

Nije bio samo lep – bio je jedinstven. U tom trenutku, činilo mi se da nije samo zakoračila u salu – zakoračila je pravo u moj život, kao da je univerzum odlučio da nas spoji baš tada i baš tu.

Progurao sam se kroz masu, srce mi je lupalo, a dlanovi su mi bili znojavi. Uzbuđenje i nervoza borili su se u meni dok sam išao prema njoj.

Zvukovi publike – njihovo klicanje, smeh, ples – polako su iščezavali. U tom trenutku, postojali smo samo Mila i ja, i plamen koji je zatreptao u mom srcu.

Kad sam stigao do njih, obratio sam se Veri, pokušavajući da smirim glas:

„Vera, šta te večeras dovelo ovde?" upitah, radoznao.

Verine oči zasijale su nestašno dok se osmehnula.

„Pa, Aleksa, vreme je da upoznaš moju neverovatnu prijateljicu Milu," rekla je i klimnula glavom prema devojci pored sebe, čije je lice u tom trenutku zasijalo još jače.

Okrenuo sam se prema Mili i nasmejao se, pokušavajući da prikrijem treperenje u stomaku.

„Zdravo, Mila. Drago mi je," rekoh, namerno koristeći srpski izraz. „Mila je srpsko ime, zar ne?"

Mila je klimnula glavom, osmeh joj je bio topao i iskren. „Jeste," odgovorila je tiho.

Osetio sam iznenadni talas hrabrosti i bez mnogo razmišljanja rekao: „Znaš… baš si lepa."

Mila je pocrvenela, obrazi su joj se zarumeneli. „Hvala," prošaptala je stidljivo.

Ohrabren, dodao sam s osmehom: „Mađar sam, ali nemoj mi to zameriti. Šta kažeš da te ispratim kući kad se ovo završi?"

Njen osmeh postao je nestašan. „Ne brini, potrudiću se da ti ne zamerim," zadirkivala me je. „Ali ne ide to tako – večeras sam ovde s Verom."

Klimnuo sam glavom, trudeći se da prikrijem razočaranje. „Pošteno," rekoh. „Ali ne odustajem tako lako. Šta kažeš da se vidimo sutra?"

„Sutra je školski dan," rekla je s podignutom obrvom, u polušaljivom tonu.

„Još bolje!" uzvratio sam. „Šta ako te sačekam posle škole i postanem tvoj službeni poslepodnevni pratilac?" dodao sam, dok mi je srce brže kucalo.

Mila se nasmejala – bio je to smeh poput muzike, lagan i iskren. „Možda i bi moglo," rekla je, a oči su joj zablistale s nečim što nisam umeo da objasnim.

„Dakle, dogovoreno – imamo sastanak?" upitah, sav u nadi.

Klimnula je glavom, osmeh joj je bio sjajan, pun obećanja. „Imamo," rekla je.

Vratio sam se na binu sa osećajem poleta i energije. Uzeo sam mikrofon i obratio se publici:

„Ova pesma ide za jednu posebnu devojku iz publike," rekoh, gledajući pravo u Milu.

„Znaš ti ko si – vidimo se sutra." Počeo sam da sviram pesmu *„Happy Together"*, i još jednom sam uhvatio njen pogled. U njenim očima video sam isto što je bilo i u mojima – uzbuđenje, radoznalost, i tiho razumevanje da je ovo bio početak nečeg zaista posebnog.

Sastanak sa Sudbinom

Sutradan, Mila i ja smo se našli ispred škole. Zalazeće sunce obasjavalo je sve toplom, zlatnom svetlošću, kao da je i sam svet zadržao dah zbog nas. U vazduhu se osećalo iščekivanje, kao da će se upravo dogoditi nešto magično.

„Spremna za šetnju?" upitah, osećajući uzbuđenje koje mi je lepršalo u stomaku.

„Jesam, hajde da krenemo," odgovorila je Mila, sa osmehom koji je bio vedar i iskren.

Dok smo polako koračali, upitah: „Dakle, ideš u sedmi razred?"

Mila se nasmejala. „Dobar pogodak. Da, idem. A ti? Šta radiš kad ne sviraš gitaru? I usput, zašto sviraš levom rukom kao Paul McCartney?"

„Pa, levoruk sam," objasnio sam. „Pokušao sam da učim na gitari za desnoruke, ali nikako nisam mogao da se snađem. Frustrirao sam se i… razbio je o stolicu."

„O ne! Znači, imaš kratak fitilj?" zadirkivala me je Mila.

„Nekad sam imao," priznah sa osmehom. „Ali od tada sam se smirio. Razbijanje te gitare me je naučilo lekciji – nisam mogao da kupim novu, pa sam je napravio od delova koji su preživeli i drveta iz stovarišta. Sada je neuništiva. I izgleda dobro – to je ona s kojom sam juče svirao."

Srce mi je zatreperilo kad sam čuo Milin smeh. Nije bio to samo smeh – bile su to njene oči koje su zaiskrile kad se nasmejala, kao da u sebi nosi neku skrivenu radost, spremnu da je podeli sa mnom.

„To me podseća na jednu pesmu," rekoh, podižući obrvu. „Yesterday, all my troubles seemed so far away…" zapevah tiho i namignuh joj.

Ponovo se nasmejala i nežno me gurnula. „Prestani! Odgovori na pitanje."

„Koje pitanje?" uzvratih šaljivo.

„Zašto sviraš levom rukom, kao Paul McCartney?" nastavila je, oči su joj se smejale.

„Ko?" upitah, praveći se nevešt.

„Nemoj da se praviš lud – znaš tačno na koga mislim!" kikotala se.

„Ko, ja? Ne, ne znam," rekoh. Zatim, s osmehom dodadoh: „Znaš, oduvek sam želeo da budem komičar, ali sam se plašio da će mi se ljudi smejati."

Mila je prasnula u smeh, obrazi su joj se zarumeneli od radosti.

„Šta je smešno?" upitah kroz osmeh. „Zar nisi čula taj vic? Stariji je i od Adama."

Mila je došla do daha i zadirkivala me: „Ko je Adam, i koliko je on star?"

Pravio sam se iznenađen. „Zar ne znaš ko je Adam?"

Mila se nasmešila. „Uhvatila sam te."

„Da, jesi," prizna kroz smeh. „U redu, pravi odgovor: veliki sam fan Paula. Nisam dobar kao on, ali mislim da sam zgodniji. Zar ne?"

Mila je kikotala, obrazi su joj bili crveni. „U redu, dosta. Sad ozbiljno."

Uozbiljio sam se, ali Mila se i dalje smejala, oči su joj sijale od suza.

„A gde idemo?" upitah.

Mila se konačno smirila. „Vraćaš me kući."

„Ah, tačno. Moraš li uskoro da stigneš? Hoće li se tvoji brinuti?" upitah, želeći da razgovor ostane lagan.

„Ne, rekla sam mami da ću kasno. Zapravo idem kod Vere da učimo," rekla je.

„Nisam znao da si toliko bliska s Verom," rekoh, iznenađen.

„Naravno. Zar misliš da bih sa njom išla na ples tek tako?" uzvratila je Mila.

„Zato što voliš *Eternal Flames?*" predložih polušaljivo.

Mila je zakolutala očima. „Ma daj, nemoj da budeš smešan."

„Šta? Ne voliš moj bend?" pravio sam se uvređen.

Nasmešila se, oči su joj omekšale. „Zapravo, jako mi se sviđa bend, posebno baš gitarista koji je zgodniji od Paula McCartneyja."

Spustio sam se na jedno koleno, sa osmehom na licu. „Hoćeš li da se udaš za mene?" upitah, srce mi je ubrzano kucalo.

Mila mi je uzvratila osmeh, oči su joj bile pune smeha. „Ti si lud! Ali naravno da hoću," rekla je, igrajući igru.

„Sad sam stvarno srećan," rekoh, glumeći olakšanje.

Nasmejala se i pokazala ispred nas. „Pogledaj, tamo je crkva. Hajde da se venčamo odmah!"

„Važi," rekoh.

Počeli smo da trčimo, smejući se, srce nam je udaralo dok smo jurili prema crkvi. „Hajde!" rekli smo uglas, zadihani i uzbuđeni. Kad smo ušli, vazduh je bio svežiji, a sve je postalo tiho i mirno. Ta iznenadna tišina nas je prizemljila – kao da je svet poštovao svetost trenutka.

Zastali smo i gledali oko sebe. Zidovi su bili ukrašeni umetninama, a vitraži su bacali šarene senke po podu – kao rasuti dragulji.

„Ove slike su neverovatne," šapnula je Mila, sa zadivljenim pogledom.

Naše ruke su se lagano dotakle – nežan, neplaniran dodir koji mi je poslao struju niz kičmu. Bio je to mali gest, ali činilo se kao nešto ogromno, kao da je univerzum baš taj trenutak pažljivo isplanirao.

U tom trenu, činilo se da nas je svemir doveo ovde, u ovo sveto mesto, da zapali ljubav koja će večno trajati.

Koračali smo dalje kroz crkvu, naši koraci odzvanjali su tiho.

Topla, zlatna svetlost koja je prolazila kroz vitraže obasjavala nas je u kaleidoskopu boja, oslikavajući našu priču nijansama strasti i odanosti.

Mila se okrenula prema meni, oči su joj sijale od emocija. „Aleksa, nisam ovo očekivala kad smo se danas upoznali," šapnula je.

Pogledao sam u njene smeđe oči i osetio nešto što nisam mogao objasniti. Nije to bila samo privlačnost – bilo je dublje, kao da se nešto veće dešava između nas.

„Mila, ne znam mnogo o ljubavi," rekoh tiho, „ali možda je to upravo to. Jednostavno se desi."

Nasmešila se, lice joj je bilo spoj čuda i ranjivosti.

„Možda je svemir krenuo da radi svoje sa nama." Njene reči su ostale da vise u vazduhu, stapajući se s tihom lepotom crkve. Kao da je vreme usporilo, ostavljajući prostor da shvatimo značaj trenutka.

Nastavili smo da razgledamo crkvu, pričajući šapatom, ne želeći da narušimo svetost tog mesta.

Mila je pokazivala detalje fresaka, oči su joj sjajile od radoznalosti.

„Pogledaj ovu," rekla je, pokazujući na sliku dve ruke koje se pružaju jedna prema drugoj, prstima skoro dodirujući se.

Pratio sam njen pogled, i nešto u toj slici me duboko dotaklo.

„Kao mi," izgovorih, iznenađen sopstvenom iskrenošću.

Okrenula se prema meni, obrazi su joj se blago zarumeneli, ali nije skrenula pogled. „Da," šapnula je.

Dok smo stajali okruženi vekovima umetnosti i istorije, shvatio sam da je prava umetnina ono što se rađa između nas. Nije se moglo opisati rečima, ali je bilo tu – stvarno i neizbežno.

Crkva je delovala živo – ne samo svojom lepotom, već nečim nevidljivim – tihim prisustvom, blagim drhtajem koji je odražavao ono što smo oboje osećali.

Mila se nagnula da bolje pogleda jednu fresku, a ja sam poželeo da ovaj trenutak traje zauvek. Okruženi lepotom i istorijom, naša priča je tek počinjala. U toj čarobnoj crkvi, obasjani svetlom vitraža i tišinom svetosti, znali smo da je ovo početak nečeg divnog – putovanja ispunjenog smehom, snovima i ljubavlju koja će odolevati vremenu.

Poljubac Koji Je Sve Promenio

Shvatio sam – bio sam zaljubljen. Morao sam da je uhvatim za ruku. Sada je bio pravi trenutak. Srce mi je divlje kucalo dok sam posegnuo i uhvatio njenu ruku. Njena koža bila je topla i nežna, a kroz moje telo je prošla snažna struja. Naši prsti su se isprepleli, i među nama je prošla neka neizgovorena, ali savršeno jasna poruka. Zastali smo, diveći se prelepim slikama oko nas. Svi ti detalji delovali su beznačajno u poređenju s tim kako me je ona činila da se osećam.

Bili smo sami, osim starijeg čoveka – možda sveštenika – koji nas je nakratko pogledao. Pitao sam se šta misli, gledajući nas kako stojimo zajedno. Da li je mogao da nas pročita? Da li su naši pogledi odavali koliko brzo i duboko smo se povezali?

Kako je dan počeo da se gasi, odlučili smo da je vreme da krenemo ka njenoj kući. Nisam znao put, pa sam je pustio da me vodi, i dalje držeći je za ruku.

„Ovuda," rekla je sa osmehom. „Možemo kroz park, to je prečica do moje kuće."

Njena sugestija me je oduševila – možda je mislila isto što i ja. Imao sam osećaj kao da hodam po oblacima, a toplina njene ruke držala me prizemljeni u trenutku koji je delovao previše savršen da bi bio stvaran. Park je uveče bio još čarobniji. Ruže su izgledale još intenzivnije, a mekana svetla su sve obavijala nestvarnim sjajem.

Kao da je univerzum naslikao tu scenu samo za nas. Hodali smo tako, sa prstima lagano isprepletanim, koraci su nam se slagali s ritmom naših srca.

„Aleksa," upitala je Mila tiho, „veruješ li u sudbinu?"

Nasmejao sam se, osećajući duboku povezanost. „Sada verujem. Upoznati te danas… kao da nas je sudbina spojila."

Uzvratila je osmeh, oči su joj zaiskrile. „I ja tako osećam. Kao da je univerzum želeo da se pronađemo."

Njene reči ostale su da mi odzvanjaju u mislima, urezujući se u večernju tišinu. Nije bilo samo šta je rekla – već kako. Kao da je iskreno verovala u to. A po prvi put u životu, verovao sam i ja.

Razgovor nam je tekao lako, kao da se poznajemo oduvek. Lutali smo parkom, delili snove, nade i tajne. Osećao sam se sigurno, kao da možemo jedno drugom reći sve. Park je bio skoro prazan, samo nekoliko parova je sedelo po klupama, svaki u svom svetu ljubavi. Nisam mogao da ne pomislim da smo Mila i ja kao oni – na početku priče koja obećava zauvek.

Pomislio sam na Veru. Da nije bilo njenog nestašnog osmeha i odlučnosti da nas upozna, sada ne bih šetao držeći Milu za ruku. Vera je videla nešto što ja nisam – vezu koja čeka da se dogodi. U sebi sam joj zahvalio na tom daru.

Borio sam se s rastućom željom da poljubim Milu, čekajući savršen trenutak. Glava mi je bila puna pitanja – da li ona to želi isto koliko i ja? I šta ako nas neko vidi? Duboko u sebi znao sam – ona je ta.

Možda tamo, kod onih žbunova, gde nas niko neće videti. Ulica je već bila na vidiku, i znao sam da, ako sada ne učinim nešto, možda nikad neću imati drugu priliku. Zastao sam, duboko udahnuo i okrenuo se prema njoj. „Mila," rekoh tiho, glas mi je blago podrhtavao. Pogledala me je, oči su joj bile tople i radoznale. Naša lica bila su na nekoliko centimetara jedno od drugog. Polako sam se nagnuo prema njenim usnama. Njene oči su se zatvorile, i ja sam zatvorio svoje. Sve je nestalo osim osećaja njenih usana – toplih, nežnih, i beskrajno stvarnih.

Taj poljubac bio je sve – blag, neodlučan, a opet snažno strastven. Nije to bio samo poljubac; bila je to tiha zakletva, početak, povezanost koja je delovala vanvremenski. Ne znam koliko je trajao, ali znam da nije bilo dovoljno.

Našli smo se ponovo na ulici, još uvek držeći se za ruke. Nakon nekoliko koraka, opet smo se zaustavili i poljubili, ne mareći da li nas neko vidi. U tom trenutku, ništa drugo nije postojalo – samo ona. Devojka koja mi je za samo jedan dan promenila ceo život.

Dok sam je pratio do kuće, taj poljubac mi se stalno vraćao u mislima.

Taj poljubac... promenio je sve. Nije bilo samo do dodira njenih usana – već do načina na koji me je učinila da se osećam. Kao da sam konačno postao deo nečeg izuzetnog. U tom trenutku video sam samo nju, osećao samo nju.

Bio je to njen prvi poljubac, a osećao se kao početak nečeg čudesnog. Kada smo stigli do njenog praga, srce mi je ubrzano kucalo od iščekivanja. Kakve nas avanture čekaju? Gde će nas ova ljubav odvesti? Neizvesnost je bila uzbudljiva, ali jednu stvar sam znao sigurno – želeo sam da sve to proživim sa njom uz sebe.

Mila se zaustavila i okrenula, oči su joj bile meke i pune nežnosti.

„Aleksa, današnji dan mi je bio neverovatan."

Nasmejao sam se, srce mi je bilo puno.

„Upravo sam to hteo da kažem… i želim još."

Uz poslednji pogled, zakoračila je unutra, a ja sam krenuo ka svojoj kući.

Noćni vazduh bio je hladniji, ali misli su mi bile pune topline dok sam ponovo i ponovo vraćao u glavi sećanje na naš poljubac. Kako sam se približavao svom domu, u sumraku sam ugledao poznatu figuru. Vera je stajala opušteno naslonjena na kapiju, ruku prekrštenih i s osmehom punim znanja.

„Znaš," rekla je dok sam prilazio, „nikad nisam videla Milu da se ovako smeje. Mora da si joj rekao nešto stvarno posebno." Njene reči su me zatekle. Zastao sam, a osmeh mi se nehotice pojavio na licu. „Možda nije bilo u tome šta sam rekao," odgovorio sam, s mešavinom ponosa i skromnosti. „Možda je do nje… možda do nas."

Verin osmeh se proširio i klimnula je glavom, kao da tačno zna na šta mislim. „Pa, šta god da je, nemoj to da upropastiš, Aleksa" zadirkivala me je, ali reči su nosile težinu.

„Neću," obećao sam, glasom punim sigurnosti. Dok sam prelazio poslednje korake do vrata, njene reči su mi odzvanjale u glavi. Nije samo meni to bilo jasno – naša povezanost bila je stvarna. I čak je i neko drugi to mogao da vidi.

Produbljivanje Naše Veze

Svakog dana sam pratio Milu kući posle škole. Svaka šetnja bila je kao novi stih u pesmi koja se tek počinjala da piše. Delovalo je da je iskreno zanimaju detalji mog života pre nego što smo se upoznali, pa sam jednog dana odlučio da joj otkrijem više o sebi.

Dok smo šetali poznatim stazama parka, osetio sam da sam spreman da se otvorim.

„Mila, znaš… pre nego što sam te upoznao, moj život je bio prilično drugačiji. Oduvek sam bio strastven u vezi sa muzikom, ali to je uglavnom bila usamljenička stvar," započeh, pogledavši je stidljivo.

„Provodio bih sate u svojoj sobi, samo svirajući gitaru i pevajući, nalazeći utehu u melodijama koje sam stvarao." Mila se okrenula prema meni, oči su joj sijale od radoznalosti. „Ispričaj mi više, Aleksa."

„Pa," nastavio sam, „sanjao sam da postanem neko ko ima značaj, neko ko može da dotakne srca ljudi, kao umetnici koji su mene nadahnjivali. Pisao sam pesme i snimao ih u improvizovanom kućnom studiju. Muzika mi je bila beg – način da razumem svet oko sebe. Ali nikada nisam mogao da zamislim da će me baš ta gitara jednog dana dovesti do tebe."

"Ona se nežno nasmešila.

„Neverovatno je kako nas život može iznenaditi, zar ne?"

„Jeste, Mila. Upoznati tebe bilo je najlepše iznenađenje u mom životu. Ti si kao ona nedostajuća nota u mojoj pesmi, harmonija koju sam celog života tražio."

Njen osmeh se proširio, a stisnula mi je ruku malo jače. Dok smo hodali, činilo se kao da ceo park oživljava uz našu ljubavnu priču. Ptice su pevale u savršenom skladu, a lišće je šuštalo kao da šapuće tajne večnosti.

Zasmejala se tiho i zadirkivala me: „Znaš, te tvoje rečenice zvuče kao stihovi za pesmu."

Nasmejah se. „Možda i jesu. Možda si ti moja inspiracija."

„Aleksa," rekla je toplim glasom, „drago mi je što si ovo podelio sa mnom. Tvoja muzika, tvoja ljubav… uneli su toliko svetlosti u moj život."

Nastavili smo da šetamo, svaki korak nas je sve više zbližavao, svaki trenutak produbljivao je ono što se među nama zapalilo u tom magičnom parku.

„Mila," šapnuo sam, preplavljen emocijama, „ima još toliko toga što želim da podelim s tobom… Toliko snova koje možemo zajedno da sanjamo."

Pogledala me je, oči su joj bile pune nade. „Spremna sam, Aleksa. Naša ljubav je melodija, a zajedno ćemo napisati najlepšu pesmu."

Naš Filmski Roman

Dok smo se približavali njenoj kući, razmenili smo pogled pun ljubavi – onaj koji može da zaustavi vreme. Naša ljubav je bila kao simfonija, a mi – muzičari, spremni da zajedno stvaramo najlepšu muziku svog života. Mila je kikotala i stegla mi ruku.

„Aleksa, zvučimo kao da smo u nekom starom crno-belom filmu." Nasmejao sam se, pomalo posramljen, ali i srećan.

„Znam, zar ne? Kao da smo glumci koji izgovaraju sladunjave rečenice. Ali... stvar je u tome da ja to stvarno mislim." Mila je teatralno zabacila glavu i pretvarala se da pada u nesvest, glasom punim dramskog naboja.

„Ne boj se, mila damo! Štitiću te od svega dosadnog i običnog!"

Smeh joj je ispunio prostor između nas, kao pesma. „A koja bi bila prva misija mog viteza?" zadirkivala me je.

„Da te nasmeje svakog dana," odgovorio sam bez razmišljanja, „i da ova ljubav zauvek izgleda kao iz filma." Kad se osvrnem na te dane, shvatam koliko su male stvari značile – smeh, zadirkivanja, i zajednički snovi. Svaki dodir, svaki pogled, bio je kao obećanje budućnosti koju smo tek počinjali da zamišljamo. Nismo znali šta nas čeka, ali verovali smo u čudo naše ljubavi. Naša povezanost je bila nešto što nikada ranije nisam osetio. Postojao je taj neki osećaj sudbine, kao da je sve u našim životima vodilo ka tom trenutku – jedno ka drugom. Što smo više vremena provodili zajedno, to mi je jasnije bilo da je ono što imamo retko i dragoceno, nešto što treba čuvati i negovati. Sećam se dana koji su usledili – šetnji kroz park, tihih razgovora pod senkama drveća, i načina na koji bi se Miline oči zacaklile kad bi se nasmejala. Svakim danom voleo sam je sve više. Svaki dan bio je kao novi početak, nova stranica u priči koju smo pisali zajedno. Upoznavali smo jedno drugo, deo po deo, a sa svakim trenutkom, moja osećanja prema njoj su rasla. Shvatio sam da je naša ljubav kao melodije koje sam oduvek svirao – nežna, nepredvidiva, puna iznenađenja. A kao i svaka velika pesma – stvorena je da se oseti, podeli i zauvek pamti.

Deljenje Tajni u Parku Zelenika

Mila i ja smo često šetali krivudavim stazama parka, gde su nas tihe klupe pozivale da sednemo, razmenjujemo poljupce i pričamo o svemu i svačemu. Jednog dana, posle škole, našli smo se na jednoj od tih klupa. Njena glava blago je počivala na mom ramenu dok smo gledali u nebo.

„Mila," počeo sam tihim glasom, „ima nešto što ti nisam rekao."

Okrenula je glavu prema meni, radoznala ali smirena.

„Šta je, Aleksa?"

„Imao sam devojku kad smo se upoznali," rekao sam, bacivši kratak pogled na nju da vidim njenu reakciju. Njene obrve su se blago podigle, ali nije bilo ljutnje – samo interesovanje.

„Oh. Zašto mi to nisi ranije rekao? Ko je bila?"

Uzdisao sam, tražeći prave reči. „Nekako mi više nije delovalo važno. Upoznati tebe… sve se promenilo. Kao da je ona postala deo prošlosti o kojoj više nisam ni razmišljao."

Mila je na trenutak ćutala, a zatim pitala:

„Jesi li joj ikada rekao za mene?" Odmahnuo sam glavom.

„Ne, nisam."

„Zašto ne?" nastavila je tiho, ali odlučno.

Oklevao sam pre nego što sam odgovorio.

„Pa… posle poslednjeg puta kad sam je video, dogodilo se nešto. Na našem prvom sastanku, dok smo se ljubili, otvorio sam oči i video nekoga u blizini."

Mila je nagnula glavu, oči su joj sijale od radoznalosti.

„Koga?"

„Njenog oca," rekoh uz stidljiv smešak. „Video nas je, i nisam morao ništa više da kažem. Njena porodica je jako… zaštitnički nastrojena. Posebno njen brat – mnogo je veći od mene. Tako da sam odlučio da je najbolje da se sklonim."

Mila se blago nasmešila i odmahnula glavom.

„Zvuči kao priča iz filma. I posle toga?"

„Ništa," odgovorio sam. „Mislim da su shvatili poruku. A iskreno, posle što sam te upoznao, nisam više ni pomislio na nju. Učinila si da sve drugo izgleda nebitno."

Njeno lice je omekšalo, i klimnula je glavom.

„Hvala ti što si mi rekao. Samo želim da budemo iskreni jedno prema drugom, znaš?"

„I ja," rekoh. „Od sada – sve iskreno."

Pružila mi je ruku, njeni prsti bili su topli uz moje.

„Dobro. Sad mi pričaj još o sebi, Aleksa. Želim da znam sve."

Šetali smo dalje kroz park, reči su tekle lako dok smo se otvarali jedno drugom. Što sam više delio s njom, to sam je više osećao kao deo sebe. Ono što smo imali nije bilo samo novo i uzbudljivo – delovalo je čvrsto, kao nešto što bi moglo da traje zauvek.

Park je delovao čarobno kako se veče spuštalo. Lišće je šuštalo na vetru, a svetla iz uličnih lampi obasjavala su sve toplim, mirnim sjajem. Kad smo stigli do Miline kuće, pustio sam njenu ruku, želeći da noć ne mora da se završi. Srce mi je ubrzano kucalo dok smo stajali na njenom pragu, a tišina između nas bila je ispunjena neizgovorenim osećanjima.

„Mila, večeras je bilo… savršeno," rekoh, reči su izlazile sporo, kao da sam se bojao da će pokvariti trenutak.

„Isto se osećam, Aleksa," odgovorila je, oči su joj zaiskrile na svetlu, odražavajući nadu koju sam i sam osećao.

„Jedva čekam sutra." Nagnuo sam se i poljubio je u obraz, zadržavši se sekundu duže nego što je bilo potrebno. Njena koža bila je topla, a blizina njenog tela učinila je da mi srce još jače zadrhti.

„Laku noć, Mila," šapnuo sam.

„Laku noć, Aleksa," odgovorila je, glasom mekanim poput tihe obaveze.

Dok sam se udaljavao od njene kuće, srce mi je bilo lagano, ispunjeno tihom srećom i svim mogućnostima koje su nas čekale.

Te noći, ležeći u krevetu, ponavljao sam u mislima svaki trenutak iznova – kako joj se osmeh razvlačio preko lica, zvuk njenog smeha, toplinu njene ruke u mojoj. Znao sam da je ovo tek početak jednog divnog putovanja – onog koje obećava ljubav, smeh i snove koje ćemo deliti zajedno.

Otkrivanje Prošlosti Mili

Sledećeg dana, dok smo zajedno šetali parkom, odlučio sam da je vreme da podelim više iz svoje prošlosti. Bilo je delova mog života koje sam čuvao duboko u sebi, ali ako sam želeo da me stvarno upozna, morao sam da se otvorim. „Moj život je imao mnogo svojih preokreta," započeo sam, glasom mirnim, ali tihim. „Moj otac je bio mehaničar, a tokom rata je radio i kao taksista, suočavajući se s brojnim nepredviđenim izazovima. Moji roditelji su uspeli da kupe skromnu kuću u tihoj ulici, koju su svi zvali 'Slepa ulica,' na samom rubu Zelenike.

„Možda nekome to ne bi značilo mnogo, ali za nas je to bilo pravo blago. Bili smo siromašna porodica, a ta mala kuća postala je pozadina mnogih važnih trenutaka u našem životu. Sve je počinjalo iz kuhinje, koja je vodila ka maloj trpezariji, u kojoj su se miris domaće hrane i zajedničke nade stapali u jednu toplinu." „Nisam tada znao, ali očevu borbu s tuberkulozom osećali smo svi. Imao sam tek oko četiri godine, pa su mi sećanja na njega iz tog perioda bila mutna. Kako sam odrastao, sve više sam zapitkivao majku o njemu. Rekla mi je da su se upoznali kada je njoj bilo samo devetnaest, a njemu trideset i dve. Bio je oženjen ranije i imao sina koji je tragično poginuo u Drugom svetskom ratu. 'Bomba je pogodila tenk u kom je bio, a poklopac je bio otvoren,' rekla mi je. 'Našli su samo njegov sat i novčanik.' Moj polubrat je imao devetnaest godina kada je stradao." „Moja majka je radila kao kuvarica u kuhinji velike seoske kuće, dok je otac bio mehaničar zadužen za traktore i poljoprivredne mašine," nastavio sam. „Jednog hladnog, kišnog dana, jedan od radnika se zaglavio s traktorom u polju, motor se čuo kako urla u pokušaju da izađe iz blata. Otac je, radoznao zbog buke, izašao napolje bez kabanice. Pokisao je do kože i prehladio se. Nedugo zatim morali smo da napustimo imanje."

„Srećom, tada su imali dovoljno da daju polovinu novca kao avans za kuću, uz obećanje da će ostatak otplatiti u roku od godinu dana. U to vreme, iznajmljivanje kuća nije bilo uobičajeno. "Kuća u koju smo se preselili bila je mala, zemljana, sa debelim zidovima i krovom od slame, koji nas je prirodno štitio i leti i zimi. Imali smo otvorenu verandu, a glavni ulaz vodio je u kuhinju. Levo od ulaza bila su vrata koja su vodila u spavaću sobu. Moje dve sestre i ja spavali smo u kuhinji, koja je ujedno bila i trpezarija."

„Zbog tuberkuloze, otac više nije mogao da radi, pa je majka postala jedini izvor prihoda. Lekari su mu savetovali da prestane da puši i pije, i trudio se, ali često bi krišom odlazio u kafanu da se vidi s prijateljima."

„Moja sestra, tada stara oko četrnaest godina, uvek se bojala kada bi se otac vraćao iz kafane – da ne postane nasilan prema majci. Ali nikada to nije uradio. Tiho bi se svukao, pažljivo složio odeću na stolicu i otišao u krevet."

Porodična Priča: Gubitak Oca – Jun 1952.

„Nedavno sam pronašao jedan stari sastav koji sam napisao za školu kad sam imao oko četrnaest godina," rekao sam, s blagim osmehom dok su se sećanja vraćala. „Pročitao sam ga ponovo i doneo mi je mnogo uspomena. Čak sam ga pročitao i svojoj majci – setila se svakog detalja." Udahnuvši duboko, dodao sam: „Taj sastav je bio o danu kada mi je otac umro."

„Jedna Noć Kod Kuće: 29. jun 1952. godine, 20:00 časova"

Na samom kraju jednog malog sela stajala je naša skromna kuća, još uvek pod hipotekom, sa zidovima od blata i slame. Unutra je bio moj otac, imao je 55 godina. Ja sam imao samo pet. Igrao sam se na verandi, potpuno izgubljen u svojoj mašti, toliko da nisam ni primetio kada je majka izašla napolje. Prišla mi je tiho i nežno me dotakla po licu. Pogledao sam je i video da su joj oči bile pune suza. Bez reči, uhvatila me je za ruku i povela unutra. U uglu sobe, nešto je ležalo na podu, pokriveno belim čaršavom. Vrlo tiho, podigla je plahtu.

„Pogledaj, sine," šapnula je, glas joj je drhtao. „Tvoj tata je umro. Više nemaš oca. Razumeš li?"

Glas joj se prekinuo, pala je na kolena i zaplakala. Nisam razumeo šta se dešava. Za mene je to bio samo još jedan trenutak u danu ispunjenom igrom. Kasnije je otišla da organizuje sahranu, a ja sam se vratio svojoj prekinutoj igri, premlad da bih shvatio težinu onoga što se dogodilo. Malo kasnije, opet su me pozvali da vidim oca. Ovog puta ležao je na visokom stolu, koji je meni, tako malom, delovao kao da dodiruje nebo. Majka me je podigla na stolicu da bih mogao da ga vidim. Bio je svečano obučen i nepomičan, kao da spava. Moja majka i sestre stajale su pored mene, posmatrajući me. Gledao sam ga, zbunjen. Još uvek nisam mogao da shvatim šta se događa.

Majka me je poljubila i stavila u krevet. Dok sam tonuo u san, čuo sam kako šapuće: „Bože moj, kakav će tvoj život biti?" Te noći nisam razumeo. Trebalo je mnogo godina da težina njenih reči dođe do mene. Moja majka je ostala udovica s petogodišnjim sinom i dve ćerke – jednom od deset i drugom od petnaest godina. Kuća je morala biti otplaćena za godinu dana. Nije imala posao. Nije imala novac. Kad se vratim mislima u to vreme, još uvek čujem njen glas:

„Više nemaš oca. Razumeš li?"

Kad sam završio s čitanjem, Mila me je pogledala, oči su joj bile pune tuge.

„To je moralo biti strašno za tebe, Aleksa."

„Jeste," odgovorio sam, „ali se ne sećam mnogo toga. Imao sam samo pet godina, i možda je to na neki način i bilo dobro."

Kad su tati dijagnostikivali tuberkulozu, doktori su mu rekli da me ne sme puštati blizu, da se i ja ne bih zarazio. Od tog trenutka, činilo se kao da je između nas postavljen nevidljiv zid. „Pokušavao sam da uđem u njegovu sobu, ali njegov ogroman štap izgledao je kao znak koji govori: 'Izvini, mali, nema ulaza.' Bilo mi je teško da shvatim da je moje prisustvo viđeno kao opasnost. Ali sada shvatam – nije to bilo odbacivanje. Bio je to njegov način da nas zaštiti. Način na koji nas je voleo. Dao je sve što je mogao."

„Strašno… da te odvoje od sopstvenog oca," rekla je Mila tiho.

„Mama nije mogla da radi jer je morala da brine o njemu i o nama. Ali imala je dar za pletenje. Jedna obližnja radnja, koju je držala jevrejska porodica, primala je porudžbine za džempere, šalove, šta god. Mama je plela sve to – i to nas je održalo." Mila je klimnula glavom, brišući suzu s obraza. „Tvoja mama zvuči kao da je bila čudo od žene – kao da je u svaku petlju upredala malo nade." Zastala je, a onda se osmehnula kroz suze.

„Bez uvrede, ali možda i s namerom!"

Moj Najbolji Prijatelj – Badi

Nasmejao sam se, ceneći Milin pokušaj da olakša težak trenutak. „Naša mala kuća imala je svojih prednosti. Imali smo lepo dvorište gde su naše koke nosile jaja kao da im je to životna misija, a gajili smo razno povrće – paradajz, papriku, salatu… sve i svašta. Bila je to naša mala farma iza kuće.

„Jednog dana, naleteo sam na malog napuštenog psa koji se skrivao blizu ograde. Bio je šašav, krzno mu je bilo zlatno-smeđe s belim mrljama, kao da se valjao po kantama s bojom. Rebra su mu se ocrtavala ispod kože, a velike, spuštene uši podigle su se čim me je video. Ali ono što najviše pamtim bile su mu oči – nežne, jantare, pune nade i straha u isto vreme. Kao da je čekao da ga neko primeti."

„Nisam mogao samo da prođem. Čučnuo sam i ponudio mu parče hleba koje sam tamanio. Prišao je polako, oprezno mašući repom, i kad ga je pojeo – bilo je jasno koliko je bio gladan. Mama nije bila sigurna da ga zadržimo jer jedva smo imali i za nas, ali posle ozbiljnog moljakanja i obećanja da ću deliti svoju hranu, popustila je. Dao sam mu ime – Badi."

„Od tog dana, Badi je postao moj najbolji prijatelj. Nisam imao puno drugara tada, ali njemu to nije bilo važno. Pratio me je svuda, mahao repom kao da sam mu ceo svet. Kad bi mi bilo teško, gurnuo bi njušku u moju ruku ili bi se sklupčao pored mene, kao da je znao kad mi je potreban neko."

Milino lice ozarilo se toplim osmehom.

„Taj pas ti je sigurno bio blagoslov. Kao da te pronašao baš u pravom trenutku."

„Da," rekoh tiho. „Bio mi je saputnik kroz sve. Bilo je to teško vreme, ali smo se snalazili. Imali smo jedno drugo, i to je bilo najvažnije."

Nevolja i Raskid Veze

Na našem sledećem susretu, upozorio sam Milu: „Ovo je vrlo tužna i teška priča, ali nažalost – istinita." Jednog dana, glasno kokodakanje iz kokošinjca privuklo mi je pažnju i odvuklo me pravo u prizor koji nikad neću zaboraviti. To je bio tragičan kraj jednog dugog prijateljstva. Moj voljeni pas, moj verni drug, nenamerno je izazvao tragediju. Taj dan ostao je urezan u meni – podsetnik da i najbolji odnosi mogu da nose nepredvidive složenosti. „Počelo je kao bezazlena radoznalost, a završilo se tragedijom. Moj pas je ubio jednu od naših kokošaka. Kad se majka vratila kući, zatekla je mrtvu koku i Badijevo lice umrljano krvlju." Miline oči bile su pune saosećanja.

„O, Aleksa… siroti pas. Samo je pratio instinkt, zar ne?"

„Ne verujem da je hteo da je povredi – možda je samo bio gladan," odgovorio sam, dok me je tuga opet preplavljivala. „U naletu šoka i tuge, majka je otrčala do šupe i vratila se s sekirom. Bio sam prestravljen i pomislio da dolazi po mene. Ali ono što je uradila bilo je nešto što nisam mogao ni da zamislim."

Milina ruka stegla je moju, glas joj je drhtao.

„Aleksa, to je strašno. Žao mi je što si to morao da doživiš. Šta se dogodilo dalje?"

„Bez oklevanja, uhvatila je Badija za krzno i stavila ga na panj. Sekira je pala brzo, i onaj tup udarac označio je kraj života koji mi je toliko značio."

Miline oči napunile su se suzama, glas joj se slomio.

„To je… neopisivo. Ne mogu ni da zamislim koliko te to bolelo. Toliko nepravedno."

„To je bio najteži trenutak mog detinjstva," rekao sam tiho. „Voleo sam tog psa. Izgubiti ga na taj način… ne umem to ni da opišem."

Mila me je zagrlila, glas joj je bio pun emocija. „Aleksa, volela bih da mogu da ti oduzmem taj bol. Neverovatno je koliko si toga izdržao. Ipak si sve to nosio sa sobom, sa tolikom snagom. Tu sam za tebe.

Hvala ti što si to podelio sa mnom."

Klimnuo sam glavom, osećajući utehu u njenom zagrljaju. „Bila je to teška lekcija – o tome koliko je život krhak i kako sve može da se promeni u sekundi. Ali sada, kad imam tebe pored sebe… sve je lakše." Mila me je nežno poljubila u obraz i šapnula: „Nisi sam, Aleksa. Proći ćemo kroz sve – zajedno."

Sedeli smo neko vreme u tišini, težina priče visila je među nama. Deljenje tih uspomena bilo je način da rasteretim prošlost, iako bol još uvek traje. Taj trenutak s Badijem ostavio je trag koji nikada neće nestati – podsetnik koliko život ume da bude surov. Majčine reakcije nisu bile samo kazna; one su govorile o teškom vremenu kroz koje je prolazila, o teretu koji je nosila i greškama koje je pravila boreći se na svoj način.

Razmišljanja o Detinjstvu

Jedna od uspomena koja mi se najviše urezala u sećanje jeste koliko često me je majka kažnjavala. Nikada nisam u potpunosti razumeo zašto je bila toliko stroga. Uzimala bi kaiš ili šta god joj se našlo pri ruci, a bol koji sam osećao nije bio samo fizički – ostavljao je emocionalne ožiljke, na nama oboma. Sećam se da sam jednom pokušao da pobegnem, a ona je za mnom bacila metalnu kantu za vodu, pravo u moja leđa. Kako sam rastao, počeo sam da vičem glasnije tokom batina, čak i kada me više nije toliko bolelo, jer sam znao da će joj biti žao i da će pre stati. Nakon svakog takvog trenutka, povukla bi se u svoju sobu i tiho plakala. Tišina koja bi usledila bila je puna emocija o kojima nikada nismo razgovarali, ostavljajući me zbunjenim i nesigurnim u to šta sam pogrešno uradio.

Ipak, kroz sve to, pronašao sam neku unutrašnju snagu da izdržim teške dane svog detinjstva. Glad me je stalno pratila. Posle škole bih dolazio kući i pretraživao ormariće, ali oni su najčešće bili prazni – kao i moj stomak. Vrt nam je postao spas. Zreli, crveni paradajzi na suncu bili su mi uteha. Ubrao bih jedan, s mešavinom krivice i potrebe, znajući da mama to ne bi odobrila. Jeo bih ga sa olakšanjem, ali uvek sam želeo da imam bar malo soli – luksuz koji nismo mogli da priuštimo. I, što je ironično, danas imam so na pretek u kuhinji, ali više nikada ne solim paradajz. Kako sam izlazio iz detinjstva i zakoračio u školski život, otvarale su se nove prilike, ali i nove poteškoće. Novca u kući nikada nije bilo dovoljno, pa sam morao da budem domišljat da bih preživeo. Kad nisam imao čime da napunim nalivpero, tiho bih "pozajmio" malo mastila od bogatijeg školskog druga.

Nisam ga samo uzeo tek tako – ostavio bih bočicu na prozoru učionice, sa ulice vidljivu. A onda bih prolazio pored i rekao: „Ej, vidi, neko je ostavio mastilo na prozoru. Pitam se čije je." Bio je to moj način da izbegnem direktnu optužbu za krađu. Nije to bilo baš pošteno, ali u to vreme mi je delovalo kao jedini način da preživim.

Kao dete, razlikovati ispravno od pogrešnog često je bilo manje važno od samog snalaženja, a osećaj nepravde iz tog perioda ostavio je dubok trag u meni.

Lekcija o Veri – Sveštenička Izdaja

Kada sam napunio sedam godina, majka me je, s nadom i poštovanjem prema tradiciji, upisala u nedeljnu školu. Tamo smo učili o veri u zajednici koja se oslanjala na religiju kao utehu. U crkvi se uvek očekivalo duhovno uzdizanje, ali i – ako je moguće – novčani doprinos za njeno održavanje. Jednog dana, sveštenik mi je pružio cedulju – jednostavan komad papira, ali težak kao kamen. Bio je to zahtev za donaciju. Taj trenutak me je naterao da razmislim o surovoj realnosti u kojoj smo živeli, i koliko život može biti komplikovan – čak i za jedno dete.

Sveštenik je napisao:

Draga gospođo Család,

Zahvaljujem vam što ste omogućili vašem sinu, Aleksi, da postane deo naše crkvene zajednice. Kao što znate, crkva se oslanja na velikodušnost svojih vernika kako bi nastavila svoje delovanje, i želeo bih da vam skrenem pažnju na to da Aleksa do sada nije dao nijedan doprinos. Razumemo da finansijska situacija svake porodice može da se razlikuje i nemamo nameru da vršimo pritisak. Ipak, čak i mala donacija bila bi od velike pomoći našoj crkvi i njenoj misiji.

Ako ste u mogućnosti da doprinesete, iskreno bismo to cenili. Imajte na umu da podjednako vrednujemo vaše prisustvo i učešće u zajednici.

S poštovanjem,

Otac Janoš

Majka je odgovorila:

Poštovani oče Janoš,

Hvala vam na toploj dobrodošlici i što ste omogućili mom sinu Aleksi da bude deo crkvene zajednice. Vaša podrška nam mnogo znači, posebno u ovim teškim vremenima. Razumem da crkva zavisi od donacija i želim da podelim sa vama našu trenutnu situaciju.

Pre samo nekoliko nedelja, iznenada sam izgubila supruga, što nas je emocionalno i finansijski duboko pogodilo. Ostala sam bez posla, a teret neotplaćene kuće pritiska nas sve više.

Trenutno jedva uspevamo da pokrijemo osnovne potrebe.

Ipak, želim da znate da planiramo da doprinesemo crkvi čim stanemo na noge. To je samo pitanje vremena. Crkva nam je bila izvor utehe u ovim danima tuge i verujemo da ćemo uskoro moći da joj se odužimo. Hvala vam na razumevanju i strpljenju. Vaša misija i blagostanje crkve ostaju nam u srcu.

S poštovanjem,

Gospođa Család

Odgovor oca Janoša:

Draga gospođo Család,

Izražavam svoje saučešće povodom gubitka vašeg supruga i izazova s kojima se vaša porodica trenutno suočava. Zahvaljujem na iskrenosti i posvećenosti crkvi.

Razumem da u ovom trenutku možda niste u mogućnosti da doprinesete.

Ipak, molim vas da znate da će Aleksa ponovo biti dobrodošao u našu crkvu kada vaša porodica bude u prilici da doprinese. Naša zajednica ostaje otvorena za vas i cenimo vaše učešće. Znamo da vam je potreban oporavak, i radujemo se vašem povratku kada budete spremni.

S poštovanjem,

Otac Janoš

Nakon što je pročitala ovo poslednje pismo, majka je bila besna. Kada je početni bes splasnuo, uhvatila se za tračak nade – možda, samo možda, mogla bi lično ubediti oca Janoša da mi dozvoli da nastavim nedeljnu školu. Odlučna, prisustvovala je misi naredne nedelje. Vredi napomenuti da je moja majka bila zapanjujuće lepa žena. Njen izgled je privlačio pažnju gde god da se pojavi, i volim da mislim da sam nešto od toga nasledio od nje.

Nakon službe, sačekala je dok je otac Janoš ostao sam. Kad je krenuo ka svojim prostorijama, prišla mu je s odlučnošću.

„Izvinite, oče Janoš," rekla je čvrstim glasom. „Mogu li da porazgovaram s vama?"

Okrenuo se ka njoj, i na trenutak mu je kroz oči prošla senka iznenađenja. Njegovo lice se brzo razvedrilo u neprirodno srdačan osmeh.

„Naravno, kako mogu da vam pomognem?" upitao je.

„Moje ime je gospođa Család, majka sam dečaka Alekse," rekla je.

Osmeh mu je na trenutak zadrhtao. Prepoznao ju je. Promrmljao je neku nezgrapnu izvinjava zbog pisma koje je poslao, i ponudio da nastave razgovor nasamo.

„Možemo nastaviti u mojoj sobi," predložio je. „Voleo bih da pomognem."

Nadajući se rešenju, majka je pristala i ušla za njim. Ali čim su vrata bila zatvorena, njegovo ponašanje se promenilo. S ciničnim osmehom, rekao joj je da može pomoći da se Aleksa vrati u nedeljnu školu – ako spava s njim. Na trenutak je bila zatečena, bez reči. Zatim, zgađena i izdana, okrenula se i izašla bez reči, zaklevši se da više nikada neće kročiti u crkvu.

Nažalost, iskustva moje porodice s licemerjem u crkvi tu nisu stala. Godinama kasnije, u Latini, u Italiji, moja sestra doživela je nešto podjednako strašno. Zaljubila se u čoveka po imenu Bil, i želeli su da se venčaju. Obratila se lokalnom svešteniku kako bi zakazala ceremoniju, misleći da je to rutinska stvar.

Umesto toga, sveštenik je postavio šokantan uslov: pristao bi da ih venča samo ako spava s njim. Moja sestra je bila užasnuta. Odbila je odmah i napustila crkvu, duboko potresena. Nikada to nije rekla Bilu. Znala je kakav mu je temperament i bojala se da bi mogao da ga napadne. Da bi ga zaštitila – a možda i sebe – odlučila je da sve prećuti i sama ponese taj teret. Ovi događaji ostavili su dubok trag na našu porodicu. Iako smo zadržali ličnu veru, naše poverenje u crkvu kao instituciju bilo je duboko narušeno. Kako su oni koji tvrde da predstavljaju veru i moral mogli da se ponašaju toliko licemerno?

Razlika između njihovih reči i dela postala je nemoguća za ignorisanje.

Kad pogledam unazad, shvatam da su nas ti trenuci naučili teškim, ali važnim lekcijama o ljudskoj slabosti i manama institucija koje bi trebalo da usmeravaju veru. Tiha snaga moje majke i sestrina odluka da zaštiti svog verenika pokazali su otpornost naše porodice u trenucima izdaje. Te izdaje nisu bile samo o tim sveštenicima ili tim crkvama. Simbolizovale su nešto mnogo veće – izazov pomirenja vere s postupcima onih koji tvrde da je predstavljaju. Moja porodica je naučila da odvoji čistoću vere od pokvarenih struktura izgrađenih oko nje. Nikada nismo izgubili veru u Boga, ali smo naučili da preispitujemo one koji govore u Njegovo ime.

Ove priče su podsetnik da je vera duboko lična stvar – nešto što nijedna institucija ili pojedinac ne može da oduzme. Čak i danas, razmišljam o tome kako su nas ti događaji oblikovali – ne s gorčinom, već s jasnoćom. Licemerje koje smo susreli postalo je filter kroz koji smo počeli da gledamo svet – naučilo nas je da vrednujemo iskrenost više od izgleda, dela više od reči i lični integritet više od institucionalnih tvrdnji.

Iza Zidova Crkve

Odrastajući u komunističkoj zemlji, crkva je trebalo da bude utočište – mesto gde se uči o Bogu i pronalazi zajednica. Umesto toga, postala je simbol diskriminacije kada su me isključili iz nedeljne škole, u potpunoj suprotnosti sa učenjima koje je crkva tvrdila da zastupa. Ideja da je Božja ljubav rezervisana za bogate ostavila je dubok trag u meni.

Često sam se pitao – da sam došao u nedeljnu školu bez novca, da li bi me zaista oterali?

Ta misao me i danas muči, jačajući moju sumnju prema institucijama koje bogatstvo stavljaju ispred saosećanja. Iako je moje verovanje u dobrotu i moral ostalo netaknuto, poverenje u crkvu se vremenom raspalo. Godinama nisam kročio u crkvu. Licemerje kojem sam svedočio nateralo me je da preispitam iskrenost onih koji sebe nazivaju religioznim autoritetima. Kada sam kasnije ponovo otišao u crkvu s Milom, to je bilo više zbog društva nego duhovne potrebe.

Relacija moje porodice prema veri bila je složena. Moja baka je verovala iskreno i potpuno, nalazila je utehu u crkvenim učenjima, dok je deda bio duboko skeptičan. Njegova smrt dodatno je osvetlila taj raskol. Kada mu se kraj približio, baka je pozvala sveštenika da mu pruži poslednju pomast, nadajući se da će se pomiriti s Bogom. Sveštenik se nagnuo nad njegov krevet i rekao: „Petre, vreme je da se pomiriš s Bogom." Moj deda je tada, mirno i tiho, odgovorio: „Ja s Njim nikada nisam bio u svađi."

Taj trenutak savršeno oslikava tenziju između lične vere i institucionalizovanih verovanja – nešto što je definisalo veliko parče mog porodičnog iskustva. Naučilo me je da prava vera leži u ličnom integritetu i vrednostima, a ne u slepom verovanju u nesavršene institucije. Razmišljajući o tim iskustvima, vidim koliko su oblikovala moje razumevanje vere, morala i ljudskog duha. Institucije mogu da pogreše, ljudi mogu da padnu, ali prava vera živi u našim postupcima, iskrenosti i načinu na koji se odnosimo prema drugima. Te lekcije su ostale sa mnom, podsećajući me da dobrota prevazilazi institucije, i da je lični integritet temelj naše povezanosti s nečim većim.

Izgubljen i Pronađen u Senci

Nedugo nakon očeve smrti, moja sestra Helena je pobegla sa jednim Srbinom. Ironija mi nije promakla, čak ni tada, kao detetu. Taj čovek je prezirao Mađare, a opet se oženio Mađaricom i govorio naš jezik besprekorno. Život je često nudio takve kontradikcije, iako nisam imao reči da ih tada razumem. Sa samo šest godina, posmatrao sam kako moja starija sestra Rozeta, tada šesnaestogodišnjakinja, postaje novi centar majčine očajničke brige.

Rešena da je uda, majka ju je vodila na plesove u vojni dom, a mene ostavljala kod kuće. Svaki put kad bi otišle, kuća bi postajala tiša, hladnija i mračnija. Svaki škriptaj i senka izazivali su mi strah. Prvi put kad su izašle, nisam mogao da izdržim samoću. Iskrao sam se kroz prozor, misleći da će mi svež vazduh pomoći da umirim strah. Ali senke napolju bile su još duže i strašnije. Brzo sam se povukao.

Nisam mogao da dohvati prozor da se vratim unutra, pa sam se sklupčao ispred ulaznih vrata i zaspao.

Tamo su me i pronašli – drhtavog i uplašenog – kad su se vratile. Sledeći put, utehu sam potražio na drugačiji način. Kopajući po ormaru, pronašao sam bocu višnjevače. Njena slatkoća je prikrila opasnost, a ja, kao dete, nisam znao granicu. Popio sam mnogo više nego što sam smeo. Kad su me pronašle, sve je bilo umazano crvenom tečnošću, a ja sam ležao onesvešćen. U panici su pomislile da krvarim. Kasnije sam čuo da su rekle da sam te noći zamalo umro.

Nedugo zatim, majka je prisilila Rozetu da se uda za jednog vojnog muzičara. Bio je surov čovek, iako to tada nisam u potpunosti razumeo. Uselio se kod nas, ali nije hteo da da ni dinara za troškove. Ja sam ćutao i posmatrao – bio sam premlad da išta učinim, ali dovoljno star da osetim težinu svega. Moje detinjstvo više je ličilo na niz tamnih skretanja nego na vreme nevinosti. Danas, kada se osvrnem, vidim te trenutke onakvima kakvi su zaista bili – surove lekcije koje sam naučio prerano, i koje su oblikovale osobu kakva sam kasnije postao.

Izdaja i Oproštaj

Škola mi nikada nije bila omiljeno mesto, uprkos tome što sam bio dobar učenik. Ocene su mi uvek bile visoke – osim iz jednog predmeta: vladanja. Naša skala ocenjivanja išla je od 1 do 5, sa tim da je 5 bila najviša ocena. Dok sam iz svih predmeta dobijao četvorke i petice, iz vladanja sam uporno nosio „jedinicu". Prekretnica je nastupila u četvrtom razredu, tokom jednog teškog testa iz matematike. Naš učitelj, koji retko kada prati plan i program, iznenada nas je testirao zadacima koji su pripadali osmom razredu

Prošli su samo retki – većina je prepisivala. Ja nisam bio te sreće i neuspeh na tom testu značio je da moram da ponavljam razred. I, iznenađujuće, taj neuspeh se pokazao kao blagoslov.

Drugi put sam briljirao iz svih predmeta – čak i iz vladanja – i počeo sam da sanjam o studijama. Da bih to ostvario, morao sam da pređem u školu na srpskom jeziku. Neverovatno, brzo sam se prilagodio i postao potpuno tečan na mađarskom i srpskom.

Jednog dana, drug Tibor i ja stajali smo nevino u hodniku, kada je učitelj, gospodin Nađ, besno uleteo.

„Gde je nestalo nalivpero?" vikao je. Bez upozorenja, uhvatio nas je za uši i odvukao do mračne svlačionice. Optužio nas je za krađu i počeo da nas ispituje, držeći kaiš u ruci. Iako smo poricali, fizička kazna ostavila je dubok trag. Nedeljama kasnije, na roditeljskom sastanku, javno nas je optužio pred svima. Moja majka, kao i uvek, bila je uz mene i šapnula: „Reci istinu."

Boreći se sa suzama, rekao sam da nisam kriv. Istina je izašla na videlo kada je nalivpero pronađeno kod jednog bogatog dečaka. Na sledećem sastanku, gospodin Nađ se izvinio, ali šteta je već bila učinjena. Tiborov otac mu je oštro rekao da neosnovane optužbe, posebno one vezane za finansijski status, nanose veliku štetu. U sedmom razredu, moji prijatelji i ja odlučili smo da napravimo tajni bunker. Naš ambiciozni plan zahtevao je male generatore – dinama – koje nismo mogli da priuštimo. Jednog dana, drugovi su mi s oduševljenjem pokazali dva sjajna dinama koje su ukrali sa bicikala učitelja. Bojeći se posledica, zamolili su me da ih sakrijem. Nevoljno sam pristao i zaključao ih u svoju školsku klupu. Sutradan su me pozvali kod direktora. Poricao sam sve, ne znajući da su me moji prijatelji već izdali i rekli gde se nalaze dinama. Kada ih je policija pronašla kod mene, znao sam da sam u ozbiljnom problemu. Imao sam petnaest godina – dovoljno da budem izbačen iz škole, za razliku od njih koji su bili mlađi. Pobegao sam kući u suzama, očekujući majčin bes. Umesto toga, sela je pored mene i rekla: „Verujem ti. Ako kažeš da to nisi uradio, verujem ti."

Njena vera u mene bila je moja slamka spasa. Predložila je večernju školu i iskoristila dečji dodatak da mi omogući da završim školovanje. Ojačan njenim poverenjem, radio sam neumorno i završio dve školske godine u jednoj, kako bih nadoknadio izgubljeno vreme. Ono što je izgledalo kao katastrofa, postalo je prilika koja mi je promenila život.

Kasnije sam saznao da je učitelj sve otkrio jer je čuo naš razgovor. Prijatelji su, u strahu od kazne, okrivili mene i otkrili gde se dinama nalaze. Njihova izdaja duboko me je povredila i naterala da preispitam poverenje i lojalnost.

U početku sam tražio osvetu na sitne, detinjaste načine. Kada bih ih sreo, stisnuo bih im ruku toliko jako da bi kleknuli od bola. Moji prsti, ojačani godinama skleka, davali su mi neku perverznu satisfakciju – ali nisu izlečili ranu.

Vremenom sam shvatio da me zlopamćenje guši. Oprostiti im nije značilo zaboraviti izdaju, već osloboditi sebe od njene moći. Ta iskustva naučila su me koliko je važno znati kome verovati – ali i koliko je snage potrebno da pustiš i kreneš dalje.

Gledajući unazad, ta dešavanja su bila ključna. Od strogih kazni gospodina Nađa do izdaje mojih drugova – svaki trenutak me je naučio istrajnosti, vrednosti oproštaja i složenosti ljudskih odnosa. Majčina bezuslovna podrška podsetila me je da vera u sebe često počinje kada neko drugi poveruje u tebe. Ta bolna iskustva postala su temelj mog dubljeg razumevanja poverenja, lojalnosti i ličnog rasta. Naučila su me da, iako izdaja ostavlja ožiljke – oproštaj i upornost pomažu da ih prevaziđemo i postanemo snažniji, saosećajniji ljudi.

Zanatska škola i moje muzičko putovanje

Kada sam završio osmi razred, ostanak u školi činilo se kao teška odluka. Ići na fakultet značilo je preseliti se u veliki grad udaljen 100 km, a moja porodica nije imala ni vremena ni novca za to. Zato sam potražio drugu opciju i odlučio se za zanatsku školu da postanem bravar i strugar. Delovalo je kao pametan potez – praktičan i pun potencijala – i upustio sam se u to, balansirajući školu i posao. Jednu nedelju bih bio u učionici, a sledeću u radionici. Voleo sam tu kombinaciju – pružala mi je pravo, praktično iskustvo.

Vikendom bih uzeo gitaru i svirao u bendu koji sam osnovao sa svojim prijateljem Dušanom. Te muzičke probe bile su čista magija i davale su mi potreban beg. Kada se osvrnem, izabrao sam da budem bravar i strugar jer je to delovalo kao pravi izbor, ali ponekad se pitam da li sam trebao slediti očuhov zanat i postati krojač. Oduvek sam imao kreativnu crtu i možda bi me krojenje odvelo drugačijim putem – možda čak i do modnog dizajnera. Ali tada krojenje nije delovalo "kul" za jednog mladića. To je delovalo kao kompromis, baš kao i moja tiha ljubav prema Elvisovoj muzici, koju nisam mogao otvoreno deliti.

Život je pun malih trenutaka koji sve menjaju. Kao u filmu „Vrata sudbine" – jedna odluka, jedan propušten voz, može promeniti celu budućnost. Da sam izabrao krojenje, moj današnji život možda ne bi bio prepoznatljiv. Možda nikada ne bih postao vozač u vojsci niti sreo neke ljude koji su oblikovali moj put. Ipak, verujem da nas ti izbori, ma koliko mali bili, vode tačno tamo gde treba da budemo.

Svakog dana, kako sam obećao Mili, bio sam njen „zvanični posleškolski pratilac" i verno sam je pratio kući. Ti trenuci s njom bili su vrhunac mog dana, puni zajedničkih snova i neizgovorenih obećanja. Voleo sam je kao da sam pronašao deo sebe koji mi je nedostajao, i to mi je davalo snagu da se suočim s izazovima.

Balansirati zanatsku školu i lični život bilo je teško, ali vredno truda. Milina podrška me držala fokusiranim, a naše zajedničko vreme unosilo je radost u moje dane, čineći sav trud vrednim.

Jednog školskog raspusta, drug iz razreda ponudio mi je cigaretu. Povukao sam duboko, iz radoznalosti i želje da se uklopim. Zavrtelo mi se u glavi, izjurio sam napolje misleći da je zbog cigarete – ali bio je to zemljotres. Pitao sam se da li je to znak protiv pušenja – ili samo čudan tajming života.

Život se poboljšao kada se moja majka udala za Petra, veštog krojača. Glad je postala stvar prošlosti, zamenjena mirisom mađarskih kobasica, zrelih paradajza i šarenih paprika. Uz Petra sam dobio i polubrata, Gorđa, i udobnu kuću na periferiji okruženu voćkama i baštom. Promena je bila ogromna – konačno smo bili siti, samostalni i zajedno.

Petrova veština pretvarala je domaće svinje u neverovatne kobasice i pršutu, dok je moja majka Katelin pravila bogate obroke od svega što bi vrt ponudio. Večeri su bile ispunjene smehom porodice, mirisom svežeg hleba i šumom radija – trenuci mira koji su delovali zasluženo i dragoceno.

Petrovo strpljenje naučilo me je da šijem, veština za koju tada nisam znao koliko će biti dragocena. Pridruživanje izviđačima dalo mi je osećaj pripadnosti i naučilo me važnim životnim lekcijama – od preživljavanja do prijateljstva. Pod komunističkim režimom, te lekcije imale su dodatnu težinu, učeći nas otpornosti pred strogom kontrolom. Jedno od najlepših sećanja iz tog perioda bilo je upoznavanje sa Đorđem Veberom, prijateljem i mentorom sa talentom za magiju i hipnozu. Nastupati na sceni s njim bilo je uzbudljivo, retka prilika da pobegnem od rutine i osetim nešto vanredno.

Ovo poglavlje mog života obeležili su snaga, otkriće i tiha transformacija. Zanatska škola oblikovala je moju budućnost na neočekivane načine, dok su me podrška Petra i moje majke naučile vrednosti porodice i rada. Milino prisustvo podsećalo me je da ljubav može biti sidro kroz sve promene, a lekcije koje sam naučio u izviđačima i od Đorđa Vebera pomogle su mi da se snađem u svetu koji se stalno menja. Svaka odluka, svaki izazov, vodili su me bliže osobi kakva sam postajao.

Odsvirani put ka slobodi

Godine 1960., instrumentalni hit „Apache" grupe The Shadows pogodio je pravo u srce i probudio u meni strast prema muzici koja će oblikovati moj život. Uzeo sam gitaru odlučan da savladam zvuke koji su me očarali. Nedugo zatim upoznao sam Dušana, prijatelja koji je delio moju strast i ljubav prema muzici. Naše zajedničko oduševljenje dovelo je do formiranja benda sa Markom i Milovanom – tako je započelo naše muzičko putovanje. Vežbali smo neumorno, usavršavajući svoje veštine i gradeći repertoar koji je počeo da privlači pažnju u lokalnoj sredini. Dan kada smo kupili pojačalo bio je prekretnica – dalo je našim nastupima potrebnu jačinu, i naša popularnost je počela da raste. Inspirisani muzičkom scenom koja se razvijala, uz bendove poput Bitlsa i Roling Stonsa koji su pomerali granice, privlačila nas je ta nova, vibrantna energija koja nas je izazivala umetnički.

Do 1963. godine, u tadašnjoj Jugoslaviji, zvanično smo nazvali naš električni gitaristički bend „Večne vatre" *(Eternal Flames)*. Postava je bila čvrsta: Dušan, naš vešti solo gitarista, unosio je preciznost i šarm; Marko, sa ritam gitarom i blagim vokalom, imao je harizmu koja je privlačila publiku; Milovan, naš visoki bubnjar, toliko je ličio na Ringa Stara da je to postalo večita šala; i tu sam bio ja – Mađar koji nikada nije bio u Mađarskoj – svirao sam bas i upijao svaki trenutak našeg sve većeg uspeha.

The Shadows su pioniri električne gitare kao instrumentala – najpre kao prateći bend Klifa Ričarda, a kasnije sa hitovima poput „Apache" postali su zvezde. Ali kako se muzika razvijala, mlađa generacija – uključujući i nas – okrenula se novom zvuku, zvuku sa pevanjem, tekstovima i neospornom energijom. Politika nam nije značila mnogo – muzika i ljubav bili su naša prava pokretačka snaga.

Naš san nije bio samo muzika. Želeli smo da pobegnemo iz stiska komunističke Jugoslavije i krenemo ka zapadu, tamo gde sloboda i prilike čekaju. Ali tih dana dobiti pasoš nije bilo jednostavno. Nisi mogao ni da apliciraš dok ne završiš osamnaest meseci vojne službe. Senka rata u Vijetnamu učinila je pomisao na vojsku još odbojnijom.

Odlučni da nas birokratija i strah ne zaustave, rešili smo da uzmemo stvar u svoje ruke. Smišljali smo plan da ilegalno pređemo granicu – opasna odluka koja je zahtevala tajnost i odlučnost. Dušanov prijatelj iz Postojne u Sloveniji tvrdio je da zna bezbednu rutu kojom bismo mogli da se provučemo preko granice bez rizikovanja života. Nama je to vredelo rizika. Sloboda i šansa da naša muzika zablista vredeli su sve.

Zaključani i isključeni

Naše putovanje je počelo vožnjom vozom do Ljubljane, glavnog grada Slovenije. Stigli smo kasno popodne i odmah se ukrcali na drugi voz za Postojnu, nadajući se da ćemo prespavati kod Dušanovog prijatelja. Ali nismo imali sreće – nije bio kod kuće. Marko je nervozno šetao, očigledno na ivici. „Šta sad?" promrmljao je, trljajući čelo. Bili smo iscrpljeni i nervozni, pa smo odlučili da se vratimo u Ljubljanu. Kada smo stigli nazad, bilo je već šest ujutru, i bili smo potpuno iscrpljeni. Nismo znali šta dalje, pa smo se samo srušili na klupe na železničkoj stanici, pod teretom svega, sedeći u tišini i pitajući se šta ćemo dalje.

Sudbina je imala druge planove. Prišla su nam dva policajca i ležerno pitala: „Kad ste stigli, momci?"

Misleći da misle na naš prvi dolazak u Ljubljanu, rekli smo: „Juče." To nije bila istina – upravo smo se vratili iz Postojne – ali nismo tome pridavali značaj. Ta mala greška pokazala se kao velika. Samo nekoliko trenutaka kasnije, zatražili su da pođemo s njima, i pre nego što smo se snašli, odvedeni smo pravo u zatvor bez ikakvog objašnjenja.

Prva tri dana bila su surova – proveli smo ih u skučenim i neudobnim uslovima. Soba je bila prazna, osim jednog drvenog kreveta gurnutog u ugao; okvir od grubih dasaka je škripao pri svakom pokretu. Nije bilo ni pravog toaleta – samo kanta sa daskom za sedenje, što je doprinosilo strašnom mirisu u vazduhu. Krevet nije imao mesta za obojicu, pa smo se smenjivali – jedan je ležao dok je drugi sedeo, naslonjen na hladan zid.

Ćebad su delili tek u osam uveče, tako da smo drhtali tokom dugih sati. Bili smo iscrpljeni u svakom smislu – fizički zbog nedostatka sna, i emotivno zbog neizvesnosti i osećaja beznađa. Poniženje je bilo teško. Sedeli smo u toj ćeliji i pitali se kako je jedna bezazlena greška mogla da nas dovede do ovoga.

Nismo govorili slovenački, nismo znali pravila, i sada smo bili kažnjeni zbog toga. Noći su bile najgore – tihe, osim povremenih koraka stražara ili zvuka poklopca od kante. Delovalo je kao da se zidovi skupljaju oko nas.

Tri dana kasnije, izvedeni smo pred sud. Optužili su nas da se nismo prijavili policiji po dolasku u Ljubljanu – pravilo za koje nismo ni znali da postoji. Uprkos našim objašnjenjima, osuđeni smo na deset dana zatvora. Nakon onih mračnih dana, stvari su se poboljšale kada smo prebačeni u čistiju i prostraniju sobu. Ta je imala prave krevete s dušecima, a miris kante zamenio je svež vazduh koji je dolazio kroz mali prozor. Tokom dana, radili smo na gradilištima. Fizički rad je bio naporan, ali je bio osveženje od monotonije i pružao nam je priliku da se nasmejemo i na trenutak zaboravimo na stražare. Iznenađujuće, ni obroci nisu bili loši – jednostavni, ali dovoljni da nas održe.

Gledajući unazad, tih deset dana delovalo je nestvarno – mešavina frustracije, iscrpljenosti i malih pobeda u pronalaženju svetlosti usred tame. To je bilo iskustvo koje nikada nećemo zaboraviti – ostavilo nam je i ožiljke i priče. Kako se bližio dan izlaska, nešto neočekivano je prekinulo rutinu: zamolili su nas da održimo dva koncerta – jedan za muške, a drugi za ženske zatvorenike. To je bila iskra života usred te sive i turobne svakodnevice. Tih nekoliko trenutaka, muzika je postala naše bekstvo. Svirajući, opet smo se osećali slobodno – makar nakratko. Aplauzi i ovacije podsetili su nas zašto smo se uopšte zaljubili u muziku – ona ima neverovatnu moć da spoji ljude, bez obzira gde su i ko su.

Iako je mesto bilo puno tenzije, i bili smo okruženi ozbiljnim kriminalcima, prošli smo bez problema.

I dalje se pitamo – kako su vlasti saznale za naš plan da pređemo granicu? Da li je neko nešto izbrbljao?

Ili je to bila samo loša sreća?

Tih deset dana bilo je divlje iskustvo – mešavina straha, frustracije i trenutaka koji se pamte zauvek. Nije bilo onakvo putovanje kakvom smo se nadali, ali se pretvorilo u jednu od onih priča koje nosiš sa sobom celog života. Čudna kombinacija kajanja, odlučnosti i nepredvidivih obrta koje život ume da priredi.

Izašli smo iz zatvora promenjeni – ne samo zbog straha koji smo osetili, već i zbog neočekivane snage koju smo otkrili u sebi i iznenađujućih veza koje smo ostvarili, čak i na najneočekivanijim mestima.

Muzičko Putovanje kroz Izazove

Katastrofa nas je pogodila kada je Dušan, moj najbolji prijatelj, dobio poziv za vojsku. Dušan i njegov brat Zoran bili su Albanci koji su živeli u Zeleniki, daleko od svog doma. U to vreme nismo razmišljali o rasi ili nacionalnosti. Te stvari nam jednostavno nisu bile važne. Bili smo samo prijatelji – ja, Mađar; Mila, Srpkinja; i Dušan i Zoran, Albanci – povezani zajedničkom ljubavlju prema muzici. Deliti se po poreklu činilo se nemogućim.

Kada nam je Dušan saopštio vest, uhvatila nas je panika.

„Šta ćemo bez tebe?" upitah, pokušavajući da ostanem smiren.

Dušan se nasmejao. „Ne brinite, moj brat će preuzeti."

„Tvoj brat?" podigao sam obrvu. „Zna da svira gitaru?"

„Ne," nasmejao se, „ali ću ga naučiti."

Sećam se prvog susreta s Dušanom. Muzika mu je jednostavno tekla kroz vene. Pre nego što je uopšte uzeo gitaru u ruke, već je znao da svira druge instrumente. Kada je počeo da uči gitaru, činilo se kao da je rođen za to. Ja sam ranije imao nekoliko časova i znao sam osnove i akorde, pa sam mu pokazao ono što sam znao.

Dušan je brzo učio – imao je neverovatan sluh i dar da sve shvati u trenu. Za nekoliko meseci, postao je vođa našeg benda, solo gitarista koji je promenio način na koji smo svirali. Kada je rekao da Zoran može da ga zameni, poverovali smo mu. I Zoran nas nije razočarao. Vežbao je u svakom slobodnom trenutku. Ubrzo je ne samo dostigao Dušanov nivo, već ga je i prevazišao. Njegova strast i energija uneli su novi život u naš bend.

To vreme nije samo vratilo našu muziku – stvorilo je i neraskidivu vezu između mene i Zorana. Postali smo braća, povezani ne samo muzikom, već i svim izazovima koje smo zajedno prevazilazili.

Dok je bend ponovo pronalazio svoj ritam, i kod kuće su se stvari menjale. Majčina rastava od Petera bila je prekretnica. Preselili smo se u malu kuću na periferiji grada. Nije imala mnogo – dnevnu sobu, spavaću sobu, malu kuhinju i špajz – ali to je bio naš dom. Kuća nije imala vodu ni kupatilo, ni bilo kakav luksuz koji ljudi danas uzimaju zdravo za gotovo. Vodu smo vadili iz bunara u dvorištu, koristili kofe za zalivanje bašte, pranje veša i kupanje, a za pijaću vodu hodali više od kilometra do izvora. Kupanje je značilo da zagrejemo vodu u loncu i sipamo je u staru kadu. Nije bilo lako, ali snašli smo se.

Za mleko smo se oslanjali na obližnju farmu sa par krava. Ponekad smo čak i pomagali oko muže. Ono što je počelo kao naporan posao, postalo je način da se smejemo i nađemo malo radosti, uprkos svemu.

Uprkos izazovima, ti dani su imali duboko značenje. Muzika koju smo stvarali, prijateljstva na koja smo se oslanjali, i prepreke koje smo savladavali zajedno – oblikovali su ono što smo postali. Nismo razmišljali o tome ko je koje vere, porekla ili jezika. Važno je bilo ono što nas je spajalo – veza koja je bila jača od svega.

Kroz sve uspone i padove benda i jednostavan život koji smo živeli, naučio sam da čak i kad ti sve ide nizbrdo – vrednost se nalazi u tome da ne odustaneš i da pronađeš radost u sitnicama. Nije uvek bilo lako, ali naučilo me je da je najvažnije kretati se napred – ma koliko polako.

Ukradeni Motor

Uprkos teškoj finansijskoj situaciji, naš cilj je ostao isti – da usavršimo svoj muzički talenat i pronađemo način da zaradimo. Jednog dana čuli smo da poznati bend „Crveni Korali" dolazi da svira u obližnjem gradu. Njihova živa rok muzika, crvene uniforme i zapadnjački zvuk činili su ih idolima naše mladosti. Za Zorana i mene, videti ih uživo bio je san. Obukli smo farmerke i crvene džempere i krenuli na put, puni uzbuđenja.

Vožnja autobusom do koncerta već je sama po sebi bila avantura. Pošto nije bilo slobodnih sedišta, stajali smo pored vozača i pričali s njim. Nismo znali tada, ali bolje bi bilo da smo sedeli pozadi.

Koncert se završio oko ponoći, a mi smo i dalje bili puni adrenalina.

Ali onda nas je stigla stvarnost – bez novca za povratak. Predložio sam da pešačimo, ali Zoran se usprotivio.

„Pet kilometara? Nema šanse," rekao je odlučno. Tada je ugledao mali motor parkiran ispod drveta.

„Hajde da ga uzmemo," rekao je smelo, iako nije imao iskustva.

„Znaš li ti da voziš?" upitah.

„Ma koliko to može biti teško?" odgovorio je. Uspeo je da ga upali, a ja sam mu se pridružio – misleći da je ipak sigurnije zajedno.

Vožnja kroz mrak po makadamskom putu bila je prava noćna mora. Nije bilo ni mesečine. Kad smo se približavali Zeleniki, farovi poslednjeg autobusa – koji se vraćao po još putnika – zaslepeli su nas. Uplašio sam se da će nas vozač prepoznati – znao je da smo išli bez motora.

Zoran je predložio da motor bacimo u jarak pored puta.

„A šta ako ga neko ukrade?" upitah. Odlučio sam da ga odvezem pravo u policijsku stanicu. Ako me neko vidi, objasniću da sam ga pronašao i hteo da ga vratim. Nije bilo nikog. Ostavio sam motor u dvorištu stanice pod svetlom i otišao kući.

Sledećeg jutra, Petar me je probudio.

„Policija je na kapiji, pitaju za motor," rekao je.

Još u pidžami, prišao sam kapiji.

„Gde je motor?" upita policajac.

„Koji motor?" odgovorih.

„Ne pravi se lud – Zoran nam je već rekao."

„Nemam ga. Motor je u vašem dvorištu," rekoh. Nisu mi verovali pa sam morao sa njima do stanice. Bio sam prestravljen – „Šta ako ga je neko ukrao?" pomislio sam. Na sreću, još je bio tamo.

Još veće iznenađenje – vlasnik motora, mladić, nije želeo da podnese prijavu. Ispostavilo se da je on sam uzeo motor bez dozvole roditelja i nadao se da će se vratiti kući neopažen. Takođe nije imao mesto u autobusu pa je stajao pored vozača.

„Šta ti je, što si tako utučen?" upita ga vozač.

„Neko mi je ukrao motor. Otac će me ubiti."

„Znaš šta je najluđe?" reče vozač. „Mislim da znam ko ti ga je uzeo.

Video sam dvojicu iz onog benda, Eternal Flames, kako ga voze nazad – a znam da nisu imali motor kad smo išli."

Na kraju, sve se završilo bez posledica. Platili smo samo benzin. Ali ta noć nas je promenila. Iako se sve završilo bez većih problema, ostao je osećaj da smo se izvukli za dlaku.

Pitali smo se: da li nas je spasila slučajnost? Ili nas je život samo upozorio? Dani koji su usledili bili su puni olakšanja – ali i razmišljanja. Smejali smo se toj priči, ali više nikada nismo donosili tako impulsivne odluke. Naša pažnja se ponovo usmerila na muziku.

Incident s „ukradenim motorom" postao je deo naše priče – priča koju smo često prepričavali, svaki put s malo više smeha i još više mudrosti. Bio je to podsetnik da mladost jeste vreme za rizike – ali i vreme za lekcije koje nas oblikuju za ceo život.

Vojna služba

Dan je konačno došao – preda mnom je bilo osamnaest meseci obavezne vojne službe. Pre nego što sam uopšte mogao da pomislim na vožnju, naučio sam jedno iznenađujuće pravilo: da bi bio vozač u vojsci, morao si biti 100% zdrav – čak i kada su u pitanju zubi. Jedan jedini karijes ili plomba – nisi ispunjavao uslove! Nisam mogao da se ne nasmejem toj pomisli: vozač sa 24 vojnika pozadi u kamionu, vozeći kroz planine, a njega uhvati zubobolja – to bi zaista bio haos!

Iako sam jedva čekao da završim službu i napokon dobijem pasoš, pomisao da ću biti odvojen od Mile toliko dugo teško mi je padala. Srećom, početni deo službe bio je u Zelenici, pa sam mogao da je viđam vikendom – mala, ali značajna uteha.

Pešadinac ili vojni vozač?

Put ka vojnoj službi počeo je zvaničnim pismom iz opštine, pozivom na predvojničku obuku. Sama pomisao da mogu postati vojni vozač, a ne običan pešadinac, ispunila me je uzbuđenjem. To se savršeno uklapalo uz moje zanatsko znanje iz metalske struke. Ipak, nisam imao nikakvog iskustva s automobilima – čak nisam nikada ni bio putnik u autu.

Na obuku nas je stiglo 40 regruta na 40 dana koji su potpuno promenili našu svakodnevicu. Kasarne i uniforme postali su deo naše rutine. Svaki dan je počinjao u 6 ujutru, sa oblačenjem, vežbanjem i doručkom. Raspored je bio strog, kombinacija teorije i vožnje, svaki čas je trajao po 45 minuta.

Počeli smo s manuelnim džipom, a prva velika prepreka bila je menjanje brzina – veština koja je odlučivala da li ćemo ostati u programu.

U šezdesetim, svi automobili su imali manuelne menjače sa tzv. nesinhronizovanim prenosima, popularno zvanim "crash box." Bez mehanizma za sinhronizaciju, vozač je morao da savršeno oseti trenutak za prebacivanje, inače bi uništio menjač. Davao sam sve od sebe – čitavih 45 minuta sam sedeo u autu i vežbao promenu brzina.

Sledećeg dana smo izašli na put. Dobro mi je išlo sve do samog kraja časa. Približavali smo se kasarni i trebalo je da skrenem desno kroz uzak kapijski ulaz između dva zida od cigle.

Nisam znao da se volan mora vratiti u pravac posle skretanja. Samo što nismo srušili zid – u poslednjem trenutku, instruktor mi je zgrabio volan i vratio ga. Kriza izbegnuta, ali sam već mogao da zamislim smeh ostalih 39 regruta, kako mi ironično aplaudiraju: „Deset za stil, nula za upravljanje!"

Instruktor je bio besan. U sekundi je iz podrške prešao u napad.

„Nikad ti nećeš dobiti dozvolu, glup si!", vikao je. Te reči bolele su me više od svega – posijale su sumnju, naterale me da se zapitam da li sam zaista sposoban.

Ali nisam dozvolio da me to slomi. Rešio sam da ga demantujem. Učio sam, vežbao bez prestanka. Došao je dan završnog ispita – dao sam sve od sebe. Rezultat je bio izvanredan – jedini sam dobio maksimalan broj poena iz sva četiri predmeta. Od nas 40 – samo ja.

Ponos koji sam tada osetio ne može se opisati. Pokazao sam i njemu i sebi da nisam glup.

Godinama kasnije, kad sam i sam postao instruktor vožnje, imao sam sličan trenutak sa svojim prvim učenikom. Tražio sam od njega da skrene levo, ali nije vratio volan. Udario je u ivičnjak, bušio gumu i iskrivio felnu. Možda sam mogao to da sprečim da sam se ranije setio sopstvene greške. Živi i učiš.

Kad sam završio obuku i vratio se kući, svaki trenutak sa Milom bio je dar. Uživao sam u tom kratkom predahu, znajući da će uskoro doći nova razdvojenost.

I konačno, stigao je dan koji sam dugo čekao. Posle svega, stajao sam ispred Miline kuće, lakši nego ikad. Njena majka je bila u bašti. Pogledima smo se dogovorili – ni reč da kaže. Pokazala je rukom prema Milinoj sobi. Srce mi je kucalo kao ludo. Pokucao sam tiho.

Mila je otvorila vrata i raširila oči u neverici. „Ma otkud ti?" šapnula je.

U sekundi me je zagrlila i poljubila. Sve one neizgovorene reči stale su u taj poljubac.

„Pogodi šta – danas mi je bio poslednji dan vojske. Sad sam napokon slobodan! Samo mi još auto fali – ali to je već želja više," rekao sam s osmehom.

„Ozbiljno?" uzviknula je. „To je divno!"

„Znaš li da sam jedini od nas 40 koji je dobio sve petice?" dodao sam.

Njene oči su sijale. „Neverovatan si, Aleksa!"

„Ne," rekao sam tiho. „Samo sam imao nekog ko je verovao u mene." Pogledao sam je nežno. „Volim te, Mila. Hajde da proslavimo."

Uz dozvolu njene majke, otišli smo zajedno u bioskop. Šetali smo ruku pod ruku, birajući najduži put kroz park. Pevušio sam joj tiho, pretvarajući običan trenutak u uspomenu za ceo život.

Naš razgovor je tekao lako, naši snovi deljeni bez zadrške. U Mili sam pronašao mir, podršku i inspiraciju. Njena vera u mene davala mi je snagu da nastavim – da izgradim život pun ljubavi, razumevanja i nade.

Dok se ponovo ne sretnemo

Ali onda je došao dan kog sam se najviše plašio – preda mnom je bilo godinu i po dana vojnog roka. Osećao sam i tugu i nemoć. Znao sam da ću kroz to sazreti, ali ostaviti Milu iza sebe bilo je izuzetno teško. Imali smo osećaj kao da nam vreme izmiče, kradući nam zajedničke trenutke. Ipak, bio sam siguran da će naša veza ostati jaka. Sedeli smo zajedno, dok je tišina između nas govorila sve. Oklevao sam, pustio tišinu da potraje, a onda sam konačno progovorio.

„Mila, imam loše vesti," rekao sam, glas mi je jedva bio stabilan.

Njene oči su se raširile, pogled mi se usmerio pravo u srce, puna straha i brige.

„Šta je bilo?" pitala je drhtavim glasom.

Duboko sam udahnuo. „Dobili smo pismo od vojske," odgovorio sam tiho. „Moram da se javim u ponedeljak."

Izraz njenog lica se iznenada promenio – od šoka do razumevanja. „Šališ se, zar ne?" šapnula je, kao da se nadala da ću se nasmejati i reći da je sve greška.

Osetio sam kako joj telo postaje napeto dok se privijala uz mene, srce joj je snažno udaralo o moja prsa.

„Osamnaest meseci je večnost," šapnula je, glas joj se lomio. „Ko će sada da me prati kući?"

Pokušao sam da zvučim snažno, ali tuga mi je izbijala kroz reči. „Znam," rekao sam tiho. „I ti ćeš meni nedostajati. Više nego što možeš da zamisliš. Ali nemam izbora. Moram da idem… ili me čeka zatvor."

Duboko je uzdahnula, ramena su joj klonula. „Čekaću te, Aleksa," rekla je odlučno.

Naterao sam osmeh na lice, pokušavajući da ublažim trenutak. „Osamnaest meseci je dug period," rekao sam s blagim osmehom. „Šta ako me zaboraviš?"

Mila mi je stegla ruku, pogled joj je omekšao. „Da te zaboravim?" rekla je nežno, ali odlučno. „Ljubav kao naša ne nestaje. Biću ovde kad se vratiš – kao i sada."

Njene reči su mi donele mir, iako sam još uvek imao sumnje. Šta ako vreme i daljina promene sve? Ipak, njeno samopouzdanje dalo mi je nadu – možda će naša veza izdržati ovu dugu razdvojenost. Nastavili smo da hodamo u tišini, večernji vazduh hladio nam je kožu. Osećao sam teret svega što dolazi, ali pokušavao sam da je utešim.

„Možemo da se dopisujemo," rekao sam. „Neće biti isto, ali pomoći će nam da ostanemo povezani."

Mila je klimnula glavom, iako joj je tuga još uvek bila u očima. „Čekaću," šapnula je, dok smo stajali ispred njenih vrata, sa tihom snagom u glasu.

Gledao sam je u oči, znajući da je njeno obećanje ono svetlo koje ću nositi sa sobom u mesecima koji dolaze. „I ja ću se vratiti tebi," rekao sam, pokušavajući da verujem u sopstvene reči.

Kad je ušla unutra, još sam stajao tamo, osećajući bol zbog rastanka, ali i toplinu njene vere u nas. Nadao sam se da će njeno obećanje biti dovoljno da izdrži našu razdvojenost.

Krenuo sam u nepoznato, ali nosio sam Milin duh sa sobom – njen smeh, njenu toplinu i svetlost u njenim očima.

Naša ljubav je prelazila sve granice, vreme i prepreke. Sama pomisao da ću je ponovo videti davala mi je snagu u svakom izazovu.

Sećam se jedne noći u Čapljini, Bosna i Hercegovina – bio sam iscrpljen i usamljen. Ali pomislio sam na Milu – na njen osmeh, na to kako bi joj oči zasijale dok joj pričam priče. Njena prisutnost u mojim mislima davala mi je snagu da nastavim.

Gledajući unazad na svoj put – od početnika do vojnog vozača – shvatio sam da su me upornost, snaga i nepokolebljiva volja, podstaknuta njenom ljubavlju, odveli dalje nego što sam ikada mislio da mogu.

Na liniji dužnosti

Započeo sam napornu tromesečnu vojnu obuku, potpuno uronivši u svet vojnih kamiona i prikolica.

Ta faza me je testirala do krajnjih granica – fizički i psihički. Postati vojni vozač nije bilo samo pitanje vožnje, već način da se odvoje oni koji ne mogu da izdrže. Obuka u vojsci nije imala nikakve veze s civilnom vožnjom. Pravilo je bilo jasno: vozač mora da bude potpuno fokusiran, jer bezbednost svih zavisi od njega.

Jedan od najtežih delova bilo je vožnja unazad. Morali smo da manevrišemo teškim GMS kamionima unazad po uskim, šljunkovitim putevima – bez belih linija, bez retrovizora. Nismo čak imali ni vrata; morali smo da se naginjemo napolje i upravljamo samo po osećaju – čitavih 45 minuta. Bilo je iscrpljujuće i stresno – pravi test veštine. A koncentracija je bila ključna, što sam i sam naučio – na teži način.

Jednog prolećnog dana, još uvek obučeni u teške zimske uniforme, vozili smo niz zabačeni šljunkoviti put pun saobraćajnih znakova. Posle pet minuta vožnje, instruktor me upita: „Koji je bio poslednji saobraćajni znak?"

Zatečen, odgovorio sam: „Ne sećam se."

„Izađi iz kamiona," povikao je. „Trči nazad i pročitaj ga!"

Nisam imao izbora. Trčati kilometar u zimskom šinjelu pod prolećnim suncem bilo je kao trčati kroz pećnicu. Kad sam se konačno vratio, nije me ni pitao za znak.

Samo je prezrivo rekao: „Šta radiš ovde? Smrdiš kao svinja. Daj mi sledećeg."

I bolje, jer sam ionako zaboravio znak. Ali lekciju – nikad!

Svaki dan je počinjao u šest ujutru. Uvek sam bio prvi budan, ledeni jutarnji vazduh me je budio kao šamar. Kamioni su stajali u polumraku, hladni, čekali su mene. Ovaj test je bio specifičan – instruktori nisu sedeli s nama u kabini, već su nas posmatrali izdaleka. Upalio sam motor, svi su gledali. Stavim u prvu – kamion se ugasi. Panika. Pokušavam ponovo – ništa. Tišina. Pozvali su mehaničara. Trideset minuta čekanja – kao večnost. Kad se konačno upalio, nastavio sam vožnju s novom odlučnošću.

Sam test trajao je oko deset minuta, ali meni se činilo kao večnost. Inženjeri su gledali svaki pokret bez trunke emocija. Verujem da sam dobro izveo okretanje i vožnju unazad. Na kraju dana, rezultati su govorili sve – gotovo maksimalni bodovi. Ali jedno pitanje mi je ostalo: zašto se kamion ugasio? Niko nije znao. Mehaničari nisu našli nijednu grešku.

Ta misterija me samo još više naterala da budem spreman za sve što me čeka.

Sa tim delom obuke iza sebe, misli su mi već bile na sledećem izazovu – Split, Dalmacija.

Utočište Jedinstva

Dok je sunce bacalo svoj zlatni sjaj na grad Split, šetao sam njegovim čarobnim ulicama, osećajući težinu istorije pod nogama. Split, sa drevnim ruševinama Dioklecijanove palate, sagrađene između 295. i 305. godine, bio je mesto gde se prošlost i sadašnjost susreću. Osećao sam se privilegovano što sam ovde, zamišljajući Milu pored sebe, kako joj oči blistaju od čuda pred lepotom oko nas.

„Jednog dana," šapnuo sam, „dovešću je ovde." Ta misao me je ispunila nadom. Stavio sam po strani loša naređenja i sećanje na kaznu, i razmišljao o tome koliko sam se promenio. Moj buntovni duh se smirio u disciplini vojnog vozača – važnog zupčanika vojne mašine. Osećao sam i ponos i nervozu, pitajući se kakvi me izazovi još čekaju.

Dok sam lutao drevnim ulicama, zamišljen, slučajno sam se sudario sa drugim vojnikom.

„Novi ovde?" upita prijateljski klimajući glavom, vraćajući me u stvarnost.

„Da," odgovorio sam s osmehom. „Upravo sam stigao. Ovo mesto je neverovatno."

„Jeste," složio se. „Ali sačekaj dok ne upoznaš kapetana. Pravi je karakter."

Nasmejao sam se, osećajući se opuštenije. „Čuo sam. Radujem se tome."

Grad je delovao kao da šapuće priče na svakom ćošku. Ovo je izgledalo kao savršena pozadina za novo poglavlje mog života, mesto gde se prošlost i budućnost prepliću.

Stojeći među vojnicima u sobi, primetio sam mešavinu nacionalnosti – Srba, Hrvata, Makedonaca i Bošnjaka – svi su se slagali. Ovde nije bilo mesta za predrasude; prijateljstva su se razvijala, stvarajući utočište. Kao mladić iz Jugoslavije, nisam u potpunosti razumeo rasizam ni tenzije među narodima.

Rođen kao Mađar, nikada nisam osetio neprijateljstvo ni od Srba ni od Hrvata. Bila je to zemlja gde su se kulturne razlike stapale bez problema. Tek kada sam se preselio u Australiju, susreo sam se sa surovom stvarnošću rasizma. Međutim, ta rana iskustva su me štitila od predrasuda s kojima ću se kasnije suočiti. U Splitu, među ruševinama drevnih vremena, pronašao sam mesto jedinstva i bratstva – retko i dragoceno utočište u često podeljenom svetu.

Niti Prkosa

Prve nedelje u vojsci bile su mešavina teških treninga i privikavanja na disciplinovani život. Svakodnevno zveketanje pušaka tokom vežbi izoštravalo je naše veštine i gradilo osećaj dužnosti i lojalnosti, pretvarajući nas u prave vojnike, a ne samo one u uniformi.

Ali čak i sa svim tim strogim pravilima, imao sam jedan mali čin pobune – moje prepravljene pantalone.

Uske pantalone su tada bile u modi, potpuno suprotno od vojnih, koje su bile široke i visile kao džak. U Splitu, gde su se stare tradicije preplitale sa novim trendovima, prepravio sam te široke pantalone da mi savršeno pristaju. Svaki šav je bio moj tihi znak: „Još uvek sam ja."

Onda je došao problem sušenja. U vojsci nismo sami prali odeću – to se radilo grupno.

Jednom nedeljno smo dobijali čiste uniforme, ali nisam hteo da izgubim svoje posebne pantalone u sistemu. Zato sam ih sam prao noću. A gde da ih osušim? Ugurao bih ih pod čaršav, pokrio ćebetom i spavao na njima. Tako su se sušile i peglale u isto vreme! U letnjim mesecima to je radilo savršeno, ali zimi – e, to je već bio izazov. Hladnoća je otežavala sušenje, ali nisam odustajao.

Inspekcije su bile nezgodne. Kao vozač, imao sam privilegiju da spavam duže i često sam preskakao jutarnje provere, ali kad bih morao da prisustvujem, moje pantalone su odmah izazivale komentare.

„Presvuci se – te su ti preuske!" naređivao bi oficir.

„Da, druže kapetane!" odgovarao bih, iako sam znao da ih neću menjati.

Često su mi govorili: „Ošišaj se – izgledaš kao hipik!"

Odgovarao bih: „Da, druže kapetane," dok sam u sebi uživao u svojoj dugoj kosi.

Istina je – nikada nisam dobio pravu frizuru, osim onog puta kada smo se, iz šale, nas nekoliko obrijali do glave, kršeći pravila.

Naravno, problemi su odmah usledili.

Jednog dana, tokom vežbe, oglasila se sirena za vazdušni napad. Svi smo morali odmah da legnemo na zemlju. Moja prva greška bila je što sam se kolebao – ispred mene je bila blatnjava bara. Nisam želeo da upropastim pantalone, pa sam se bacio malo u stranu, tražeći suvlje mesto.

Oficir je primetio pokret i povikao: „Dobre reflekse, vojniče!"

Klimnuo sam glavom, jedva suzdržavajući osmeh. Da su samo znali zašto.

Ali nije dugo ostalo neprimećeno. Oficir, sada sumnjičav, naredio mi je: „Baci se u baru!"

„Izvinite, druže kapetane, ne mogu to da uradim," rekao sam čvrsto.

Njegovo lice se stvrdnulo. „Videćemo mi to. Prijavi se kapetanu."

Kasnije sam stajao pred kapetanom, spreman na najgore.

„Opet ti?" uzdahnuo je čim me video.

„Izvinjavam se, druže kapetane, ali odbio sam nepravedno naređenje."

„Ti si jedan od naših najboljih vozača. Trebaš nam dok ne stignu novi regruti. Ne mogu te poslati u zatvor, ali zaradićeš pet dana pritvora."

„Mogu li da pitam – zašto sam morao da se uprljam bez razloga?"

„U pravom napadu, oficir je odgovoran za živote svoje jedinice," objasnio je. „Nema vremena za objašnjenja – samo za naredbe. Brza poslušnost spašava živote."

„Razumem, druže kapetane," rekao sam, „ali to je bila samo vežba. Zar smo baš toliko naivni?"

Kapetan se blago nasmejao i odmahnuo rukom. „Marš napolje."

Otišao sam sa još pet dana pritvora, ali i sa zrncem samopoštovanja. Odbijanje naredbe spasilo mi je pantalone – i, iznenađujuće, donelo poštovanje od nekih oficira. U vojsci je poslušnost važna, ali ponekad, kad se izboriš za ono u šta veruješ, ostaviš snažan utisak.

Kako su dani prolazili, vojni život postajao je mešavina drugarstva, discipline i humora. Split je bio posebno mesto, gde su se vojnici iz raznih krajeva povezivali. Zalazak sunca se reflektovao na vodi, kao odraz veza koje smo stvarali.

Noćne vožnje do tajnih lokacija imale su svoje izazove – ali i nagrade. U tihim trenucima delili smo poglede i kratke reči koje su gradile neizrečeno razumevanje.

Obližnji voćnjaci bili su pravo iskušenje. Noću bismo se prikradali i brali breskve i grožđe. Vraćali smo ih u sobe, i to je postala mala rutina. Ali svaki put bih osetio trun griže savesti. Mislio sam na siromašnog seljaka koji će ujutru otkriti da mu plodovi nestaju. Uzbuđenje zbog naših noćnih pustolovina počelo je da bledi pred tom mišlju – iako nas to nije zaustavilo.

Te noći naučile su me neočekivane lekcije. Život nije samo slepo praćenje ili kršenje pravila – već snalaženje između.

Sa svakim ukradenim voćem i podeljenim osmehom, otkrivao sam ko sam kad niko ne gleda.

Biti vozač imao je prednosti, kao što je dodatni san ujutru – ali i komplikacije. Jednog jutra, truba me je probudila.

Na vratima je oficir viknuo: „Zašto ovaj ne ustaje? Dignite ga!"

Jedan vojnik odgovori: „On je vozač, druže kapetane. Ima dozvolu da duže spava."

„Nikad čuo za to!" viknuo je oficir, došao do mog kreveta, povukao ćebe i povikao: „Ustaj!"

„Izvinite, druže kapetane," promrmljao sam pospano, „ali imam dozvolu da spavam duže."

Lice mu je bilo crveno od besa. „Videćemo mi to!" I izleteo je.

Kasnije tog jutra, pozvan sam kod kapetana.

„Opet ti," uzdahnu on.

„Izvinjavam se, druže kapetane, da li je zbog jutros?"

„Da," odgovori. „Nemam izbora. Opet si odbio naredbu."

„Ali, druže kapetane – " pokušao sam.

„Bez ali!" presekao je. „Zaradio si još pet dana zatvora. Ali sledeći put budi pametniji. Prvo poslušaj naređenje, pa dođi meni. Tad bi on bio kriv što nije proverio sa mnom." Bila je to teška lekcija o vojnoj disciplini – gde su pravila stroga, ali su komunikacija i razumevanje ključni za opstanak.

Čak i u tzv. mirnodopskim vremenima, Hladni rat je i dalje tinjao, oblikujući naše zadatke i odgovornosti. Nisam tada znao da će me ta igra velikih sila uskoro još dublje uvući – i testirati moje granice na načine koje tada nisam mogao ni da zamislim.

Istorija: Američka Flota Jugoslovenske Vojske

Tokom Hladnog rata, Jugoslovenska narodna armija oslanjala se na flotu vozila koja je nosila duboko istorijsko nasleđe. Ove stare mašine, prvobitno proizvedene za američku vojsku tokom Drugog svetskog rata, postale su sastavni deo jugoslovenskih operacija, povezujući epohe i oličavajući izdržljivost. Vozila američke proizvodnje uključivala su GMC kamione, Dodge WC seriju, džipove i druge vojne transportere.

Poslata su u Jugoslaviju kao deo ratne pomoći ili su ostala nakon Drugog svetskog rata. Ta vozila, nekada deo savezničke borbe protiv tiranije, pronašla su novi život na zahtevnom terenu Jugoslavije.

Njihova pouzdanost i svestranost činile su ih neprocenjivim, uprkos starosti i specifičnostima. Vožnja tih vozila bila je kao korak u vremensku kapsulu. Svako putovanje predstavljalo je vezu s prošlim vremenima – vremenima oštrijih uniformi i jasnijih ideala.

Mašine su nosile ožiljke svoje istorije – od ogrebotina stečenih na bojištima do škripanja koje je odavalo decenije službe. Ipak, ostajale su nepokolebljive, dokazujući svoju vrednost kao alati budnosti i spremnosti u novom svetu.

Među mnogim zadacima, ova vozila su igrala ključnu ulogu u isporuci generatora do skrivenih nuklearnih skloništa – oštar podsetnik na senku Hladnog rata, čak i u vremenima relativnog mira. Surovi putevi zahtevali su svu njihovu izdržljivost, ali ona nikada nisu zakazala.

Ovi stari radni konji, nekada simboli ratne pobede, sada su služili kao tihi stražari moderne pripravnosti. Njihovo prisustvo nije bilo samo praktično – predstavljalo je kontinuitet – most između prošlosti i sadašnjosti.

Svaka njihova uspešno obavljena misija bila je svedočanstvo njihove trajne vrednosti i savezništava koja su ih oblikovala. Za Jugoslovensku vojsku, to nisu bila samo vozila, već živi komadi istorije koji su nastavili da služe novoj svrsi dok su se kotrljala kroz vreme.

U Srcu Planine – Sklonište Građeno da Traje

Duboko u planinama Jugoslavije, skrivena iza slojeva armiranog betona i čvrste stene, nalazila su se nuklearna skloništa građena da izdrže i nezamislivo. Ove građevine, ključne za jugoslovensku strategiju odbrane tokom Hladnog rata, nisu bila obična skloništa – bila su to utvrđenja, sposobna da prime 2.000 ljudi, sa zalihama hrane i potrepština za celu godinu. Služio sam u jednom takvom skloništu i mogu sa sigurnošću da kažem da su bila napravljena da prežive sve.

Sklonište u kojem sam boravio bilo je uklesano duboko u planini, počinjalo je pedeset metara dugim tunelom kroz čvrstu stenu.

Na kraju tog tunela, prolaz je naglo skretao ulevo još pedeset metara i vodio do olovnih vrata debljine pedeset centimetara.

Kada biste ušli unutra, razmere objekta bile su zadivljujuće. Spavaonice su se protezale u nedogled, magacini su bili puni zaliha, a generatori su neprekidno brujali, napajajući ventilacioni sisteme koji su omogućavali uslove za život. Rečeno nam je da su naši sistemi odbrane i komunikacije najmoderniji, sposobni da obezbede komandovanje i opstanak čak i u najgorim scenarijima.

Verovao sam u to. Konstrukcija, zakopana tako duboko u čvrstu stenu, delovala je neprobojno. Čak i da je nuklearna bomba pala tačno na ulaz, teško bi narušila zaštitu skloništa.

Kao vojnici, bili smo upoznati sa širim strategijama jugoslovenske odbrane, koje su se u velikoj meri oslanjale na gerilsko ratovanje, teritorijalnu otpornost i decentralizovano komandovanje. Zbog toga su skloništa bila ključna za očuvanje rukovodstva i komunikacija u slučaju napada.

Takođe su nam govorili da je Jugoslaviju gotovo nemoguće osvojiti – osim, možda, od strane Kine. Kina, sa svojom ogromnom vojskom koja je brojala milione, često se pominjala kao jedina teoretska pretnja koja bi mogla da nadvlada našu odbranu. Iako je sukob između Kine i Jugoslavije bio krajnje neverovatan – jer su obe zemlje bile socijalističke i nisu imale direktan sukob – ova retorika je služila da naglasi značaj naše spremnosti i otpornosti.

Za mene je život i služenje u tom skloništu bilo jedinstveno iskustvo. Nije to bio samo dokaz inženjerske moći Hladnog rata; bilo je to i simbol odlučnosti naše zemlje u suočavanju sa globalnom neizvesnošću. Sklonište je predstavljalo tihu, ali snažnu poruku: bez obzira na to šta se dešava na površini, oni koji su unutar njegovih zidova – preživeće.

Zapečaćena unutar planine, okružena istorijom i nadom, ova skloništa bila su mnogo više od vojne infrastrukture – bila su spas, napravljena da obezbede opstanak u svetu koji je živeo pod senkom uništenja.

Red i Pobuna: Cena Neposlušnosti

Život u nuklearnom skloništu naučio me da opstanak ne zavisi samo od jačine betona ili dubine stene – već od sposobnosti da se prilagodiš izazovima iznutra. Iako je sklonište pružalo sigurnost, život u njemu nije bio bez sukoba. Jedan događaj, u posebnom, stavio je na test ne samo moju odlučnost već i sposobnost da izbalansiram instinkt za preživljavanje sa vojničkom disciplinom.

Miran period često prethodi nevolji, i naše malo utočište nije bilo izuzetak. Moj svakodnevni ritam bio je prekinut jednog dana kada je moj verni Dodge odjednom ostao bez kočnica. Taj kvar me je vratio u surovu stvarnost vojne službe.

Naredba je stigla brzo: vozilo mora da se šlepa nazad u Split, otprilike 100 kilometara daleko.

Kapetan i vozač u ogromnom GMC kamionu uskoro su stigli da pomognu. Postavka je bila daleko od idealne. Lanac koji je spajao moj Dodge sa GMC-om bio je dugačak samo oko četiri metra – prekratak za bezbednu vuču. Prava stvar bi bila šlep štanga, ali je nismo imali.

Lanac je postao krhka veza, prisiljavajući me da svaki trenutak vozim sa oprezom i snalažljivošću. Putovanje je počelo sa nemirom.

Na nizbrdicama, moj Dodge je opasno sustizao GMC, lanac je jedva držao. Morao sam snažno da kočim, oslanjajući se na ručnu kočnicu da bih kontrolisao brzinu. Uspone sam dočekivao kao predah, ali svaka nizbrdica bila je kocka sa životom. Sirena i svetla nisu radili, pa nisam mogao da signaliziram vozaču GMC-a kada treba da uspori. Kočnice su se brzo pregrevale, a oštar miris zagorelog metala ispunjavao je vazduh – stalan podsetnik da otkazivanje preti svakog časa.

U očaju sam počeo da se dovijam. Ubacivao sam u četvrtu brzinu i koristio kvačilo kao improvizovanu kočnicu. Naprezanje nogu i živaca bilo je ogromno, naročito na strmim nizbrdicama. Svaka krivina bila je bitka – test mojih instinkta i mogućnosti Dodge-a. Tiho sam se molio za još jedan uspon – samo malo predaha.

Dok smo se peli uz posebno strm deo puta, GMC je iznenada stao. Vozač je iskočio iz kabine, bes mu je kipteo iz svake reči.

„Šta to, do đavola, radiš pozadi?" viknuo je, glas mu je odjekivao u tišini. „Ne možeš se tako vući!"

„Nemam kočnice," odgovorio sam mirno. „Koristim kvačilo da ne udarim u tebe."

Njegovo lice prešlo je iz besa u nevericu. „Ne možeš to da radiš! Spržićeš kvačilo i pogoršati situaciju!"

„Bolje kvačilo nego da lanac pukne pa da završimo u olupini," uzvratio sam mu pogledom. Tenzija je bila gusta – sukob naređenja i zdravog razuma. Seo sam na ivicu puta i rekao: „Izvoli, ti vozi." Znao sam da ne može, ali morao sam da razmislim.

Posle nekoliko napetih minuta, kapetan se umešao. „Vrati se i vozi," naredio je. Nevoljno sam se vratio u Dodge, ali nastavio sam po svom. Suprotno svim šansama, uspeo sam da nas bezbedno vratim do baze.

Po dolasku, pozvan sam u kapetanovu kancelariju. Stojeći u stavu mirno, u mislima sam ponavljao događaje, pripremaj uči se za posledice. Kapetan je podigao pogled sa stola, pogled mu je bio oštar.

„Čuo sam za incident sa kočnicama," rekao je ravnim tonom.

„Uradio sam šta sam morao da sprečim sudar, gospodine," odgovorio sam staloženo.

Kapetan je uzdahnuo i zavalio se u stolicu. „Razumem zašto si to uradio, ali si prekršio direktnu naredbu. U vojsci, izvršavanje naređenja nije stvar izbora – čak ni kada izgledaju nerazumno."

„Uz svo poštovanje, gospodine," rekao sam, gledajući ga pravo u oči, „moja odluka nas je sačuvala."

Njegov izraz je malo omekšao, ali mu je glas ostao čvrst. „Razumem tvoju tačku, ali disciplina je temelj našeg sistema. Ne mogu da ti progledam kroz prste." Zastao je, pa dodao: „Imaš pet dana pritvora."

Prihvatio sam kaznu bez prigovora. Pravila su pravila, čak i kada deluju nepravedno. Ipak, dok sam se vraćao u spavaonicu, nisam mogao da ne razmišljam o istoriji. Koliko je života izgubljeno jer su vojnici slepo sledili naređenja – kao u jurišu lake brigade ili pokolju na Somi?

Moja neposlušnost tog dana verovatno je spasla živote. Da sam poslušao bez razmišljanja, umor bi mogao dovesti do katastrofe. Nisam imao svojih osam sati odmora, i da je kapetan naredio još jednu vožnju ili transport vojnika, možda bih izazvao nesreću.

Ponekad, neposlušnost nije pobuna – već instinkt za preživljavanje.

Šta Sve Radimo Zbog Ljubavi

Monotonija vojnog života samo je povećavala moju čežnju za Milom. Svaki dan bio je sve teži, a meseci razdvojenosti delovali su beskonačno. Onda se pojavila mala prilika – šansa da je vidim, makar na kratko. Neki vojnici u bazi svirali su gitaru, ali nisu imali pojačalo. Setio sam se jednog koje sam imao kod kuće i u tome video svoju šansu. Ako bih ga mogao doneti, možda bih dobio dozvolu da posetim Milu.

Zatražiti dozvolu od kapetana bilo je rizično, ali vredelo je pokušati.

„Kapetane," rekao sam stojeći uspravno, „imam pojačalo kod kuće. Momci bi ga mogli koristiti za vežbanje na gitari. Tražim dozvolu da ga donesem i usput posetim porodicu."

Kapetan me je pogledao, mereći moju molbu. „Pojačalo, a?" rekao je zamišljeno. Posle pauze koja je delovala kao večnost, klimnuo je glavom. „U redu. Imaš sedam dana. Vrati se na vreme."

„Hvala, gospodine," rekao sam, jedva obuzdavajući uzbuđenje. Put kući bio je ispunjen iščekivanjem, svaki kilometar me je približavao Mili. Iako će naše vreme zajedno biti kratko, znao sam da će ponovo zapaliti plamen koji nas je održavao kroz ove duge mesece. Vojska je tražila poslušnost i žrtvu, ali ljubav i odlučnost su bile ono što je oblikovalo naše živote.

Sudbina, kao što to često biva, bacila mi je izazov koji nisam očekivao. Iz solidarnosti, nekoliko nas vojnika odlučilo je da obrijemo glave. Zbližilo nas je to, ali je ujedno kršilo vojna pravila. U početku je delovalo bezazleno, kao čin prijateljstva, ali kako se moj odlazak kući približavao, stvarnost je stigla – trebalo je da odem kući kod Mile i svojih prijatelja, a nisam želeo da me vide ćelavog.

Šezdesetih godina, duga kosa nije bila samo stil – bila je simbol mladosti, bunta i individualnosti. Biti ćelav delovalo je kao da sam izgubio deo sebe, a pomisao da me Mila vidi takvog bila je užasavajuća. U očaju, kupio sam crnu periku da sakrijem obrijanu glavu. Nije bila savršena – loše je pristajala i stalno sam se bojao da će spasti – ali bila je bolja nego ništa. Dok sam se spremao za odlazak, neprestano sam je nameštao, nadajući se da niko neće primetiti masku.

Dolazak kući nije bio jedini izazov. Iskoristio sam pojačalo kao razlog za odobrenje odsustva, jer su vojnici u bazi voleli da sviraju gitaru. Delovalo je kao jednostavno rešenje da dobijem dozvolu i vidim Milu, ali stvorilo je probleme koje nisam predvideo. Pojačalo je bilo zajednička kupovina benda. Čak sam platio i Dušanov deo, tako da novac nije bio problem.

Pravi problem bio je u onome što je pojačalo predstavljalo. Kada je Dušan otišao u vojsku, ostavio ga je da bismo mogli da nastavimo sa sviranjem. Nije to bio samo uređaj – bilo je to srce našeg benda, veza koja nas je držala zajedno. Odneti ga sa sobom značilo je da bend više ne može da svira dok ne nabave novo. Dušan je, naravno, bio ljut. Za njega to nije bilo samo pojačalo – već pitanje poverenja. Ostavio ga je nama, a ne meni da ga odnesem, i moja odluka delovala je kao izdaja. Ostatak benda je delio njegovu frustraciju. Video sam to na njihovim licima, čuo u njihovoj tišini. Oslanjali su se na to pojačalo da održe muziku dok je Dušan odsutan, a sada, zbog mene, to više nisu mogli.

Iako sam razumeo njihovu ljutnju, krivica nije nestajala. Neprestano sam u glavi vrtio tu odluku, pitajući se da li je postojao neki drugi način da vidim Milu, a da ne narušim ono što smo zajedno gradili kao bend. Izreka „u ljubavi i ratu sve je dozvoljeno" zvučala je prazno. Ljubav možda opravdava odluku, ali ne briše posledice.

Dušanova ljutnja ostala je sa mnom, bacajući senku na ono što je trebalo da bude radosno odsustvo. Videti Milu, makar i na kratko, bilo je gorko-slatko. Njena toplina i ljubav podsetili su me zašto sam to uradio, ali osećaj izgubljenog prijateljstva nije nestajao iz misli.

Ovo iskustvo naučilo me je teškoj lekciji – naše odluke imaju posledice, često na načine koje ne očekujemo. Ljubav može biti vredna te cene, ali to ne čini cenu manje bolnom. Vratio sam se u bazu s pojačalom u ruci, ali sam nosio i teret onoga što sam izgubio: deo veze koju sam delio sa svojim prijateljima.

Vanzemaljci, Anđeli ili Slučajnost – Misterija Iz Dosijea X

Kao vozač, imao sam dosta neobičnih iskustava, ali jedan događaj i dalje prkosi svakom objašnjenju – čudan trenutak koji sam kasnije, polu-šaljivo, nazvao „Vanzemaljci se zabavljaju."

Zamislite ovo: vijugav planinski put, oprezna vožnja pred nama. S jedne strane, uzdignuti kameni zidovi; s druge strane, strma litica od stotinu metara koja vodi pravo u ponor.

Sunce je obasjavalo pejzaž zlatnim sjajem, a Jadransko more blistalo je daleko ispod. Trebalo je da bude mirno, ali neki nelagodan osećaj je lebdeo u vazduhu. Put nije imao zaštitnu ogradu, i čak i najmanja greška mogla je biti kobna. Kao i obično, moji putnici – ovog puta oficiri – ćutali su, a tišinu je prekidao samo blag zvuk motora.

Ritam točkova na asfaltu bio je gotovo hipnotišući. I onda, bez ikakvog upozorenja, auto se okrenuo za 180 stepeni. Svet se zamaglio dok sam grčevito držao volan i instinktivno stisnuo kočnicu. Zaustavili smo se potpuno. Tišina koja je usledila bila je teža od one pre nje.

„Šta se, dođavola, upravo dogodilo?" izustio je oficir pored mene, razbijajući čaroliju.

„Ja... ne znam," promrmljao sam, i dalje držeći volan kao da bi mogao da poleti.

Bili smo nasred puta, okrenuti unazad, savršeno mirni. Kao da nas je neka nevidljiva sila podigla, okrenula, i pažljivo vratila na zemlju. Izašao sam iz kola, čizme su mi škripale po asfaltu dok sam proveravao put. Crni led? Možda.

Bilo je proleće, sneg se topio tokom dana, a noću ponovo ledi.

Ali pod nogama, asfalt nije bio klizav. Mrlja od ulja? Ni traga – čist asfalt se protezao u oba pravca. Nije bilo ničega što bi moglo objasniti okret.

Čučnuo sam i rukom prešao preko asfalta, tražeći bilo šta – bilo kakav trag koji bi mogao da objasni šta se desilo. Nije bilo tragova točkova, ni klizanja. Kao da je auto lebdeo u vazduhu i sam se okrenuo. Još čudnije – ni oficir ni ja nismo imali vezane pojaseve. Ipak, evo nas, nepovređeni, kao da se ništa nije dogodilo.

Oficir je izašao, pogledom pretraživao okolinu s mešavinom divljenja i zbunjenosti. „Mehanički kvar?" upitao je nesigurno.

Odmahnuo sam glavom. „Možda," rekao sam, ali moj glas nije imao ubeđenja. Auto je i dalje radio iza nas, potpuno neoštećen, kao da ni on nije primetio šta se dogodilo.

„Šta bi drugo moglo biti?" pitao je, glas mu je lagano naginjao ka neverici.

Naterao sam sebe da se nasmešim. „Vanzemaljci?" rekao sam polušaljivo. „Ili anđeo čuvar s dobrim smislom za humor."

On je frknuo, odmahnuo glavom. Sada, kad se setim tog dana, ne mogu da ne pomislim na Maldera i Skali iz Dosijea X. Da se ovo dogodilo danas, rekao bih da je delovalo kao scena iz njihove serije – misterija koja prkosi logici i razumu.

Popeli smo se nazad u auto i nastavili niz put. Jadran je svetlucao u daljini, ravnodušan prema našem susretu s neobjašnjivim. Oficir je ćutao do kraja vožnje – i ja sam, dok je taj čudan trenutak visio među nama kao zajednička tajna.

Čak i danas, često se vraćam tom trenutku. Kratkom, neobjašnjivom savijanju stvarnosti. Možda su bili vanzemaljci. Možda anđeli. A možda, samo možda, to je bila igra slučajnosti – da nas podseti da ne mora svako pitanje imati odgovor.

Bliski Susreti na Planinskom Putu

Tokom godina imao sam toliko bliskih susreta sa smrću da me čudi kako sam još uvek ovde da pričam ove priče. Nedavno sam dobio zadatak da isporučim veliki ruski dizel generator u nuklearno sklonište visoko u planinama, slično onom u kom sam ranije bio stacioniran kada su mi otkazale kočnice na Dodžu.

Put do vrha bio je napet, ali bez incidenata. Nakon što sam isporučio generator u sklonište, započeo sam dug spust niz uzak, šljunkovit put. Staza je bila jedva dovoljno široka za jedno vozilo, sa oštrim krivinama i strmim liticama s jedne strane. "Morao sam stalno da pazim na retrovizore, da ne zakačim stenu ili se previše približim ivici puta koja se osipala."Zimi, ti putevi postajali su još opasniji.

Sneg bi se nagomilao uz ivice, potpuno skrivajući granice puta. Rizik od proklizavanje povećavao se sa svakom krivinom, a sabijeni sneg dodatno je otežavao kočenje. Iako ova vožnja nije bila po dubokom snegu, zaleđeni delovi puta, ostaci prethodnih oluja, podsećali su koliko se uslovi brzo mogu pogoršati.

Na tom spustu desio se trenutak koji je mogao biti koban. Put je bio strm, i oslanjao sam se na vazdušne kočnice kamiona kako bih kontrolisao brzinu. Tokom obuke su nas učili da pratimo manometar – pritisak treba da opadne pri kočenju i zatim ponovo raste. Ali ovog puta, kazaljka se nije vraćala. Srce mi je ubrzano kucalo dok sam gledao u manometar, nadajući se da će se stabilizovati pri sledećem pritisku. Nije se stabilizovao. Obuzeo me je talas strepnje – nešto nije bilo u redu.

Morao sam odmah da stanem i proverim u čemu je problem, pre nego što sve izmakne kontroli.

Na tom uskom planinskom putu pažljivo sam se zaustavio i otvorio haubu. Problem je bio očigledan: bakarna cev koja je povezivala kompresor bila je pukla. Nisam imao način da je popravim na licu mesta, a ni radio vezu da pozovem pomoć. Znao sam da sam prepušten sam sebi.

Kao vojnik, naučio sam da se brzo prilagođavam. Smislio sam plan: oslanjaću se na menjač da uspori vozilo, a kočnice ću koristiti samo kada baš moram. Procijenio sam pritisak u rezervoaru i izračunao da imam otprilike još pet mogućnosti za kočenje.

Započeo sam spust pažljivo, prebacujući u niže brzine da bih kontrolisao brzinu kamiona i izbegao potrebu za kočenjem. Svaka krivina zahtevala je potpunu koncentraciju, strmi padovi i skrivene ivice stiskali su mi živce do pucanja. Ledeni delovi nisu pomagali, pa sam morao da verujem svojoj obuci i instinktu.

Pravi izazov nastupio je kad sam stigao u Split, užurbani turistički grad na obali Jadrana.

Strmi planinski put prešao je u prometne saobraćajnice, i morao sam da održavam brzinu od 60 do 80 kilometara na sat sa samo pet preostalih mogućnosti za kočenje. Svaka raskrsnica, svaka krivina, svaki automobil koji se uključivao u saobraćaj delovali su kao potencijalna opasnost.

Brojao sam svako kočenje pažljivo, znajući da ne smem da pogrešim. Na kraju sam stigao do baze. Rezervoar za vazduh bio je potpuno prazan kad sam parkirao kamion na svoje mesto. Nije mi ni bila potrebna kočnica da bih tu stao – mogao sam da koristim ručnu – ali sam ipak stisnuo pedalu još jednom, čisto za sigurnost.

Radila je, ali jedva. Poslednji dah vazduha šištavo je izašao, a ja sam ispustio dug uzdah olakšanja. Kamion i ja smo se vratili – iscrpljeni, ali živi.

Još jedan bliski susret, još jedan podsetnik da čak i rutinski zadaci mogu da se pretvore u borbu za život na tim opasnim planinskim putevima – naročito zimi, kada priroda dodaje dodatni sloj opasnosti svakom susretu.

Moji Poslednji Dani Službe

Kako su stizali novi regruti, shvatio sam da se moji dani u vojsci bliže kraju. Ali nisam mogao da zaboravim onih petnaest dana zatvora koje sam "zaradio" zbog odbijanja, po meni, nepravednih naređenja. Nadao sam se da će mi to možda progledati kroz prste, ali uskoro sam dobio poziv da se javim kod kapetana.

„Evo ga moj omiljeni vozač. Sedi na trenutak," rekao je kapetan kad sam ušao. Seo sam, nadajući se prijateljskom oproštaju, ali mu se ton brzo promenio.

„Prijatelju moj, vreme je," započeo je. „Sutra popodne, pod oružanom pratnjom, bićeš odveden u pritvor u tvrđavu Gripe, gde ćeš provesti petnaest dana. Žao mi je, ali ovo je vojska, i to mora da se sprovede."

Uprkos tim rečima, osetio sam blagi uzbuđeni trzaj. Tvrđava Gripe je istorijsko mesto, sagrađena u 17. veku od strane Mlečana. Možda, pomislio sam, to može biti nova avantura. Prihvatio sam svoju sudbinu i pripremio se za ono što sledi. Vojnik sa puškom pratio me je kroz prelepe ulice grada.

Kako je padala noć, prolazili smo pored ruševina amfiteatra u Saloni – dirljiv podsetnik na protok vremena. Nekada veličanstvena građevina sada je stajala u delimičnim ruševinama, kao spomenik davnim bitkama.

Dok smo nastavili dalje, u daljini sam čuo poznatu melodiju – "A Whiter Shade of Pale" od Procol Haruma. Ta prožimajuća pesma probudila je nešto duboko u meni, vratila me u noć kada sam prvi put upoznao Milu.

To je bila pesma koju je moj bend svirao kad je ona ušla sa Verom. Sećanje je bilo kristalno jasno – njen graciozan ulazak, kako je osvetlila prostoriju, i kako mi se srce zaustavilo na trenutak.

Ta pesma zauvek se povezala s njom, i sada, dok sam je ponovo čuo, nisam mogao a da se ne nasmejem tom slatko-gorkom podsetniku.

Prolazeći pored zidina antičkog Koloseuma, razmišljao sam o njegovoj istoriji. Izgrađen u 2. veku, bio je sličnog dizajna kao Koloseum u Rimu, iako manji, sa kapacitetom od oko 18.000 ljudi.

olično ga je srušila Mletačka republika u 17. veku da bi sprečila Turke da ga koriste kao utvrđenje. Danas, Koloseum stoji kao svedok vekova. Muzika je delovala kao da dolazi iz samih ruševina, stvarajući gotovo magičnu atmosferu.

Zaintrigiran, zamolio sam stražara da zastanemo na trenutak da poslušamo. Pažljivo sam pregledao drevne zidove, tražeći pukotine ili otvore koji bi otkrili odakle dolazi muzika. Našao sam neke male otvore, ali bez obzira koliko sam se trudio, nisam mogao ništa da vidim. Debeli zidovi potpuno su blokirali pogled, ostavljajući izvor muzike tajnom. Kombinacija pesme, drevnog okruženja i moje lične situacije učinila je taj trenutak nezaboravnim.

Kad smo stigli do tvrđave Gripe, zagledao sam se u njenu impozantnu strukturu, smeštenu na brdu izvan starog grada Splita. Građena je za odbranu od Osmanskog carstva, sa zvezdastim rasporedom koji je omogućavao odbranu sa svih strana. Debeli zidovi od krečnjaka mogli su da izdrže i topovsku vatru.

Unutra je tvrđava delovala drugačije. Zidovi su bili niski, manje od jednog metra, nasuti zemljom radi postavljanja topova, a veliki travnjak prostirao se kroz središte. Obezbeđenje u zatvoru nije bilo strogo, pa sam često mogao da se opustim i sunčam.

Jednog dana, dok sam ležao na travi, pogledao sam preko ivice i primetio da su spoljašnji zidovi visoki oko 8 metara, iako uglovi nisu bili savršeno vertikalni. Pukotine između kamenja privukle su mi pažnju i zapalile ideju – mogao bih da se spustim i odem na plažu.

Danas ne mogu da verujem da sam to uradio, ali kada si mlad, ne razmišljaš puno o posledicama, zar ne? A oduvek sam voleo da se penjem. Kao dete, penjao sam se na sve – stubove, drveće, šta god.

Jednom sam, u Zeleniki, odlučio da se popnem na zid na kraju naše ulice, samo da vidim šta je sa druge strane.

Uhvatih se za ciglu na vrhu da se povučem – a ona mi pade pravo na glavu. Preživeo sam, kao što vidiš, iako mi možda upravo takvi trenuci i objašnjavaju ponešto o meni danas!

Sa istom dozom uzbuđenja i nepromišljenosti, odlučio sam da se spustim i vidim prelepi Jadran. Prišao sam ivici, zastao da procenim visinu i proučim razmake među kamenjem. Srce mi je ubrzano kucalo dok sam započinjao spuštanje, pažljivo koristeći pukotine kao oslonce za noge. Ubrzo sam osetio topli pesak pod nogama, a ispred mene se prostiralo kristalno čisto more. Ukus slobode bio je sladak. Dok sam plivao, svaki zaveslaj bio je kao mali čin prkosa – kratki beg iz okova tvrđave.

Kad je sunce počelo da zalazi, ponovo sam se popeo uz zid, srce mi je tuklo od mešavine pobede i neverice. Put nazad do moje ćelije urezan je u moje pamćenje – trenutna pobeda u vreme ograničenja.

Razmišljajući o tom periodu života, shvatam da mladalačka hrabrost često pleše po ivici nepromišljenosti. Prožimajuća pesma "A Whiter Shade of Pale," drevne ruševine i ritam zatvorskih dana stopili su se u nezaboravno poglavlje mog života. Bio je to period suprotnosti: disciplina i prkos, dužnost i želja. Iskustvo koje je ostavilo trag – podsetnik na tanku granicu između slobode i posledica koje naše odluke nose.

Zarobljenički Izbori – Pustolovine i Neočekivani Susreti

Mojih petnaest dana zatvora je napokon prošlo i trebalo je da budem pušten u šest uveče. Ali tog dana sreća je bila na mojoj strani. Kada sam prišao kapiji, stražar na dužnosti bio je moj stari prijatelj.

„Ej, druže," šapnuo je. „Mogu da te pustim već u deset ujutru."

„Ozbiljno?" upitah iznenađeno.

„Naravno, samo idi i uživaj u danu," rekao je uz osmeh.

„Hvala ti – hoću!" Nisam mogao da verujem svojoj sreći. Izaći ranije značilo je da imam ceo dan za šetnju gradom i uživanje na plaži. Napustio sam zatvor lak kao pero, sa osmehom na licu.

Slika: Topovi na tvrđavi Gripe (Split, Hrvatska)
Autor: Kaiser87
Izvor: Wikimedia Commons — https://commons.wikimedia.org/wiki/
File:Topovi_na_tvr%C4%91avi_Gripe.JPG
Licenca: Creative Commons Imenovanje–Deliti pod istim uslovima 3.0 (CC BY-SA 3.0) — https://creativecommons.org/licenses/by-sa/3.0/

 Za proslavu sam odlučio da se obučem opuštenije – kapa mi je bila zakačena za kaiš, košulja preko pantalona. Bilo je leto, ipak. Šetajući kroz živahne gradske ulice, pokušavao sam da se uklopim, ali ubrzo sam shvatio da moj ležeran stil privlači više pažnje nego što sam želeo. Možda sam bio previše opušten za jednog vojnika na dužnosti. Nasmejao sam se sebi, zabavljen ironijom. Ali smeh mi je brzo nestao kad sam ugledao dvojicu ozbiljnih oficira kako idu pravo ka meni. Njihovi strogi pogledi jasno su govorili da neće proći nezapaženo.

 „Vojniče, šta je to s tim izgledom?" zagrmeo je kapetan A.

 „Da, izgledaš kao da si na odmoru!" dodao je kapetan B, jednako nezadovoljan.

 Nadam da ću se izvući nestala je istog trenutka kad su mi pogledali u košulju.

 Kapetan A je pokazao prstom na moju košulju. „Uvuci je," naredio je.

 Kapetan B je pokazao na moj kaiš. „I stavi kapu na glavu," dodao je.

Nisam imao izbora osim da poslušam. Dok sam uvlačio košulju i stavljao kapu, talas rezignacije me je preplavio. Moj bezbrižan dan brzo se pretvarao u lekciju iz vojne discipline. Mora da sam izgledao kao školarac kojeg grde nastavnici.

Ali nisu završili sa mnom.

„Gde ti je jedinica?" pitao je kapetan A.

„Uh… tvrđava Gripe," izletelo mi je, i odmah sam shvatio grešku. Morao sam brzo da smislim plan. Ako stignu tamo pre mene, laž će biti otkrivena – a novi zatvor mi nije bio na listi želja.

Razmišljajući na brzinu, odlučio sam da zaigram jedinu kartu koju sam imao.

„Čizme me ubijaju," rekoh, usporavajući i praveći se da ih nameštam dok su kapetani skrenuli levo oko zgrade. Iskoristio sam priliku, skrenuo desno i potrčao. Moj „veliki plan bekstva"? Vratiti se nazad u zatvor, naravno. Ako prijave moj beg, uvek mogu da kažem da nisam ni bio pušten pre šest.

Ali kad sam stigao do kapije, srce mi je potonulo. Isti oni kapetani već su bili tamo, prekrštenih ruku, čekajući me.

„Impresivno trčanje, vojniče," rekao je kapetan A sa podsmehom.

„Ali nedovoljno brzo. Uhvaćen si," dodao je kapetan B sa osmehom.

Moj smeo pokušaj bega propao je, i sad sam morao da se suočim s posledicama pokušaja da nadmudrim sistem. Ali makar sam se dobro razgibao, zar ne? Koliko često čovek bude uhapšen dva puta u jednom danu?

Ples Obmane – Promišljeni Kockarski Pokušaj za Slobodu

Kada sam se vratio u jedinicu iz tvrđave Gripe, iznenadilo me što moj beg od oficira nije bio prijavljen mom kapetanu.

Koliko god sam bio olakšan, misli su mi bile zaokupljene samo jednom željom – da ponovo vidim Milu. Očajnički sam želeo da joj budem blizu, pa sam skupio hrabrost i zatražio odsustvo.

Njegov odgovor me je pogodio kao šamar.

„Zar misliš da, samo zato što si izašao iz zatvora, zaslužuješ odmor?"

Njegove reči su uništile svaku nadu koju sam imao.

Tada sam shvatio da lepo zamoliti neće biti dovoljno. Ako želim da vidim Milu, moraću da uradim nešto hrabro – da smislim pravi plan.

Sa jednim pouzdanim prijateljem, osmislio sam rizičnu šemu. Uzeo sam žilet i pažljivo napravio plitke rezove na zapešću, pazeći da ne presečem velike vene.

Nije bilo dovoljno duboko da sebi stvarno naudim, ali je bilo dovoljno da se pojavi krv i da izgleda uverljivo.

Ležao sam na krevetu, ruke spuštene sa strane, krv se skupljala na podu dok sam se pretvarao da sam bez svesti. Moj prijatelj je podigao uzbunu, i za nekoliko minuta medicinski tim je dojurio da me zbrine. Plan je uspeo – odveden sam u bolnicu, gde su mi zavili ruku.

Ali nisam računao na ono što će uslediti.

Ubrzo sam se našao u kancelariji vojnog psihijatra. Mlad i lud, nisam ni znao da su samonanesene povrede ozbiljan prekršaj u vojsci – dovoljan za vojni sud. Uspaničio sam se, znajući da moram brzo da smislim opravdanje. Ispričao sam psihijatru da moj „pokušaj" nije bio pravi vapaj za pomoć, već očajnički potez da dobijem slobodne dane. Dao sam sve od sebe da priču učinim uverljivom. Nadao sam se da će, kad vide koliko sam daleko spreman da idem, osetiti sažaljenje i pustiti me kući. Sad, kad se osvrnem, jasno mi je koliko je to bilo glupo.

Kada je došao dan mog saslušanja pred vojnim sudom, stajao sam pred njima, spreman na presudu koja je mogla da mi promeni život. Na moje iznenađenje, kapetan je ustao da me brani.

Govorio je strastveno:

„Ovaj vojnik je veoma dobar vozač – pouzdan, iako pomalo buntovan. U poslednje tri godine na bazi, od hiljada vozača, on je jedini koji nikada nije imao nesreću."

Zatim je uporedio moj dosije sa pričom o drugom vozaču, čija je greška izazvala tragediju i odnela 24 života. Njegove reči su očigledno ostavile utisak i ublažile stav suda.

Nekako sam izbegao kaznu. Sud me je oslobodio, verovatno zahvaljujući kapetanovoj podršci i mojoj besprekornoj evidenciji.

Ali, uprkos toj maloj pobedi, moje odsustvo i dalje je bilo odbijeno. Pažljivo isplanirana obmana nije uspela. Stisak vojske ostao je čvrst, a ni inscenirana povreda nije bila dovoljna da izborim odmor. Kada se sada osvrnem, shvatam koliko je bilo nerazumno misliti da mogu tako lako da manipulišem sistemom. Kapetan me nije žalio – cenio me je zbog mojih veština kao vozača, a ne zbog mog nepromišljenog pokušaja da mu iznudim popustljivost.

Italijanska potraga

U potrazi za brodom za Australiju

Nakon osamnaest meseci provedenih u jugoslovenskoj vojsci, nisam mogao da dočekam da ponovo vidim Milu. Ali povratak u civilni život delovao je čudno i uznemirujuće. Stara prijateljstva su izbledela, i shvatio sam da mi je potreban novi pravac u životu. Džepovi su mi bili prazni, a skroman dom moje majke nije obećavao svetlu budućnost.

Pokušao sam da izgradim zid od cigle za našu novu kuću, ali se on srušio zajedno s mojim naivnim ambicijama. Bila je to surova lekcija o neuspehu. Naučio sam da je za gradnju potrebna dobra osnova – a moj zid je nije imao. Nisam razmišljao o kiši koja će isprati zemlju, i to se upravo desilo. Nekoliko nedelja kasnije, zid se srušio.

Ni nalaženje posla nije išlo lakše. Svakog dana suočavao sam se s odbijanjima. Jednog dana, posle još jednog: „Žao mi je, nemamo slobodnih mesta", nešto je puklo u meni. Zavetovao sam se da više nikada neću moliti za posao. Sama pomisao na rad u prljavim fabrikama činila se besmislenom. Više sam uživao u jednostavnim stvarima, kao što je da ispratim Milu iz škole i uživam u svakom trenutku provedenom s njom. Na kraju mi je majka pronašla posao. Imao sam više džeparca i mogao sam češće da izvodim Milu, pa sam bio zadovoljan.

Onda, neočekivano, majka mi je dala predlog koji će mi promeniti život.

„Znaš", rekla je jednog dana, „život je dobar u Australiji."

Pogledao sam je iznenađeno. „Australija? Otkud ti to?"

Nasmejala se. „Srela sam juče jednu staru prijateljicu. Njen sin se preselio u Australiju, i kaže da je tamo mnogo bolje."

Zainteresovao sam se. „I kako je on otišao tamo?"

Njen odgovor bio je skoro neverovatno jednostavan. „Otišao je u Italiju, raspitivao se, i našao brod za Australiju."

Nasmejao sam se i odmahnuo glavom. „Tako jednostavno, ha?"

Klimnula je ozbiljno. „Da, baš tako."

Njen savet je bio nejasan, gotovo smešan, bez ijednog konkretnog podatka.

Čak i sada, sa 77 godina, dok ovo pišem, još uvek se pitam da li je to bila luda ideja. Osećalo se kao da skačeš sa litice, nadajući se da ima vode ispod.

Ali njene reči su ostale u meni, podižući više pitanja nego odgovora o onome što me čeka.

Sa tim mislima koje su mi se vrtile po glavi, znao sam da moram da razgovaram s Milom. Bio sam duboko zaljubljen u nju i njeno mišljenje mi je značilo sve. Ali kako da joj to kažem, a da ne ispadne da je ostavljam? Krenuo sam da je sačekam posle škole, kao i obično, kao njen „službeni pratitelj nakon nastave". Trudio sam se da sakrijem nervozu, ali dlanovi su mi bili znojavi, a reči su mi se saplitale u grlu. Kako da kažeš nekome koga voliš da odlaziš – zbog njih?

Direktno sam rekao: „Pogodi šta, Mila? Rešio sam da idem u Australiju." Zastala je, a izraz na njenom licu prešao je iz radoznalosti u zbunjenost.

„Čekaj, šta? Ideš u Australiju? Tako, samo tako?"

Njen odgovor me je zatekao. „Pa… da. Mislim, ne. Nije to što misliš. Dozvoli da objasnim."

Oči su joj se suzile, a glas postao oštar. „Šta da objasniš? Upravo si mi rekao da odlaziš, kao da je to ništa. A šta je sa mnom, Aleksa? Šta je sa nama?"

Osetio sam paniku kako mi raste u grudima. Ovo nije bio način na koji sam želeo da razgovor teče. „Mila, molim te. Nije stvar u tome da te ostavljam. Stvar je u tome da želim da izgradim budućnost za nas."

Prekrstila je ruke, a ton joj je bio neverice. „Budućnost za nas? Tako što bežiš na drugi kraj sveta? To nema nikakvog smisla, Aleksa."

„Samo me saslušaj", molio sam je, očajan da popravim trenutak. „Volim te, Mila. Želim da provedem život s tobom. Ali ako ostanem ovde, nikada nećemo uspeti da izgradimo ono što želimo. U Australiji ima više prilika – dobri poslovi, dovoljno da napravimo dom za nas."

Ostala je tiha na trenutak, lice joj se malo omekšalo, ali i dalje je bila oprezna. „Dobro. Slušam te. Koji je tvoj veliki plan?"

Duboko sam uzdahnuo, pokušavajući da ostanem pribran. „Ti studiraš za pravnicu, i to će trajati još četiri godine.

Moje školovanje za metalostrugara skoro je gotovo, ali ne želim da ceo život provedem u fabrici. Ako odem sada u Australiju, mogu za te četiri godine da uštedim novac, kupim kuću i pripremim sve za naš zajednički život. Kad završiš školu, doći ćeš kod mene, i sve će biti spremno."

Lice joj se zateglo, a glas joj je bio tiši, ali emotivan. „Četiri godine, Aleksa? To je dug period. Šta ako se nešto desi? Šta ako se… udaljimo?"

Njene reči su me zabolele, jer su odražavale strahove koje sam i sam pokušavao da potisnem. Pružio sam ruku i uhvatio je za svoju, čvrsto je stežući. „Mila, znam da neće biti lako, ali verujem u nas. Udaljenost nas može fizički razdvojiti, ali ne može promeniti ono što osećamo jedno prema drugom. Mi značimo sve jedno drugom."

Pogledala me je u oči, a glas joj je prešao u šapat. „Obećavaš da ćeš se vratiti po mene?"

„Obećavam", rekao sam, privukavši je bliže. „Mila, imaš moju reč. Učiniću sve da ovo uspe."

Uzdisala je, oslonila glavu na moje rame. „Samo… deluje kao da ideš na drugi svet, Aleksa."

Klimnuo sam, srce mi je bilo teško. „Možda i idem. Ali to je svet u kojem želim da ti budeš sa mnom. Napravićemo ga svojim, Mila. Zajedno."

Pojavio joj se mali osmeh, iako je sumnja još uvek tinjala u očima. „Dobro. Držaću te za tu reč."

Te noći smo dali obećanje – zavet izgrađen na ljubavi i nadi. Dok smo se grlili čvrsto, osećao sam težinu svoje odluke i strah od onoga što nas čeka. Budućnost je bila neizvesna, ali u tom trenutku sam se čvrsto držao vere da će nas ljubav voditi kroz sve što dolazi

Početak slobode

Dok sam se ukrcavao na voz za Trst, u meni je ključala mešavina osećanja. Taj dan mi je i dalje jasan u sećanju, kao izbledela fotografija.

Nosio sam samo odeću na sebi i glavu punu snova. Voz je stajao u Zagrebu, glavnom gradu Hrvatske, i pomislio sam na svoju majku i oca koji su tamo živeli tokom Drugog svetskog rata.

Zaustavio se i u Ljubljani, što mi je vratilo sećanje na onih deset dana provedenih u zatvoru – sada već daleka uspomena.

Sunce je zalazilo, a kada je sat otkucao 18 časova, voz je stigao na železničku stanicu u Trstu, označivši početak jednog puta o kojem nisam mnogo razmišljao unapred.

Kada sam sišao sa voza, realnost mog izbora me je pogodila. Bio sam prestravljen. Hladan noćni vazduh je štipao kožu, a italijanske reči su mi zujale oko glave poput pesme koju nisam razumeo. Tada sam shvatio koliko sam zapravo nespreman. Skočio sam u nepoznato bez ikakvog plana, samo s nadom da će se stvari same rešiti. Tada još nisam znao šta znači reč „serendipity", ali izgleda da sam se upravo na to oslonio. Stojeći tamo, obuzela me je težina situacije. Da li sam bio hrabar ili lud? Tada nisam znao. Možda oboje. Ali duboko u sebi nešto me je teralo da idem dalje. Nisam smeo da stanem niti da sumnjam u sebe – ne sada. Nije to bila hrabrost u herojskom smislu, već ona rođena iz očaja i nade, ona koja ti šapuće: „Nastavi dalje." Ali – kuda? Još uvek nisam znao. Gorko sam se nasmejao. Nisam ni shvatao da sam ja glavni lik u sopstvenoj priči, na početku puta koji će jednog dana postati knjiga, možda čak i film. Tada sam se osećao kao glumac izgubljen na sceni bez teksta.

Misli su mi jurile dok sam hodao peronom. Nisam znao kuda da idem. Hotel je delovao previše rizično sa onoliko novca koliko sam imao. Plašio sam se da se ne izgubim – ili nečeg goreg. Bio sam gladan, ali nisam hteo više da rizikujem. Na trenutak sam pomislio da se vratim, ali nisam imao ni dovoljno novca za povratnu kartu. Nisam mogao da priznam poraz; to bi značilo da se suočim sa svima koje sam ostavio iza sebe i priznam da nisam imao pojma šta radim. Tada sam, šetajući gore-dole peronom već pola sata, ugledao natpis: „Polizia." Delovao je kao svetionik u mraku, pružajući trunku sigurnosti.

Bez ičega da izgubim, ušao sam unutra.

Kod pulta sam zastao, ne znajući šta da kažem. Nisam znao italijanski, pa sam počeo da govorim na srpskom, misleći da, pošto je to pogranični grad, možda me razumeju.

„Zdravo, dolazim iz Jugoslavije i ne želim da se vratim", rekao sam.
Policajci su me pogledali i upitali: „Mogu li da vidim tvoj pasoš?"
„U redu, izvolite", rekao sam, pružajući im dokument.
„Molim te, sedi tamo pored onog gospodina", kazao je jedan od njih.

Klimnuo sam i seo. Nisam morao više ništa da kažem – znali su zašto sam tu i šta želim. Kada sam seo pored ostalih, primetio sam da nas ima oko desetak mladića i jedna devojka. Počeo sam da razgovaram s njima i saznao da su svi bežali iz komunističkih režima – neki iz Mađarske, neki iz Čehoslovačke, a bilo je i drugih zemalja kojih se više ne sećam. Desetak minuta kasnije, policajci su nam rekli da ćemo biti prevezeni u izbeglički kamp Padričano, oko 25 kilometara od Trsta.

Padričano, Italija: Kamp čekanja

Vožnja do kampa protekla je u tišini, ispunjena napetom energijom i tihim razumevanjem među nama. Kako smo se približavali, pred nama su se pojavili visoki, tvrđavi slični zidovi kampa. Građevina se uzdizala ispred nas, svojim zastrašujućim izgledom podsećajući nas da smo još daleko od slobode koju smo tražili. Niko nam nije rekao da ćemo biti smešteni iza rešetaka – sve dok to nije postalo stvarnost. Unutra su nam oduzeli ono malo stvari što smo imali, uključujući kaiševe i pertle, i odveli nas u deo nalik zatvoru sa gvozdenim rešetkama.

Oficiri su objasnili da je to iz bezbednosnih razloga, ali prizor rešetkastih vrata i hladnih, ogoljenih zidova nije ostavljao mesta sumnji – bili smo zatvorenici. Težak zvuk zatvaranja metalnih vrata dodatno je pojačao osećaj izolacije.

Ipak, prvi put posle nekoliko dana, osetio sam neku čudnu vrstu olakšanja. Imao sam krevet u kome mogu da spavam, hranu da pojedem i trenutak da dođem do daha. Za sada, to je bilo dovoljno.

Izbeglički kamp Padričano, u kojem sam boravio 1968. godine, bio je jedan od nekoliko kampova osnovanih posle Drugog svetskog rata kako bi pružili utočište onima koje su političke i teritorijalne promene isterale iz svojih domova. Do mog dolaska, kamp je postao privremeno sklonište za ljude koji su bežali iz komunističkih režima Istočne Evrope.

Tri dana smo bili zatvoreni u zatvorskom delu kampa.

Kasnije smo saznali da se to vreme koristilo da se istraže naše prošlosti. Svako ko je imao kriminalni dosije bio bi odmah deportovan. Vreme je prolazilo sporo. Svaki sat se pretvarao u maglovito iščekivanje i neizvesnost. Zvuk koraka u hodniku, zveckanje ključeva ili tihi žamor davali bi tračak nade – samo da bi nestali u jednoličnosti. U tim trenucima počeo sam da shvatam punu težinu svoje odluke da napustim Jugoslaviju.

Kada su nas oslobodili, premešteni smo u veliku spavaonicu ispunjenu redovima dvostrukih kreveta na sprat. Moj krevet bio je u zabačenom uglu, otprilike desetak metara od ulaza. U tom novom zajedničkom prostoru upoznao sam druge poput sebe – ljude iz različitih zemalja, od kojih je svako nosio svoju priču i razlog zbog kojeg je došao ovde.

Kamp je bio mešavina neizvesnosti i zajedništva. Iako su uslovi bili skromni, postojalo je nešto utešno u tome da si okružen ljudima koji razumeju tvoje muke. U večernjim satima delili smo priče, strahove i snove. Iako su naši putevi do ovde bili različiti, svi smo delili istu nadu: da pronađemo slobodu i izgradimo bolji život.

Danas, kada se osvrnem na te trenutke, vidim ih kao neočekivane prve korake na putu koji će mi oblikovati budućnost. Tada nisam mogao ni da slutim koliko će me to iskustvo promeniti. Dani provedeni u kampu sa tim ljudima naučili su me da nada ne dolazi iz velikih dela – ona se rađa u tome da istraješ, čak i kada je budućnost neizvesna. Padričano nije bio samo kamp sa zidovima – bio je mesto gde su ljudi sanjali o boljem životu. Pokazao mi je da i u najmračnijim vremenima možemo pronaći povezanost, hrabrost i snagu da nastavimo dalje.

Taj put od Trsta do Padričana nije bio samo početak mog bekstva – bio je početak mog pravog otkrivanja sebe i onoga što mogu da izdržim.

Dnevnik nade: Ljubav na daljinu

7. april 1968. označio je početak dva isprepletena putovanja – mog, kada sam izašao iz zatvorskog odeljenja izbegličkog kampa u Padrićanu u veću sobu bez rešetki – i Milinog, kada je počela svoj dnevnik kao deo našeg zajedničkog obećanja da ćemo premostiti razdaljinu.

Dok sam se ja privikavao na novu sredinu, Mila je sedela u svojoj bašti u Zelenici, pišući za jednostavnim stolom okružena rascvetalim cvećem. Njene misli su se slivale na prazne stranice dnevnika, svaka reč bila je veza sa životom o kojem smo sanjali da ćemo ga deliti. Pre nego što sam otišao, Mila je obećala da će voditi dnevnik dvanaest meseci, ispisujući desnu stranu stranica svojim svakodnevnim mislima. Kada godina prođe, poslaće mi ga, a ja ću nastaviti da pišem na levoj strani dok se ponovo ne spojimo. Ideja je bila da, kada se ponovo sretnemo, možemo zajedno čitati i dopunjavati ono što je već napisano, pletući naše odvojene živote u jednu priču.

Te večeri, dok sam ležao na krevetu i zurio u plafon, zamišljao sam Milu u njenoj bašti. Sunce je bacalo topao sjaj na njenu kosu dok je svoje srce ispisivala na stranicama, njen nežan rukopis nosio je misli koje nije mogla da izgovori naglas. Njena ljubav, čak i sa tolikih kilometara, bila je moj oslonac, nešto što me držalo stabilnim.

Njena pisma često su mi odjekivala u mislima:

„Aleksa, ljubavi moja, ne prođe nijedan dan a da ne pomislim na tebe. Nedostaješ mi više nego što reči mogu da izraze. Svaki dan pišem u ovaj dnevnik, nadajući se da ćemo uskoro biti zajedno, da ćemo ove stranice čitati jedno pored drugog. Tvoje odsustvo oseća se u svakom kutku mog života, ali pomisao da si negde tamo i da sanjaš o našoj budućnosti daje mi snagu da izdržim."

Njene reči su me privlačile bliže njoj, iako smo bili daleko.

Pisala je o malim trenucima u svom danu koji su je podsećali na mene – o našim šetnjama, zvuku moje gitare, o mom smehu koji je još odjekivao u njenom sećanju. Ti nežni detalji oslikavali su Milinu ljubav – postojanu i nepokolebljivu. Dnevnik nije bio samo knjiga uspomena; bio je obećanje, veza koja nas je nosila kroz razdaljinu. Dok je sunce zalazilo nad još jednim danom u Padrićanu, ja sam se držao nade da ćemo se ponovo sresti. Nisam znao šta me čeka, ali Milina ljubav i vera u nas davali su mi hrabrost da se suočim sa svime što dolazi. Ovaj dnevnik nije bio samo reči na papiru – to je bila naša priča, spremna da bude dovršena.

U Budnom Oku Istorije: Priče iz izbegličkog kampa

U tihim trenucima koji su usledili, Miline reči su mi odzvanjale u glavi dok sam lutao kroz kamp u Padričanu, okružen ostacima istorije. U pozadini su se vrteli stari filmski snimci, trepćuće senke komunističke ere pod sovjetskom vlašću. Od 1949. do 1989. godine, Mađarska je bila pod čvrstom kontrolom Sovjetskog Saveza, a ispod te represije rasla je želja za slobodom – osećaj koji sam i sam dobro poznavao. U to vreme, dobijanje pasoša često je značilo da se moraš prikloniti Komunističkoj partiji, što je učinio i muž moje sestre, iako nevoljno. Hteli su da odu na Zapad, ali su utočište pronašli u Švedskoj kada su im se granice zatvorile zbog partijske pripadnosti.

Nakon tri dana zatvora, prebačen sam u izbeglički deo kampa, gde sam upoznao čoveka po imenu Janoš i njegovu verenicu Kati.

„Jesi li iz Mađarske?" upitah, nadajući se da ćemo se povezati kroz slična iskustva.

„Jesam, iz Budimpešte," odgovori Janoš, s tonom nostalgije u glasu.

„Jesi li već imao intervju sa Interpolom?" upitah, želeći da saznam šta me čeka.

„Ne još. Zakazan je za nekoliko nedelja. A ti?"

„Ja sam iz Jugoslavije, ali sam Mađar," rekoh, nadajući se da će to pomoći.

„Ah, Jugoslovenski Mađar? Možda ćeš imati problema. Obično ne odobravaju politički azil ljudima iz Jugoslavije," upozorio me je.

„Zašto?" upitah zbunjeno.

„Da bi dobio politički azil, moraš preći najmanje dve granice iz komunističke zemlje. Ekonomski azil je moguć, ali se retko odobrava," objasni.

„Ali ja dolazim iz komunističke zemlje!" rekoh uporno.

„Da, ali Jugoslavija dozvoljava verske slobode i ekonomska situacija se ne smatra dovoljno lošom," rekao je.

„To ne zvuči dobro za mene," priznam, osećajući kako mi se stomak steže.

„Ne, ne zvuči. Iskreno, ne znam šta bi mogao da uradiš," odgovori Janoš saosećajno.

Njegove reči su me pogodile. Izazovi su bili veliki, pritisak ogroman. Ali negde duboko u sebi, osećao sam iskru – tiho, uporno odbijanje da odustanem.

Moram nešto da smislim!

"Ne mogu da se vratim. Ako me deportuju, mogu završiti jako loše... ili još gore," rekoh, dok su me obuzimali strahovi. Janoš me pogledao ozbiljno. "Šta znači 'još gore'? Šta bi se moglo desiti?" upita.

"Ako me smatraju izdajnikom ili dezerterom, to može značiti i streljanje," priznah tiho, dok mi je istina visila nad glavom kao mač.

Janoš mi uputi blag, ohrabrujući osmeh. "Nadam se da će ti se desiti nešto dobro, kao što se nama desilo."

"Kako ste vas dvoje stigli ovde?" upitah, želeći da čujem njihovu priču.

Janoš pogleda Kati, pa se obrati meni.

"Nije bilo lako," reče. "Planiranje je trajalo nedeljama. Noću smo odlazili na železničku stanicu i proučavali voz koji ide direktno iz Budimpešte u Trst.

"Našli smo ga, ali smo otkrili da ne svi vagoni idu do Trsta. Kada smo našli pravi vagon, morali smo da pronađemo mesto gde ćemo se sakriti.

"Jedina opcija bila je u plafonu vagona. Prostor je bio toliko uzak da smo morali da legnemo jedan naspram drugog, ne licem u lice, već lice ka stopalu. Čak smo morali unapred oprati noge." Oboje se nasmejaše tom sećanju.

"Znali smo da je do Trsta 454 kilometra, što znači više od četrnaest sati bez toaleta, hrane i vode, pa smo prestali da jedemo i pijemo nekoliko sati pre polaska. Na stanicu smo stigli rano ujutru, pre nego što su došli čistači. Dva naša najjača prijatelja su odvila panel u plafonu vagona, podigla nas u taj mali prostor i zavrnula panel nazad. Kad su otišli, čuli smo čistače kako prolaze kroz vagon.

"Ubrzo smo shvatili da imamo veliki problem. Prostor je bio hermetički zatvoren. Disanje je postajalo sve teže.

"Kati me je nosem dodirnula po stopalu da privuče pažnju. Drhtala je i govorila da ne može da dođe do vazduha."

„I ja sam teško disao i shvatio da nema dovoljno kiseonika. Rekoh joj: 'Izdrži. Pokušaću da napravim rupu nožićem.'

„Pokušao sam da dohvatim nož iz džepa, ali nisam uspeo. Rekoh joj: 'Imam nož u džepu. Možeš li da ga dohvatiš?' Mislila je da može."

„Rekla sam da ću pokušati," dodade Kati, uz smeh. „Zavukla sam ruku u njegov džep, ali –" zastade i nasmeja se, „uhvatila sam nešto pogrešno."

Janoš se naceri. „Rekoh joj: 'Hej, to nije nož!'"

Uprkos napetosti, uspomena ih je oboje nasmejala. „Na kraju sam uspela da dohvatim nož," reče Kati.

Janoš klimnu. „Dodala mi ga je, i počeo sam da struže po drvetu, da napravim malu rupu. Zvuk je bio užasno glasan, činilo mi se da ceo vagon to čuje.

„Kati me požurivala, ali išlo je sporo. Na kraju sam uspeo da napravim rupicu kroz koju je dolazio vazduh. Udahnuli smo najdublje u životu.

„Ali tada sam video kako iverje pada na sedišta ispod nas. 'Imamo problem,' rekoh joj. 'Čistači bi mogli to da primete.'"

„Kati je rekla: 'Ne možemo ništa sada. Ćutimo i nadajmo se najboljem.'

„Gledao sam kroz rupu, srce mi je tuklo kao ludo. Čuli smo ih kako pričaju o tome koliko su gladni i gde će jesti. Nisu ni obratili pažnju na iverje. Zašto bi? Koliko znam, ovako nešto se nikad nije desilo u istoriji."

„To je bio serendipity," rekoh im. „Do sad me je pratilo."

„Šta je to?" upitaše, pa im objasnih: „Serendipity je engleska reč za srećan i neočekivan događaj."

„E, pa verujem da je ovo bio serendipity," nastavi Janoš. „Ostatak puta je bio dug i napet, ali smo uspeli. Voz se više puta zaustavljao, ali nismo znali gde smo. Bili smo gladni, žedni, i hteli da izađemo, ali nismo mogli bez pomoći, pa smo ćutali sve dok nismo čuli italijanski jezik.

„Rekoh Kati: 'Počni da vičeš – Halo, halo, pustite nas!' Gledao sam kroz rupu, nadajući se da će neko pogledati gore. Jedan čovek je pogledao i viknuo nešto na italijanskom što je zvučalo kao: 'Chiama il controllore e digli di portare un cacciavite!'

Nisam znao šta je rekao, ali sam se nadao da je pozvao pomoć.

„Gledao sam kroz otvor i video konduktera sa šrafcigerom kako staje na sedišta i odvija panel. Odjednom je Kati pala u naručje konduktera. Srećom, nije je nabio šrafcigerom. Ja sam bio dalje unutra, pa sam mogao da se spustim sam."

„Zanimljivo je da je neko imao fotoaparat i uslikao Kati kako pada u naručje italijanskog konduktera, i to je završilo kao naslovna priča u tršćanskim novinama."

Janoš i Kati su rizikovali sve zbog slobode, a njihova hrabrost mi je ulila nadu. Čak i u najtežim trenucima, pronašli su put napred. U kampu Padričano, okružen drugima koji su delili istu čežnju za novim životom, shvatio sam da moje putovanje nije ni blizu kraja.

Tek je počinjalo.

Neočekivani Poziv

Zateklo me nespremnog. Srce mi je ubrzano kucalo dok sam silazio u kancelariju u prizemlju. Slabo osvetljena soba delovala je kao da pripada nekom drugom vremenu, ispunjena mirisom starog papira i udaljenim zvukom razgovora koji su odzvanjali kroz zidove. Pokucao sam na vrata i ušao, našavši se licem u lice sa Luigijem, predstavnikom zapadnih vlasti.

„Izvolite, sedite, gospodine Család," rekao je Luigi, tonom koji je bio mešavina poslovnog i blago prijateljskog. Posle kratkog pozdrava, prešao je odmah na stvar.

„Koje jezike govorite?" upitao je.

„Govorim perfektno mađarski i srpski," odgovorio sam, trudeći se da zvučim samouvereno.

Luigi je zamišljeno klimnuo glavom. „Mađarski je koristan, ali zaista nam treba neko ko govori i italijanski i mađarski. Nažalost, nismo našli nikog takvog. Ali s obzirom na situaciju, vi ćete morati da budete dovoljni."

Zastao je na trenutak, pa nastavio: „Imamo poziciju koja bi vas mogla zanimati.

Nije zvaničan posao, i ne plaća se, ali dolazi sa zaštitom od deportacije i propusnicom koja će vam omogućiti potpunu slobodu kretanja van kampa kad god poželite." Njegove reči su visile u vazduhu, a moja glava bila je puna pitanja.

Ponuda je bila rizična – bez plate – ali obećanje zaštite, zajedno sa propusnicom koja mi je omogućavala da slobodno izlazim iz kampa, bilo je previše primamljivo da bih to ignorisao. Nakon što sam odvagao prednosti i mane, odlučio sam da prihvatim. Strah od deportacije, zatvora ili nečeg još goreg bio je vrlo stvaran, ali ovo je bila šansa da ostanem – prilika da izbegnem sumornu sudbinu.

Moja uloga se zvala „prevodilac", ali ubrzo je postalo jasno da je to mnogo više od toga. Tražili su od mene da razgovaram sa mađarskim izbeglicama, zvanično da im pomognem sa papirologijom. Ali pravi razlog je bio da se prikupe informacije o sovjetskoj vojsci u Mađarskoj, zemlji koja je tada bila pod strogom kontrolom Rusa. Zapad je želeo da sazna bilo šta o sovjetskim vojnim planovima, lokacijama ili kretanjima trupa. Svaki razgovor bio je kao hod po tankom ledu – pokušavao sam da dobijem korisne informacije a da ne otkrijem previše. Jedno pogrešno pitanje moglo je da razotkrije pravu prirodu moje uloge i dovede u opasnost i mene i one sa kojima sam razgovarao. Bilo je rizično, ali mi je dalo osećaj svrhe koji nisam očekivao. Nisam više samo preživljavao – bio sam deo nečeg većeg, nečeg što je možda moglo da napravi razliku.

Jedne večeri, dok sam prevodio posebno osetljiv razgovor, težina mojih odgovornosti me je pogodila svom snagom. Shvatio sam da više nisam samo posmatrač sa strane; bio sam deo igre u kojoj je svaka odluka nosila ozbiljne posledice. Nedelje su prolazile, a ja sam se borio sa teškim izborima koje sam morao da donosim. Život više nije bio crno-beli; bio je pun nijansi sive, gde je svaka odluka delovala kao kompromis. U retkim trenucima tišine, razmišljao sam o tome koliko su se granice između ispravnog i pogrešnog zamutile. Stalno sam se osvrtao preko ramena, svestan da sam deo mreže koja prikuplja informacije koje bi se mogle smatrati špijunažom.

Strah da budem otkriven bio je stalno prisutan, ali sam nastavio, vođen obećanjem slobode i nadom u novi život.

Uprkos neizvesnosti i moralnim dilemama, nastavio sam da radim, odlučan da obavim zadatak. Dok sam prevodio reči drugih, shvatio sam da sve dublje ulazim u svet koji nisam potpuno razumeo – bio sam i igrač i pijun u igri koju nisam sam izabrao. Kada sam zakoračio u naredno poglavlje svog života, poneo sam sa sobom lekcije iz vremena provedenog u senci. Budućnost je i dalje bila neizvesna, ali sam joj išao u susret sa hrabrošću, znajući da ću se, šta god da me čeka, suočiti sa istom odlučnošću koja me je vodila kroz tamu.

Pred licem Interpola: Moj dan na vrućoj stolici

Došao je i taj dan kojeg sam se najviše plašio. Srce mi je lupalo dok sam ulazio u prostoriju u kojoj su sedeli predstavnici Interpola iz različitih zemalja, poređani u polukrugu. Stolica naspram njih delovala je kao vruća stolica – svaka moja reč mogla je da odredi moju sudbinu. Udahnuo sam duboko i seo, osećajući njihove poglede – spoj procene i radoznalosti

Prvo pitanje postavio je predstavnik iz Francuske, ozbiljnog izraza lica.

„Gospodine Család, imate li kriminalni dosije?"

Odmahnuo sam glavom, trudeći se da mi glas ne zadrhti.

„Ne, gospodine. Nemam kriminalni dosije. Oduvek sam živeo jednostavnim, poštenim životom." Dlanovi su mi bili mokri, ali sam se prisilio da zadržim kontakt očima.

Zatim se nagnuo britanski oficir, izraz lica mu je bio nečitljiv.

„Kakav je vaš odnos prema politici? Da li ste ikada bili uključeni u političke aktivnosti ili pokrete?"

Ispustio sam nervozan smešak. „Uopšte me ne zanima politika. Jedine grupe u kojima sam bio član bile su muzičke. Svirao sam bas gitaru u rok bendu. Iskreno, najradikalnija stvar koju smo uradili bila je da pokušamo da odsviramo pesmu 'Apache' unazad da vidimo da li zvuči bolje."

Panel se blago nasmejao, što je na trenutak olakšalo napetost.

Osetio sam malu dozu olakšanja, ali znao sam da prava pitanja tek dolaze. Sledeći je bio predstavnik iz Amerike.

„A šta je s vašim zanimanjem? Koji je vaš zanat?"

„Obučeni sam bravar i tokar," odgovorio sam s malo više samopouzdanja. „Planiram da se zaposlim u svojoj struci, da zaradim stabilan prihod i izgradim dom za sebe i svoju verenicu Milu. Ona završava studije, a mi želimo da započnemo zajednički život u sigurnoj i slobodnoj zemlji."

Članovi komisije su se pogledali, mereći moje reči. Osetio sam da je njihova presuda visila u vazduhu. Tada je došlo pitanje koje sam se najviše plašio – postavio ga je australijski predstavnik, iz zemlje do koje sam najviše želeo da stignem.

„Zašto ste napustili svoju zemlju, gospodine Család? Šta tražite?"

„Razlozi su jednostavni," rekao sam, iako mi je glas blago drhtao. „Teško mi je da pronađem posao u zemlji u kojoj je budućnost neizvesna. Želim da živim u demokratskoj zemlji, da radim svoj posao i da izgradim dom za Milu i mene."

U stomaku mi se sve prevrnulo od nervoze. Ulog je bio veliki, a atmosfera u prostoriji ponovo je postala ozbiljna. Poslednje pitanje postavio je stariji gospodin iz Švedske. Njegov glas je bio blag, ali odlučan.

„Šta ćete učiniti ako vam aplikacija bude odbijena?"

Ta misao me je progonila nedeljama, ali sam odgovorio iskreno:

„Ne znam, gospodine. Povratak nije opcija – tamo me ništa ne čeka. Mogu me uhapsiti, ispitivati ili gore. Moja jedina nada je u vašoj odluci."

U prostoriji je na trenutak nastao muk. A onda je intervju bio gotov. Ustao sam da izađem, ali nisam mogao da se otresem osećaja da mi se sudbina klati na niti. Da li sam rekao dovoljno? Da li su poverovali u moju priču?

Mogao sam samo da čekam i da se nadam. Sa svakim korakom iz te prostorije, um mi je iznova prevrtao sva pitanja, pitajući se da li su moji odgovori bili dovoljni.

Nisam imao izbora osim da verujem – da se moj apel za bolji život, za šansu da izgradim nešto novo, ipak dotakao njihovih srca.

Jedno jutro koje je moglo promeniti sve

Prošla su tri dana, svaki beskrajno dug, ispunjen nelagodom i pitanjima bez odgovora. Slabo osvetljena soba, sa ispucalim zidovima i trepćućom sijalicom, delovala je kao da me pritiska, senke su se pomerale kao nemirni duhovi. U 6 ujutru tišina je pukla kada je sat zazvonio, označavajući početak još jednog dana koji visi o koncu sudbine. Vrata su škripala dok su se otvarala, a dva policajca ušla su unutra, koraci im teški i odlučni. Soba, već klaustrofobična, činila se još manjom pod njihovim prisustvom. Jedan je držao pohabanu fasciklu, ivica izlizanih od prekomerne upotrebe, i želudac mi se stegao. Znao sam šta sadrži – spisak imena. Svako ime bila je presuda, sudbina odlučena težinom Interpolovih intervjua.

Luigi me je uveravao, s uverenošću za koju sam se očajnički držao, da neću biti na tom spisku. Ali obećanja bledela su pred strahom, i nisam mogao da se oslobodim osećaja da će moje ime biti prozvano.

Policajci su počeli, glasovi im hladni i mehanički, sekli su vazduh poput giljotine.

„Kovač Laslo…"

„Farrago Peter…"

„Jakub Aleksandar…"

„Marek Fibers…"

Svako ime bilo je udarac u grudi, a soba je sve više pritiskala sa svakim izgovorenim slogom. Držao sam se za ivicu kreveta na sprat, zglobovi mi pobeleli, a disanje brzo i plitko.

Srce mi je lupalo, svaki otkucaj kao da pokušava da nadjača strah. I onda je došlo.

„Aleksa Család", objavio je policajac, glas mu je bio oštar i konačan. Te reči su me presekle kao led. Telo mi je reagovalo instinktivno, trznuo sam se iz gornjeg kreveta. Vid mi se zamutio na trenutak, neverica i panika sudarale su se u mojoj glavi. Noge su mi bile nestabilne kad sam sleteo na pod, drhtave i hladne. Ovo se nije smelo dešavati. Luigi je obećao. Ali obećanja više nisu važila. Naterao sam sebe da krenem napred, svaki korak kao da prolazim kroz gust vazduh. Približio sam se policajcu, oči su mi lutale između njegovog bezizražajnog lica i fascikle u ruci. Usne su mi se otvorile da protestujem, da molim, ali nijedna reč nije izašla.

Stajao sam tako, a svaki sekund se razvlačio u večnost. U sobi je vladao muk, osim tihog šuštanja papira dok je policajac ponovo proveravao spisak. Gledao sam mu lice, tražeći trunku milosti ili makar grešku, ali njegovo lice je ostalo hladno i neprobojno. Svet se nagnuo, i osećao sam se kao čovek na ivici provalije, čekajući da se tlo pod njim raspadne.

„Ne, to nije tačno!" povikao sam, glas mi je drhtao od straha. „Molim vas, pozovite Luigija! On zna da ne treba da budem na toj listi!"

Lice policajca postalo je strože. „Danas nije dostupan," odgovorio je hladno i okrenuo mi leđa.

Talas užasa me preplavio i prišao sam bliže, glas mi je postao glasniji. „Ne razumete! Moj život je u opasnosti! Ne možete to da ignorišete! Pozovite ga odmah! Pozovite Luigija!" Reči su mi izlazile u paničnom naletu, gotovo kao vrisak, držeći se za poslednju nadu.

„Dosta!" odbrusio je policajac, ali ja nisam prestajao.

„Molim vas, preklinjem vas! Učiniću bilo šta! Samo mi dajte da pričam s njim!" Glas mi je pucao od straha, svet oko mene se rušio.

Strpljenje mu je nestajalo, ali me nije bilo briga. „Ako ga ne pozovete, mogu da umrem! Čujete li? Mogu da umrem!" vikao sam, glas mi je odzvanjao kroz malu prostoriju, ispunjen užasom koji je sada bio očigledan svima.

Dok su ostale iz logora vraćali u ćelije, osetio sam poraz kako se spušta na mene. Opet su nam uzeli pertle i kaiševe – jasni podsetnici na to koliko smo bespomoćni. Oslonio sam se leđima na hladni metal kreveta, disanje mi je bilo kratko, panično. Ali usred haosa u mojoj glavi, misao me je pogodila kao munja: ne smem da odustanem. Ne sada. Ne kad mi je život na kocki. Srce mi je tuklo dok sam pogledom tražio nešto – bilo šta – što bi ih nateralo da me čuju.

Zgrabio sam aluminijumski tanjir sa doručkom koji nisam ni taknuo i stisnuo ga čvrsto. Sa iznenadnom, žestokom odlučnošću, počeo sam da udaram tanjirom o rešetke, svaki udarac glasniji i očajniji od prethodnog.

„Pozovite Luigija! Pozovite Luigija!" vikao sam, glas mi je bio sirov i očajan, parajući buku oko mene. Policajci su me pogledali, vidno iznervirani, ali me nije bilo briga. Nastavio sam da lupam, da vičem.

„On mora da zna šta se dešava! Pozovite ga odmah!"

Jedan od policajaca je povikao: „Prekini s tim! Nije ovde – javio je da je bolestan!"

Ali njegove reči su samo pojačale moju paniku. Udarao sam tanjir još jače, odbijajući da budem utišan.

„Pozovite Luigija! Morate ga pozvati!" opet sam viknuo, glas mi je bio na ivici pucanja.

Sekunde su se vukle kao sati, a moj strah je rastao. Oko 10:30, počeli su da ukrcavaju izbeglice u minibus. Odbio sam da se pomerim, noge su mi bile ukopane u zemlju, spoj straha i prkosa.

„Molim vas, samo pozovite Luigija!" opet sam zavapio, glas mi je pucao.

Dva policajca su me zgrabila za ruke i odvukla ka otvorenim vratima minibusa, gde su ostali već sedeli. Srce mi je lupalo, misli mi jurile ka onome što me čeka.

A onda, kad sam pomislio da je sve gotovo, nešto se promenilo. Čuo sam komešanje u pozadini. Srce mi je preskakalo dok sam pokušavao da vidim šta se dešava.

I tada, kroz gužvu policajaca i pritvorenika, pojavio se lik – poznato lice. Luigi. Pojavio se kao iznenadan tračak svetlosti kroz tamu. Lice mu je bilo mirno, pogled odlučan – kao ruka bačena čoveku koji se davi.

Na trenutak nisam mogao da verujem svojim očima. Trepnuo sam, u strahu da je to samo mašta, ali bio je tamo – kretao se ka meni sa svrhom, njegova pojava kidala je paniku.

Podigao je ruku, obratio se policajcima, glas mu je bio jasan i siguran.

„U redu je! On je sa mnom!"

Policajci su se zaustavili, nesigurnost im je preletela preko lica. Luigi je prišao pravo meni, pogled mu je bio čvrst i uperen u moje oči. Bez reči, uhvatio me je za ruku, čvrsto ali umirujuće.

„Pođi sa mnom," rekao je, glas mu je bio tih, ali pun autoriteta.

Policajci su razmenili poglede, ali nisu rekli ništa dok me je vodio dalje od autobusa, ka vratima. Srce mi je i dalje tuklo, ali osećaj nade počeo je da se budi.

Pogledao sam preko ramena ka autobusu, drugi izbeglice su gledale u neverici, a onda opet u Luigija, njegovo lice je bilo odlučno. Nije stao, nije objašnjavao – samo je išao dalje, presekao napetost kao nož kroz maglu.

Kada su se vrata za nama zatvorila, a buka utihnula, shvatio sam koliko sam bio blizu da izgubim sve.

U njegovoj kancelariji jedva sam uspevao da pričam dok sam mu objašnjavao šta se dogodilo, strah i očaj koji su me naterali da se tako ponašam. U meni je vladala mešavina straha, teskobe i olakšanja.

Luigijevo lice bilo je bledo, videlo se koliko ga je sve iscrpelo.

„Aleksa," počeo je, zvučao je iscrpljeno, „danas sam trebao da dođem da skinem tvoje ime sa spiska i uzmem tvoj pasoš, ali sam se razboleo i potpuno zaboravio – dok me neko nije pozvao zbog 'lude izbeglice' koji pravi haos."

„Hoćeš da kažeš... rizikovao si sve zbog mene?" upitah, glas mi je još drhtao od adrenalina.

„Da," odgovorio je Luigi, oči su mu bile iskrene i ozbiljne. „Kršenje Interpolovih pravila bio je jedini način da te spasim. Kada su me pozvali zbog tebe, setio sam se šta sam trebao da uradim. Potrčao sam ovamo najbrže što sam mogao."

Njegove reči su me pogodile. Luigijevo iznenadno odsustvo, spisak koji nije bio ažuriran, cela lančana reakcija... sve se složilo.

„Znači, nisu me smeli vratiti jer nisu želeli da otkrijem njihove aktivnosti komunistima. Da nisam digao buku, danas me ne bi bilo ovde."

Ta spoznaja me je preplavila – bio sam na ivici da izgubim sve. Moja upornost, moje odbijanje da ćutim, promenili su sve.

Luigi je klimnuo glavom. „Tvoja reakcija ih je naterala da reaguju, Aleksa. Podsetio si me, i to je promenilo sve. Pobedio si šanse koje su bile protiv tebe."

Stajao sam ispred njega, misli su mi letele. Znao je da moj put još nije gotov – da je ovo samo još jedan preokret u dugom, neizvesnom putovanju.

Video sam to u njegovim očima: razumevanje koliko život može biti nepredvidiv i kako odluke koje donosimo mogu da nas dovedu do iznenađujućih trenutaka.

„Hvala ti," uspeo sam da izgovorim, glas mi je bio slab, ali jači nego ranije – sa novom dozom odlučnosti. „Nikada neću zaboraviti šta si uradio za mene."

Luigi se blago nasmešio, umorno, ali toplo. „Znam da nećeš, Aleksa. I zapamti – ponekad, i u najmračnijim trenucima, dovoljan je mali tračak svetlosti."

Kad sam izašao iz njegove kancelarije, osećao sam da je teret proteklih dana makar malo lakši. Budućnost je i dalje bila neizvesna, ali po prvi put, imao sam osećaj da ponovo držim svoju sudbinu u rukama.

Izbeglički kamp Latina – 1968

Proteklih nekoliko meseci bilo je kao vihor neizvesnosti, ali bio sam odlučan da preuzmem kontrolu nad svojom sudbinom. Sa čvrstom namerom, otišao sam da razgovaram sa svojim nadređenim.

„Zdravo, Luigi, mogu li da razgovaram s tobom?"

„Naravno, Aleksa", odgovorio je podižući pogled sa papira.

„Znaš da cenim ovaj posao, ali imam osećaj da sam zaglavljen, kao da mi je život stao. Koliko još moram da ostanem ovde? Očajan sam da nastavim dalje."

Luigi je klimnuo glavom, lice mu je odražavalo razumevanje. „Znam da ti je teško, Aleksa."

„Jednostavno više ne mogu da podnesem ovo stanje iščekivanja. Postoji li nešto što možeš da učiniš da se proces ubrza?"

Luigi je zastao, razmišljajući. „Čim se naš prevodilac oporavi, možemo da počnemo proceduru za tvoje premeštanje u Latinu, blizu Rima. Tamo ćeš imati veće šanse da podneseš zahtev za emigraciju u Ameriku, Australiju ili Švedsku."

Da li si bio u izbegličkom kampu Padričano ili Latina? Voleo bih da čujem tvoju priču! Poseti thediaryofparallelserendipity.com ili piši na info@thediaryofparallelserendipity.com

Duboko sam udahnuo, razmišljajući o njegovim rečima. „U redu, razumem. Ali šta ako uspem da nađem nekog da me zameni ovde? Da li bi to nešto promenilo?"

Luigi je podigao obrvu, zainteresovano.

„Zamena? Na koga misliš?"

„Na moju sestru, Rosetu."

„Gde je sada?"

„Još uvek je u Jugoslaviji."

Luigi se zavalio u stolicu. „Ako uspeš da je dovedeš ovde, možemo dalje da razgovaramo o detaljima."

Sa obnovljenom nadom, brzo sam napisao pismo sestri Roseti, objašnjavajući joj situaciju. Majka ju je ohrabrila da dođe i pruži mi podršku. Nekoliko nedelja kasnije, pokupio sam je na železničkoj stanici u Trstu i doveo nazad u Padričano. Da bih joj izbegao ono što sam ja prošao, uzeo sam njen pasoš i rekao vlastima da je prešla granicu tokom oluje i da je lošeg zdravstvenog stanja. Nisam želeo da provede ista tri dana u zatvoru kao ja, pa sam sredio da bude smeštena u bolnicu.

Kako je Roseta postepeno preuzimala moje obaveze, osetio sam kako mi se vraća osećaj kontrole nad sopstvenim životom. Više nisam samo čekao da se nešto desi – već sam preduzimao konkretne korake. Dovođenje moje sestre ne samo da joj je pružilo bolju priliku, već me je i mene približilo snu o novom životu u nekoj drugoj zemlji. Sa svakim korakom koji smo preduzeli, osećao sam se snažnije. Više nisam bio samo posmatrač sopstvenog života; aktivno sam krojio svoju sudbinu. Rosetin dolazak bio je prekretnica – i za nju i za mene. Oboje smo krenuli ka nečemu boljem, ostavljajući neizvesnost prošlosti za sobom.

Na putu ka Latini, misli su mi bile pomešane – uzbuđenje, briga i malo tuge. Voz se zaustavljao u Veneciji i Rimu, gradovima zadivljujuće lepote, i svaki prizor ostavio je neizbrisiv trag. Ali usred sve te raskoši, osećao sam prazninu – želeo sam da te trenutke podelim sa Milom. Bez nje, ti gradovi nisu imali puni smisao.

Smeštajući se u izbeglički kamp u Latini, ubrzo sam shvatio da svaki dan donosi nove izazove i šansu da preoblikujem svoj život.

Prostrani Kampo Profugi di Latina bio je više od privremenog skloništa – bio je mesto gde su se rađali i testirali snovi. Okružen ljudima, svako sa svojom pričom o patnji i nadi, osećao sam težinu naših zajedničkih borbi.

Mila je stalno bila u mom sećanju, podsećajući me zašto sam došao – da izgradim budućnost u kojoj ćemo biti zajedno. Ali ta budućnost je delovala daleko, a sadašnjost je zahtevala moju potpunu pažnju. Kamp je bio pun ljudi koji su pokušavali da pronađu ravnotežu između preživljavanja i snova. Bili smo stranci u tuđoj zemlji, ali nas je povezivala ista potraga za boljim životom.

Kako su nedelje prelazile u mesece, kamp je postao više od skloništa – postao je mesto mog ličnog preobražaja. Naučio sam nove veštine, savladao italijanski i stekao prijatelje među izbeglicama. U početku je sve bilo zbunjujuće, ali s vremenom kamp je postao poznat, pa čak i utešan.

Svaki dan u radu me je približavao ciljevima – bilo da sam ubirao lubenice na kamionu nekog farmera ili upoznavao ljude koji su mi otvarali nova vrata. Jednog dana, upoznao sam živahnog Italijana čija je energija bila zarazna. I pored svih briga, njegov duh me je podsetio da život još uvek može da ima svetle momente. Zahvaljujući njemu, dobio sam posao u lokalnoj radnji sa nameštajem, gde sam rasklapao i dostavljao nameštaj, borio se sa jezikom i vukao teške mermerne stolove uz bezbroj stepenica.

Posao je bio naporan, ali u njemu je postojala neka čudna vrsta zadovoljstva. Svaki zadatak bio je mala pobeda u životu punom izazova. I sa svakim korakom, svakim komadom nameštaja koji sam preneo, znao sam da se sve više približavam budućnosti o kojoj sam sanjao.

Lekcije iz empatije i Lekcije

Gledajući unazad na svoju mladost tokom 1960-ih, ponekad se borim da razumem sopstvena dela. Kao zreo čovek danas, ne mogu da ne osetim duboko kajanje. Pre nego što sam upoznao Milu, ljubav svog života, izlazio sam sa jednom prelepom plavušom – imala je dugu kosu i živahnu ličnost. Bila je zima, svi smo bili ušuškani u duge pantalone i kapute.

Sve je delovalo savršeno dok nije stiglo proleće, donoseći lakšu odeću i svež pogled na svet oko nas. Tog prvog toplog dana, moja devojka mi je prišla u kratkoj suknji, i tada sam primetio da su joj noge blago krive. Ništa nisam rekao – samo sam prestao da se viđam s njom bez ikakvog objašnjenja. Nisam mogao da joj kažem istinu – ipak sam imao neko moralno načelo i nisam hteo da je povredim. Verovatno je mislila da sam samo nestao. Danas me je sramota zbog toga koliko sam bio površan. Tada nisam mnogo razmišljao o tome šta radim. Ali sada se pitam – da li bih danas postupio isto?

Život ima način da nas nauči lekcijama onda kada to najmanje očekujemo. Jednog sunčanog dana šetao sam Korzoom u Zeleniki sa dragom Milom i mojom sestrom Rosetom. Topli povetarac nosio je miris ruža iz zeleničkog vrta, a zvuk smeha i razgovora ispunjavao je vazduh. Bio sam dobro raspoložen, uživao u jednostavnim čarima dana, kada se Mila iznenada okrenula ka meni i rekla:

„Da li znaš da imaš krive noge?"

Njene reči su me pogodile kao grom iz vedra neba. Ukočio sam se usred koraka, lice mi se usijalo od neprijatnosti.

„Šta?" odbrusio sam, glasom oštrijim nego što sam nameravao.

Mila je blago nagnula glavu, a oči su joj blistale od nestašluka i nevinosti.

„Sviđaju mi se dečaci sa krivim nogama," našalila se s osmehom.

Trebao sam da se nasmejem, ali umesto toga, moj ponos se uzbudio. „Ako ti se ne sviđa," odbrusio sam, „slobodno možeš da raskineš sa mnom!" Reči su mi izletele pre nego što sam stigao da ih zadržim – bile su grublje nego što sam hteo.

Milino lice se nije promenilo. Umesto toga, pustila je tih osmeh koji je ublažio oštrinu mojih reči.

„O, Aleksa," rekla je s nestašnim osmehom, „baš si lak za zadirkivanje. Nemoj to da uzimaš tako ozbiljno."

Uprkos njenom razigranom tonu, osetio sam ubod iritacije pomešan s olakšanjem. Moja odbrana je bila visoko podignuta, ali njen šarm me je razoružao u trenu.

„Samo… ne treba mi da mi ti ukazuješ na mane," promrmljao sam, pogledavši ka Roseti, koja se borila da ne prasne u smeh. „Pogotovo ne pred svima."

Miline oči su omekšale, iako je trag zabave i dalje bio prisutan. „Izvini ako sam te povredila," rekla je nežno. „Nisam imala lošu nameru."

Uzahnuo sam, puštajući da napetost iscuri iz mene. „Znam… i ja se izvinjavam. Samo mi je dotaklo bolnu tačku."

Nastavili smo da hodamo u tišini neko vreme. Jedini zvuci su bili ritmični odjek naših koraka i tihi žamor Korza. Ali moj um nije bio tih. Miline reči su povukle nit, otkrivajući uspomenu koju sam zakopao. Godinama ranije, ostavio sam devojku zbog njenih krivih nogu. Nisam imao hrabrosti da joj kažem istinu, već sam jednostavno nestao iz njenog života bez objašnjenja.

Tada je to izgledalo lakše, ali sada, Milina bezazlena opaska sve je to vratila u punoj snazi.

„Šta seješ, to i žanješ," pomislio sam, dok mi je stara izreka odzvanjala u glavi jače nego ikada. Barem toj devojci nisam rekao zašto sam je ostavio. Barem nisam dodao još bola u njen život. Tada nisam puno razmišljao o svojim postupcima. Nisam ih preispitivao. Ali sada se pitam – da li sam se zaista promenio, ili taj isti bezosećajni momak još uvek čuči negde u meni?

Obećanje Da Nikada Više Ne Povredim

Misli su mi odlutale ka danima kada smo kod kuće imali mačku. Vremena su bila teška i nismo mogli da priuštimo pravu hranu za nju, pa je morala sama da se snalazi. Zime su bile naročito surove. U tim hladnim danima, pratila me je u lov, šunjajući se oko mene sa ushićenjem, oštrih očiju koje su neprestano pratile pokret. Uvek je bila spremna da skoči.

Nosio sam svoj verni praćku, a oči su mi pretraživale krošnje drveća tražeći znak ptice. Kad god bih spazio neku i uspeo da je oborim, sneg je olakšavao da je pronađem. Ako bi ptica pala u nečije dvorište, podigao bih mačku na vrh ograde, i ona bi bez razmišljanja preskočila da je donese. U to vreme, činilo se normalno – samo rutina preživljavanja.

Jednog dana, dok se mraz hvatao za gole grane, spazio sam pticu visoko na drvetu. Njena silueta bila je mala i krhka, nisam mogao da razaznam o kojoj vrsti se radi. Nanišanio sam, zategao praćku i pustio. Sa užasom sam posmatrao kako ptica pada, njeno živopisno perje bespomoćno je lepršalo dok se survavala. Potrčao sam ka njoj, dah mi je parao hladan vazduh, i našao je na zemlji. Mučila se, njena krhka krila su trzala uzalud. Ukopao sam se, osetivši krivicu kakvu do tada nikada nisam osetio. Nije mogla da leti. Nije mogla da pobegne. Njena patnja me je pritisnula, i znao sam da moram da joj prekinem muke.

Ruke su mi drhtale dok sam radio ono što je bilo neizbežno. Trenutak je bio i kratak i nepodnošljiv. Telo ptice, sada nepomično i tiho, progonilo me je. Ispustio sam praćku, nisam mogao ni da je pogledam, i otrčao sam kući, sa suzama koje su mi pekle oči. Taj živi prizor ptice, čiji je nekadašnji živopisni život ugašen, urezao se u moje pamćenje. Od tog dana, zakleo sam se da nikada više neću nauditi nijednom živom biću. Nisam mogao da podnesem pomisao da ponovo prouzrokujem bol.

Umesto toga, ako bi mi se neka životinja našla na putu, uhvatio bih je i pustio na slobodu – mali čin iskupljenja za dečaka koji je lekciju naučio prekasno. Tužno je što poštovanje često učimo na teži način, umesto da ga nosimo sa sobom od samog početka. Ali ti trenuci nepromišljenosti, kajanja i konačnog razumevanja oblikovali su me i naučili važnosti empatije i svetosti života.

Šapat pod Mesečinom: Sećanje na Ljubav

Jednog dana, sam u svojoj sobi u izbegličkom kampu u Latini, dok je tišina večeri obavijala sve oko mene poput toplog pokrivača, misli su mi odlutale ka trenutku duboko urezanom u moje srce – sećanju toliko živopisnom da sam imao osećaj kao da ga ponovo proživljavam. Mesec je visio nisko na baršunastom nebu, njegov meki sjaj obasjavao je vrt srebrnastom svetlošću, kao da je svemir urotio da stvori savršen prizor – samo za nas. Suptilan miris jasmina lebdeo je u vazduhu, nošen blagim povetarcem koji je šaputao tajne koje smo samo mi mogli da razumemo.

Zvezde su počele da se pojavljuju, jedna po jedna, odražavajući onaj plamen koji se zapalio između Mile i mene – vezu koja je delovala vanvremenski i sudbinski. Sedeli smo blizu na tremu, zavaljeni zajedno na udobnom dvosedu. Negde u daljini čula se tiha pratnja gitare, pomešana sa ritmičnim cvrčanjem zrikavaca, stvarajući melodiju koja je delovala kao da je napisana samo za nas. Moja ruka pronašla je njenu, naši prsti su se isprepleli tako prirodno, kao da su se oduvek poznavali – kao dve polovine iste celine koje su se napokon spojile. Naši pogledi su se sreli, i u njenim očima video sam čitav jedan svemir – neizgovorene emocije kovitlale su se kao sazvežđa, svaka lepša od prethodne.

„Znaš," promrmljao sam, glasom drhtavim od nervoze i iskrenosti, „često se pitam kako to da jedna osoba može da učini da mi srce i ubrza i zastane u istom trenutku."

Miline usne zakrivile su se u blag osmeh, rumenilo joj je obojilo obraze. Njen glas, tih ali siguran, obavio me je poput uspavanke. „Čudno je," odgovorila je, „kako neko može da te učini da se osećaš i snažno i krhko u isto vreme."

Melodija gitare i hor zrikavaca obavili su nas, učinivši trenutak beskrajnim. Moj palac je iscrtavao nežne krugove po nadlanici njene ruke, svaki dodir bio je tiho priznanje, svaki pokret – neizrečeno obećanje.

„Mila," izustio sam, njeno ime mi je skliznulo s usana kao molitva, „svaki trenutak s tobom osećam kao san iz kog ne želim da se probudim."

Nagnula se bliže, dah joj se pomešao s mojim, oči poluzatvorene, izgubljene u čaroliji noći. „Onda hajde da nastavimo da sanjamo, Aleksa," šapnula je, glasom nežnim ali punim odlučnosti.

Usne su nam se spojile u poljubac koji je prevazilazio reči – nežan trenutak ispunjen čežnjom, nadom i tihim obećanjem beskonačnih mogućnosti. Pod mesečevim sjajem, vreme je zastalo. Svet oko nas je iščezao, ostavivši samo tihe šapate naših srca i magiju ljubavi koja je delovala i nova i večna. Držeći je blizu, osetio sam sigurnost kako pušta koren duboko u meni – znanje da će me to sećanje voditi ka odluci koja bi mogla zauvek da promeni naše živote.

Ali kao i svi snovi, i ovaj je počeo da bledi, rastvarajući se u senkama moje sobe. Toplina njenog dodira je iščezla, muzika noći se utišala, a ja sam osetio kako me stvarnost povlači nazad kao plima. Trepnuo sam, i vrt je nestao. Ponovo sam bio sam, ostavljen sa čežnjom i tihom istinom sadašnjosti. Dan je stigao, a s njim i težina svega što je tek trebalo da se suočim.

Poklanjam Mili Prsten – Avgust 1968.

U toplom zagrljaju Avgusta 1968. godine, odigralo se jedno od najznačajnijih poglavlja mog života. Moja majka, simbol nepokolebljive podrške i ljubavi, došla je da me poseti u Latini. Nisam ni slutio da će ta poseta pokrenuti trenutak koji će zauvek vezati Milu i mene.

Pod zlatnim sjajem sunca, u mom srcu se smestila duboka spoznaja – Mila nije bila samo devojka koja mi je osvojila srce; bila je žena s kojom sam želeo da provedem ostatak svog života. Zajedno smo, majka i ja, krenuli u potragu za savršenim vereničkim prstenom.

Bio je to jednostavan, ali elegantan komad nakita, blistav simbol ljubavi koju smo delili i budućnosti o kojoj smo sanjali. Sa prstenom u ruci i srcem ispunjenim nadom, moja majka je pristala da postupi u moje ime. Vratila se kući kako bi iznenadila Milu prosidbom – gestom punom ljubavi i poverenja.

Kada je stigla, Mila je bila kod kuće sa svojom majkom. Iznenađenje se odvijalo predivno. Moja majka je nežno uzela Miline ruke u svoje i govorila iskreno, iz srca.

„Mila," započela je, glasom toplim i sigurnim, „Aleksa mi je poverio nešto veoma važno. Želeo je da te u njegovo ime upitam: da li ćeš prihvatiti ovaj prsten i postati njegova verenica?"

Miline oči su se raširile od iznenađenja i radosti. Pogledala je svoju majku, tražeći tihu saglasnost. Njena majka se osmehnula i lagano klimnula glavom, izraz lica joj je bio ispunjen ponosom i srećom. Sa suzama u očima, Mila se ponovo okrenula mojoj majci i tiho prošaputala: „Hoću."

Majka joj je pažljivo stavila prsten na prst i sa blistavim osmehom rekla: „Čestitam. Dobrodošla u porodicu."

Mila je podigla ruku da pogleda prsten, lice joj je sijalo od sreće, kao da nije mogla da poveruje da se taj trenutak zaista događa.

„Hvala vam," rekla je tiho, glasom koji je drhtao od emocija. „Molim vas, recite Aleksi… ovo mi znači sve."

Te večeri, dok su zvezde krasile nebo, zapečaćano je obećanje o zajedničkoj budućnosti. Prsten je svetlucao na Milinom prstu – simbol ljubavi koju smo delili i snova koje smo tek trebali da ostvarimo.

Raskršće izbora

Nedelje su se pretvarale u mesece, a neizvesnost me pratila kao senka. Napredak je bio spor, i često sam se pitao da li ću ikada izaći iz tog limba. Onda, niotkuda, stigao je poziv da apliciram za azil. Držeći pismo u rukama, osetio sam talas pomešanih emocija – olakšanje, nadu i teret odluka koje tek treba doneti.

Po prvi put posle dugo vremena, video sam koliko sam zapravo daleko stigao od onih beskrajnih dana sumnje. Stajao sam na raskršću i znao da svaki izbor nosi posledice. Svaki put bio je prilika da ostavim prošlost iza sebe i izgradim novu budućnost.

U izbegličkom kampu u Latini, bio sam okružen mozaikom priča. Kamp je brujao od razgovora o snovima i destinacijama – svako je tragao za boljim životom. Amerika i Švedska bile su glavne teme. Amerika – zemlja beskonačnih mogućnosti, svetionik slobode. Švedska – poznata po otvorenosti, naprednim stavovima i, kako su mnogi isticali, većem broju žena.

Ali meni to ništa nije značilo. Moje srce je već izabralo Milu. Nijedna priča ni statistika nisu mogle da mi poremete fokus. Australija je oduvek bila moj prvi izbor, a odnosi među polovima i socijalna politika su bili samo sporedni detalji. Ono što je bilo važno bio je san – da se ponovo ujedinim s Milom i izgradimo zajednički život.

Uprkos mom planu da idem za Australiju, privlačnost Amerike nije bilo lako ignorisati. Obećanje Zapada – zemlje mogućnosti – bilo je primamljivo. I odlučio sam da se prijavim, iz radoznalosti, da vidim šta sudbina nosi. Na moje iznenađenje, aplikacija je brzo prihvaćena.

Na trenutak, činilo se da su se vrata novog života širom otvorila. Koverta je sadržala zvanično pismo o prihvatanju, reči formalne ali srdačne:

„Čestitamo na prihvatanju u Sjedinjene Američke Države u okviru Programa za preseljenje izbeglica. Vaš dolazak je deo naše posvećenosti da podržimo one koji traže slobodu i mogućnosti. Potpisivanjem ispod, potvrđujete da ste spremni da poštujete sve zakone SAD, uključujući one koji se odnose na vojnu obavezu. Potvrđujete da razumete da možete biti pozvani da služite u američkim oružanim snagama, ako bude potrebno."

Pročitao sam te reči još jednom, a stomak mi se stegao. Deo o vojnoj službi iskočio je sa stranice – jasan i neumoljiv.

Rat u Vijetnamu bio je svuda – u novinama, na radiju. Upravo sam pobegao iz jedne vojske – nisam mogao ni da zamislim da dobrovoljno uđem u drugu. Odluka je bila jasna. Spustio sam papire, misli su mi jurile.

„Ne, hvala," rekao sam odlučno, glasom čvrstim od rešenosti. Zgužvao sam pismo i bacio ga, a čudan osećaj olakšanja obavio me je. Fokusirao sam se na san koji sam sve vreme nosio – san o Mili i Australiji. Sva ta ometanja, iskušenja, pa čak i prilike, nisu bili dovoljni da me skrenu s puta. Shvatio sam – neke odluke ne donosiš zato što su lakše ili primamljivije, već zato što ostaješ veran onome što ti je zaista važno.

Odlučan, okrenuo sam se Australiji, da bih saznao da neće primati izbeglice još šest meseci. Ipak, prijavio sam se i rešio da čekam – to mi je sada bila jedina opcija. Usred neizvesnosti, moja sestra Roseta, koja je do tada radila u Padrićanu, konačno mi se pridružila u Latini. Njen dolazak bio je uteha, podsetnik na porodične veze koje su me držale na zemlji.

U toj stranoj zemlji, Roseta je pronašla ljubav sa jednim Mađarom po imenu Bil, čija je priča bila neobična koliko i hrabra. Da bi pobegao iz komunističkog režima, Bil je pristupio Komunističkoj partiji – ne zato što je u nju verovao, već zato što je to bio jedini način da dobije pasoš. Njegov plan je bio jednostavan: ode na „odmor" u Italiju – i nikad se ne vrati.

Ono što nije očekivao bile su posledice. Hladni rat, sa svim političkim tenzijama i zatvorenim granicama, pretvorio je njegov „odmor" u trajni beg.

Kako su hladni decembarski dani zavladali kampom, stigao je sudbonosni poziv – oko 20. decembra 1968. – donoseći šokantne vesti: prihvaćen sam za emigraciju u Australiju. Ono što je bilo još iznenađujuće bio je tajming. Datum polaska bio je zakazan za 27. decembar – za samo nedelju dana. Tlo mi se činilo kao da je izmaklo pod nogama; tražilo se od mene da sve ostavim za sobom, a gotovo da nije bilo vremena za pripremu. Vrtlog emocija – uzbuđenje, neverica i setna tuga – bio je neodoljiv. Oprostiti se od sestre, Bila i prijatelja iz kampa – bilo je kao da zatvaram jedno poglavlje.

A pomisao da ću leteti za Sidnej, Australiju, za samo nedelju dana? Delovalo je nestvarno, kao san iz kojeg još nisam bio spreman da se probudim. U svojim uzburkanim mislima shvatio sam da ću biti jedini izbeglica na komercijalnom letu. Luigi iz Padrićana organizovao je sve, ali ironija mi nije promakla. Toliko sam čeznuo da napustim Latinu, a sada, suočen sa tako naglim odlaskom, bio sam prestravljen. Brzina događaja istovremeno me je oduševljavala i uznemiravala.

Sledeći dani prošli su u magli priprema, razmišljanja i srdačnih oproštaja. Pod svetlucavim božićnim lampicama, misli su mi lutale između prošlosti i budućnosti. Svaki doživljaj, svaki razgovor sa Rosetom, produbljivao je moju zahvalnost za vezu koju delimo. Izbeglički kamp, koji mi je nekada delovao kao utočište, sada mi se činio kao odskočna daska ka nečemu većem. Kako se moj odlazak približavao, stajao sam na ivici novog poglavlja, srca ispunjenog pomešanim emocijama.

Za nekoliko dana, zauvek ću napustiti Latinu, krenuti u mesto o kojem sam znao veoma malo. Australija je za mene bila misterija – osim klokana, Plavih planina, ovaca i nečega što se zove Vegemite. U školi smo učili sve o Australiji – osim kako zaista izgleda živeti tamo. Novca sam imao manje nego što su moje najomiljenije farmerke mogle da izdrže. Većinu ušteđevine potrošio sam na verenički prsten za Milu, ljubav mog života.

Tada sam čuo glasinu: ako stigneš u Rim sa dobrom pričom, možda će ti papa vratiti veru – i novčanik. Sa ničim da izgubim, spakovao sam torbu i krenuo za Rim, nadajući se čudu. Užurbane ulice Rima bile su svet za sebe, daleko od Latine. Kada sam stigao do Vatikana, njegova veličanstvenost me je ostavila bez reči. Nadao sam se da ću videti riznicu Vatikana, ali cena ulaska bila je neverovatno visoka. Izgledalo je kao da samo bogati mogu da vide bogatstvo u kući Božijoj – gorka ironija koju nisam mogao da potisnem. Otvorio sam dušu ljudima koje sam sreo, pričao im o mojoj ljubavi prema Mili i našem snu o velikom crkvenom venčanju. Njihova ljubaznost bila je iskrena, ali njihova velikodušnost nije bila baš ono čemu sam se nadao. Dali su mi 2.000 lira.

Možda zvuči mnogo, ali jedva je pokrilo sitne troškove – poput paklice cigareta. I sad dolazi štos: karta za voz do Rima koštala je više nego što sam dobio. Pa, šta sam uradio s tim novcem? Kupio sam cigarete.

Dok sam palio jednu, nisam mogao da se ne nasmejem apsurdu svega. Moja majka, nekada duboko religiozna, prestala je da ide u crkvu nakon nekih „zanimljivih" iskustava, a sada je i moje razočaranje u crkvu postalo dublje. Potrošio sam više nego što sam dobio, nisam upoznao papu, a jedino što sam poneo kući bila je pakla cigareta. Dok se dim uvijao prema rimskom nebu, nasmejao sam se apsurdu svega. Ako ništa drugo, pomislio sam, trebalo je barem da tražim božanski savet za berzu. Gledajući unazad na tu malu avanturu, osetio sam mešavinu zabave i rezignacije. Australija, sa svojim čudnim životinjama i još čudnijim slengom, zvala me je. Moje putovanje, ispunjeno ljubavlju, žrtvom i dobrim delom ludosti, sada je dobilo još jedan obrt – put u Rim u potrazi za božanskom finansijskom pomoći. Život, shvatio sam, najbolje je živeti sa zdravim smehom – i tada, sa paklicom cigareta.

Novi početak u novoj zemlji – 1968

Dana 27. decembra 1968. konačno je stigao dan mog putovanja u Sidnej, Australija. Nepoznato je bilo preda mnom, i pripremao sam se za sve što me moglo čekati. Prvi put sam se ukrcao na avion u Rimu, Italija, sa mešavinom uzbuđenja i nervoze. Zujanje motora, neobičan osećaj poletanja i beskrajno nebo kroz prozor delovali su nestvarno

Sudbina me je smestila pored prelepe plavuše po imenu Džeki Vilton, iz Engleske. Delovala je kao da ima oko 25 godina, mada to nije nešto što biste pitali direktno. Započeli smo razgovor dok smo leteli kroz oblake, zahvaljujući mom osnovnom znanju engleskog jezika i englesko-srpskom rečniku. Početna nelagodnost zbog jezičkih barijera brzo je nestala i našli smo zajednički ritam, razmenjujući priče o našim putovanjima i nadama za budućnost.

Let je imao kratko zaustavljanje u Singapuru. Poslednjim novcem kupio sam razglednicu za Milu – tada je to bio najjeftiniji način da ostanete u kontaktu preko kontinenata.

Novca sam imao manje nego što ima uštogljen kofer, a imovina mi je bila skromna: odeća koju sam nosio, običan fotoaparat i par cipela od brušene kože. Džeki je, s druge strane, putovala u Sidnej da poseti svog muža koji je vodio transportnu firmu. Njeno prijateljstvo učinilo je dugi let podnošljivijim i ublažilo neizvesnost onoga što me čeka.

Po sletanju na aerodrom u Sidneju, stvarnost me je udarila – bio sam u stranoj zemlji, sam. Prepun terminal vrveo je od ljudi, svako sa svojim ciljem i pričom, ali ja sam osetio ubod samoće dok sam pogledom tražio poznato lice. Niko nije držao tablu s mojim imenom, niko koga sam poznavao.

Džeki, dobronamerna kao i uvek, predložila je da pođem s njom. Njen muž, koji je čekao na aerodromu, možda bi mogao da mi pomogne.

I tako sam, izgubljeni putnik, bio pokupljen od strane plavokose čuvarice anđela. Zatim je usledio obrt – njen muž je shvatio da je moje odredište zapravo imigracioni kamp Bonegila u Melburnu, što je prilično daleko od Sidneja. Nisam znao da je trebalo da uhvatim povezan let za Melburn. Pretpostavio sam da će me neko dočekati na aerodromu, ali sistem je, izgleda, zaboravio na mene.

Međutim, ispostavilo se da je propuštanje Bonegile bila sreća u nesreći. Taj kamp, najveći prihvatni centar za migrante u Australiji, imao je reputaciju zbog surovih uslova. Mnogi migranti žalili su se na izolaciju, nedostatak hrane i podrške. Izveštaji o hladnim barakama, dugom čekanju na posao i kulturnim nesporazumima činili su to mesto zastrašujućim za pridošlice. Izbeći te borbe bio je neočekivani dar.

Muž Džeki, odlučan da pomogne, obavio je nekoliko poziva i uputio me ka Villawood Migrantskom Hostelu, ranije poznatom kao Centar za migrante Villawood, osnovan 1949. za smeštaj evropskih migranata posle rata. Centrom je upravljala državna služba Commonwealth Hostels.

Uz izuzetnu velikodušnost, gospodin Vilton je pozvao taksi za mene i dao mi 5 dolara – što je tada delovalo kao čitavo bogatstvo. Taj novac u mojoj ruci bio je kao spasonosno uže, jednostavan ali značajan gest koji me je ispunio nadom.

Pola sata vožnje dovelo me je pred vrata hostela. Provlačeći se kroz lavirint nepoznatih lica, stigao sam do kancelarije, držeći dokumenta u ruci – ključ svoje budućnosti u ovoj novoj zemlji.

Vazduh je brujao od jezika, zvuk bezbroj novih početaka. Bio sam tu, u toj stranoj zemlji, sa 5 dolara u džepu i lancem dobrih ljudi koji su mi pomogli da stignem dotle.

U kancelariji su mi objasnili da ću deliti sobu s drugim izbeglicom. Kad su me pitali koje nacionalnosti bih voleo da bude moj cimer, izabrao sam nekoga ko ne govori mađarski, italijanski ili srpski, ali zna engleski. Mislio sam da će mi to pomoći da brže naučim jezik.

Dodeljen mi je mladić iz Luksemburga, koji je govorio engleski i francuski, i vozio veliki motor. Uslovi u sobi bili su iznenađujuće udobni – gotovo kao u hotelu.

Posteljina i peškiri menjani su nedeljno, a oko 500 metara dalje nalazio se veliki restoran.

Tu je počeo moj intenzivni kurs engleskog jezika. Moj cimer mi je postao učitelj – pokazivao je na predmete i govorio njihova imena na engleskom: sto, stolica, pepeljara...

Imao je smisao za humor koji je časove učinio zabavnima. Imitirao bi australijski naglasak i govorio „G'day, mate!" i smejao se mojim pokušajima da ga ponovim. Omiljena fraza mu je bila kada bi pokazao na usta i rekao: „Alex, let's go to eat."

Vožnja motorom do restorana delovala je kao Džejms Bond avantura – samo što je naša misija bila topli obrok. Hrana je bila pristojna – svakako bolja od konzerviranog pasulja – i podsećao sam sebe da ne budem probirljiv.

Do 30. decembra 1968, samo dva dana pre nego što će početi 1969, moj novi život je zvanično započeo. Imao sam krov nad glavom, krevet koji ne moram da delim i restoran gde je hrana bila besplatna. Šta više da poželim?

Pa, jedva sam čekao da nađem posao kako bih ispunio obećanje dato Mili: da joj izgradim divan dom.

Na sreću, biro za zapošljavanje u centru otvorio se 2. januara – taman na vreme da počnem karijeru međunarodnog komičara – ili sam se tako šalio.

Znao sam da moram da počnem da radim što pre; mojih 5 dolara je već bilo potrošeno, a humor nije mogao da plati račune. Ali postojao je mali problem – većina firmi je bila zatvorena do 15. januara. Ispostavilo se da će strpljenje biti jedna od prvih lekcija koje ću naučiti u novoj zemlji.

Dok sam čekao da se svet probudi posle praznika, razmišljao sam o dobroti nepoznatih ljudi i nepredvidivim preokretima koji su me doveli do ove tačke. Australija, sa svojim čudnim životinjama i još čudnijim slengom, sada je bila moj dom, i bio sam spreman da se suočim sa svime što me čeka.

Otrežnjujući otkriće – Kako je "Vog" postao ponos

Nije mi trebalo mnogo da shvatim da će moj novi život u Australiji doneti svoje izazove. Iako sam naišao na prijateljska lica i neobičan sleng, ubrzo sam primetio suptilne – i ponekad ne baš suptilne – znake rasizma prisutne u kulturi. Izraz "vog" brzo sam naučio. Koristio se kao pogrdan naziv za Južne Evropljane i migrante poput mene. Prvi put kada sam ga čuo, bilo je to kao hladan šamar stvarnosti – surov podsetnik da, bez obzira koliko se trudio da naučim jezik ili uklopim u društvo, neki će me uvek gledati kao stranca.

Bolelo je znati da čak i u zemlji punoj mogućnosti, postoje oni koji će me suditi po tome odakle dolazim, a ne ko sam zapravo. Ali nisam dozvolio da me to definiše. Svaki trenutak predrasude i odbacivanja samo je jačao moju odlučnost. Nisam došao ovde, ostavio sve iza sebe, da bih dozvolio neznanju da me slomi. Podsetio sam sebe da sam i ranije prolazio kroz gore stvari – i da sam iz njih izašao jači.

Australija, uprkos svojim manama, sada je bila moj dom, i odlučio sam da iz nje izvučem najbolje.

Upravo tokom tih ranih godina desilo se nešto izuzetno unutar grčke i italijanske zajednice – nešto što je pretvorilo bolnu reč "vog" u izvor ponosa. U početku, to je počelo tihim smehom na porodičnim okupljanjima i roštiljima u dvorištu.

Počeli smo da se šalimo na račun osobina zbog kojih su nas ismevali: jakih akcenata, ljubavi prema glasnim razgovorima, i beskrajnih rasprava oko toga čiji je sos bolji. Do kasnih 1970-ih, taj humor je počeo da izlazi izvan naših domova. Sve je počelo s malim pozorišnim predstavama, poput *Acropolis Now*, gde su se grčki i italijanski komičari igrali sa stereotipima kako bi preuzeli kontrolu nad pričom.

Umesto da beže od reči "vog", prigrlili su je, ismevali sebe na način zbog kojeg su svi smejali – ne nama, već s nama.

Zatim je došla Efi – živopisni lik Grkinje-Australijanke koju je stvorila Meri Kustas. Sa svojom velikom kosom, preuveličanim akcentom i neizvinjavajućim stavom, Efi je nosila sa ponosom svaku osobinu kojom su nas ranije vređali.

Ona je reč "vog" pretvorila u znak časti, način da kaže: „Da, to smo mi – i ponosni smo na to!"

Šale, emisije i smeh nisu samo promenili način na koji su drugi gledali na nas – promenili su način na koji smo mi gledali sebe. Ono što je počelo kao uvreda, pretvorilo se u simbol otpornosti, snage i zajedništva. Podsetilo nas je – i ostatak Australije – da nismo samo imigranti. Mi smo graditelji života, prenosioci kulture, i učesnici u stvaranju ove nacije.

Mislim da nas je tada humor spasao. Smejući se sebi, oduzeli smo moć reči da nas povredi. Pretvorili smo "voga" u nešto čime se ponosimo – način da slavimo svoje poreklo dok gradimo svoje mesto u novoj zemlji.

Australija, sa svim svojim protivrečnostima, naučila me je nečemu dragocenom: ne možeš uvek da kontrolišeš kako te ljudi zovu, ali možeš da biraš kako ćeš da reaguješ. A ponekad, najbolji odgovor je – osmeh. I dobra šala.

Komedija grešaka – Moj prvi posao u Australiji

Dolazak u Australiju bio je kao ulazak u vrtlog, i brzo sam shvatio da sam sleteo u najgore moguće vreme – ne da sam imao izbora. Bio je praznični period, a ja sam bio šverc i očajnički sam tražio posao. Agenciji za zapošljavanje bilo je teško da mi pomogne jer su većina firmi bile zatvorene do 15. januara. Povrh svega, nisam imao dokumenta da dokažem svoje kvalifikacije

Kod kuće sam završio dve godine obuke za bravara–stručnjaka za alatne mašine, ali nisam završio treću godinu potrebnu za diplomu. Bez tih papira, rečeno mi je da mogu da dobijem posao samo kao profesionalni pritiskivač dugmadi. Tako je – moj san da popravljam mašine i alate pretvoren je u posao gde samo pritiskam dugmad. Imao sam veštine i iskustvo, ali ono što mi je zaista trebalo bilo je da mi neko pruži šansu.

Kancelarija agencije za zapošljavanje mirisala je na star tepih i ustajalu kafu, a plafonski ventilatori jedva da su rashlađivali prostoriju. Tabla na zidu bila je pretrpana oglasima za posao na engleskom, rečima koje su za mene bile kao tajni kod.

NOVI POČETAK U NOVOJ ZEMLJI – 1968

Imigranti poput mene sedeli su na raznolikim stolicama, čekajući svoj red da razgovaraju s činovnicima iza visokih pultova. Cela scena više je ličila na lutriju nego na potragu za poslom.

Počeo sam da postavljam pitanja: „Gde su oglasi za posao?" „Kako se moj zanat zove na engleskom?" Jedan ljubazan činovnik mi je objasnio da se moj zanat zove „Machinist First Class" – mašinista prve klase. Svakog dana sam pregledao oglase tražeći te reči. Jednog dana primetio sam i druge izraze: „Machinist Second Class" i „Machinist Third Class". Zvučalo je kao sistem rangiranja, pa sam dobio ideju. Rekao sam agenciji da kontaktiraju te firme i kažu da sam Mašinista Prve Klase – bez papira – ali da bih prihvatio posao Treće Klase ako su voljni da me zaposle.

I – čudo! Uspelo je! Dana 15. januara počeo sam da radim u Crane Industries u Burwoodu, fabrici koja je proizvodila slavine za bašte. Fabrika je bila relikt iz prošlih vremena – bučna, vruća i puna mašina koje su delovale starije od radnika koji su ih upravljali. U uglu se čuo tranzistor s hitovima ABBA-e i Fleetwood Mac-a, jedva čujan pored škripanja metala.

Većina mojih kolega bili su stariji muškarci koji su pušili na pauzama i vikali jedni na druge preko buke strugova. Jezička barijera pravila je stvari teškim, ali agencija je poslala jednog Hrvata da mi pomogne kao prevodilac. Pozdravio me je na našem jeziku, a ja sam veselo odgovorio: „Zdravo zemljače."

Izgledalo je kao mini okupljanje Balkana usred fabrike. Njegovo lice se smračilo dok mi je prišao bliže.

„Ako me još jednom nazoveš zemljakom, ubiću te," prosiktao je. Ukipio sam se. Do tog trenutka nisam ni znao šta je rasizam. Bio je iz Hrvatske, i nisam shvatao koliko duboke podele mogu biti – čak i ovde, u Australiji. Nakon toga, počeo sam da govorim da sam Mađar iz Vojvodine, a „Zdravo zemljače" sam sačuvao za roštilje sa komšijama.

Sama fabrika bila je pravo otkrovenje. Mašine su bile glasne, vazduh prepun prašine, a vrućina kao u sauni. Standardi bezbednosti su bili minimalni, i brzo sam naučio da se sklanjam od varnica. Moj engleski se svodio na izraze poput "I love you," "Thank you," i "I want to kiss you." Odlično za mladog momka, ali ne baš korisno na poslu.

Tako sam se snalazio u novom životu u Australiji – s humorom, odlučnošću i povremenim kulturnim nesporazumima. Bio je to čudan i izazovan početak, ali znao sam da uz malo smeha i upornosti mogu ovaj novi svet da pretvorim u svoj dom.

Prvog dana posla nosio sam istu odeću u kojoj sam doputovao u Australiju. Pažljivo sam hodao po fabrici, pokušavajući da ih ne isprljam. Moje cipele od brušene kože nisu bile nimalo prikladne, i mogao sam da osetim znatiželjne poglede kolega. Verovatno su se pitali: Ko je ovaj lik? Da li će izdržati u ovom teškom okruženju?

Bilo je leto, i vrućina je činila moje cipele još nepraktičnijim. Smislio sam plan: ostaviću ih na poslu i ići kući bos. Možda zvuči čudno sada, ali tada je to izgledalo kao praktično rešenje.

Ispričao sam to svom cimeru, i on mi je velikodušno dao japanke da nosim dok putujem. Moj dan je počinjao u 5 ujutru. Sedeo bih iza prijatelja na motoru, držeći japanke u ruci dok mi je vetar duvao u kosu.

Usput bih svratio do restorana u hostelu po zapakovani ručak. Otvaranje tog paketa uvek je bilo kao malo iznenađenje. Sa ručkom u ruci, išao sam do stanice, ušao u voz i stizao na posao do 6 ujutru. Kako su dani prolazili, počeo sam da se navikavam na rutinu.

Do petka sam nestrpljivo čekao svoju prvu platu – celih 58 dolara za nedelju dana. Činilo se kao bogatstvo i već sam imao planove. Kupio sam čizme sa čeličnim vrhom, radno odelo, farmerke i novu košulju. Obučen u novu odeću, osećao sam se kao druga osoba – malo profesionalniji, malo spremniji.

Kada sam u ponedeljak ušao u fabriku, mogao sam da osetim da me kolege gledaju drugačije. Možda su sada videli nekoga ko je ozbiljan u vezi s poslom, nekoga ko ne dolazi samo da bi prošao.

Taj prvi platni paket bio je više od novca; označavao je početak nečeg novog. Svaki korak koji sam napravio – bilo u iznošenim cipelama ili čizmama sa čeličnim vrhom – bio je korak ka izgradnji mog života u Australiji. Nije bilo lako, ali sa svakim platnim paketom i svakom naučenom lekcijom, osećao sam se sve bliže tome da ovu zemlju nazovem domom.

Postajem Drvoseča – Urezujući Novi Put

Nakon dva meseca rada u Burwoodu, odlučio sam da je vreme za novu avanturu. Pričalo se da u gradu po imenu Orange, oko 254 kilometra zapadno od Sidneja, u Central Tablelands regionu Novog Južnog Velsa, ima dobro plaćenih poslova. Orange je bio poznat po lokalnim proizvodima, velikim vinogradima, odličnim restoranima, prelepom jesenjem lišću i hladnim zimama. U stvari, bio je to najsnežniji grad u celoj Australiji. Nisam mogao ni da zamislim koliko će mi ti detalji uskoro oblikovati sudbinu.

Kružile su glasine o dobroj prilici u obližnjoj šumi – seča drveta. Moglo se zaraditi 5 dolara po paleti, a dnevno se moglo napraviti četiri do pet paleta. Posao nije podrazumevao samo slaganje drva; morali smo sami da obaramo označena stabla, uklanjamo sve grane sekirom ili motornom testerom, a zatim ih sečemo na dužine od dva metra.

Ovi teški komadi morali su se nositi na ramenima do mesta gde se slagala paleta. Neka debla su bila ogromna – jednom sam zamolio prijatelja da me slika dok nosim jedno koje je imalo prečnik veći od moje glave. Godinama kasnije, kad sam video fotografiju Arnolda Švarcenegera kako u filmu *Commando* (1985) nosi deblo, nisam mogao da se ne nasmejem. Moje deblo je bilo veće, ali za razliku od Arnolda, jedva sam mogao da hodam s njim i skoro sam se osramotio!

Ovakav fizički posao obećavao je oko 25 dolara dnevno, što je zvučalo kao pravo bogatstvo u poređenju sa 58 dolara nedeljno u fabrici. Izgledalo je kao savršena prilika za novi početak.

Grupa od nas petorice odlučila je da okuša sreću. Delili smo priče o slaganju paleta i sanjali o tome kako ćemo pretvarati drvo u novac. Jedan od nas je govorio bolje engleski, pa je postao naš neformalni vođa i pomagao nam oko organizacije. Prvo smo morali da pronađemo kancelariju šumarske komisije – to je bio ključ za dobijanje dozvole da postanemo drvoseče. Sledeće, morali smo da pronađemo smeštaj blizu šume. Hodati kilometrima s sekirom možda izgleda zabavno u filmovima, ali mi smo znali bolje.

Našli smo mesto koje se zvalo „Dude Ranch," nedaleko od šume. Zamišljali smo konje i kauboje, ali ispostavilo se da je to velika drvena baraka s krevetima na sprat. Nije bilo grejanja, ali nismo mnogo brinuli, misleći da je Australija uvek topla. Nismo morali dugo da čekamo da naučimo suprotno.

Jednog hladnog jutra, dobio sam obaveštenje da me čeka pošiljka. Pošiljka? Ko bi mi mogao nešto poslati? Samo nekolicina ljudi je znala gde sam: moja majka, moja sestra i, naravno – Mila. Dok sam išao prema pošti, radoznalost i uzbuđenje su rasli sa svakim korakom. Pošiljka je putovala sve do Australije iz Jugoslavije. Sama pomisao na to ispunjavala me je čuđenjem. Na šalteru su mi ruke drhtale dok sam potpisivao prijemnicu. Oblik i veličina sugerisali su da je u pitanju knjiga, i srce mi je ubrzano kucalo dok sam je otvarao.

Unutra se nalazilo najdragocenije blago koje sam mogao da zamislim – Milin dnevnik.

Pažljivo sam okrenuo prvu stranicu, a njene reči su me momentalno vratile k njoj:

Malecki, 6. III 1969
tek sada ti šaljem dnevnik sa kojim želim da označim naš godišnjicu rastanka. Želim da ga sačuvaš, da budeš srećan isto toliko koliko sam bila i ja kada sam ga pisala. I kada nestanem iz tvoga života, sačuvaj uspomenu od tvoje Mile koja te iskreno i zauvek VOLI.

Dnevnik u mojim rukama nije bio samo knjiga; bio je to izraz naše ljubavi, most preko okeana i obećanje da će naša srca ostati povezana, bez obzira na udaljenost. Njene reči, ispunjene nežnošću i nadom, davale su mi snagu da izdržim svaki naredni dan.

Vreme kao da je stalo dok sam čitao. Sa svakom rečenicom, vraćao sam se u trenutke koje smo delili, proživljavao ih kao da sedi pored mene. Njen smeh je odjekivao između redova, a njena toplina zračila iz stranica. Ipak, dok sam čitao, preplavio me je osećaj sete. Milin dnevnik doneo mi je radost i utehu, ali i podsetnik na stvarnost – ljubav razdvojenu okeanima i okolnostima.

Ipak, ovaj dnevnik nije bio samo zbirka uspomena; on je bio dokaz veze koja nas je držala povezanima, bez obzira na razdaljinu. Pitanje više nije bilo ko mi je poslao ovaj dar – njeno srce sam poznavao predobro da bih sumnjao – već kako ću nastaviti svoj put, vođen Milinim rečima.

Ovaj dnevnik nije bio kraj naše priče; bio je novi početak. Sa njenom ljubavlju upletenom u svaku stranicu, mogao sam da se suočim sa svim izazovima koji su me čekali. I tako, dok sam okretao sledeću stranicu, zakoračio sam u Milin svet, željan da otkrijem život koji je zabeležila za mene tokom protekle godine.

Milin Dnevnik – Zelenika, 1968

Mila: 4. april 1968.

Popodne je i ne želim da idem nigde. Malo sam pomogla mami i učila. Janika, moj prijatelj, bio je ovde i pričali smo o svemu, ali najviše o tome što si otišao. Nisam htela da mu kažem gde si, ali je ipak saznao. Rekao je da je i on bio tamo gde si sada ti, ali su ga vratili posle mesec dana. Odmah sam pomislila da ni ti nećeš uspeti. Očekivala sam te svakog dana. Kasnije je tvoja sestra došla po nas da idemo u bioskop, ali nisam htela. Nisam želela da se razočaram.

Kasnije sam sa mamom otišla da pokušamo da izvedemo Draganu jer je Ribar, njen momak, te večeri odlazio nazad u vojsku. Roditelji su je pustili i ostala je kod mene. Bila sam ljubomorna na oboje i nisam mogla da dočekam da se Ribar vrati. Sada smo same, čekamo da se ti vratiš. Ali tako mora biti. Dok ovo pišem, mogu da mislim samo na tebe, ljubavi moja. Ovi meseci razdvojenosti su mi jako teški. Jedva čekam dan kada ćemo ponovo biti zajedno. Tvoje odsustvo ostavilo je prazninu koju niko ne može da popuni. Nedostaješ mi – tvoja prisutnost, tvoj smeh, toplina tvog zagrljaja. Dok taj dan ne dođe, držim se nade da će nas ljubav sačuvati. Šaljem ti svu svoju ljubav i hiljadu poljubaca. Tvoja Mila

Mila: 7. april 1968.

Dok pomeram pero po papiru, osećam kako lagano klizi, uz tiho šuštanje stranica ispod. Čak i dok učim, misli mi se stalno vraćaju tebi, moj dragi „Malecki". Nedelja je, 7 uveče. Sama sam i mislim na tebe, Aleksa. Trebalo bi da učim, ali ne mogu da se skoncentrišem jer te toliko volim. Prošlo je četiri dana otkako si otišao. Očajna sam, tužna i usamljena. Nemam volje da idem bilo gde. Roseta je trebala da dođe danas, ali nije. Pitam se zašto? Volim te, Aleksa. Odlučila sam da te čekam, makar trajalo i pet godina.

Slušam pesmu „Flowers in the Rain" od grupe The Move. Prelepa je.

Volela bih da si ovde sa mnom, da je čuješ sa mnom, da me opet zoveš „ljubavi moja" i da osetim tvoje tople, slatke usne. Samo jedan poljubac sada bih želela. Nikada ne želim da te zaboravim, malecki. Znaj da sam te iskreno volela.

Ako sam te ikada povredila ili razočarala, molim te, oprosti mi. Ni sama ne znam zašto, ali samo želim da mi oprostiš.

Ako tvoji planovi uspeju i odeš daleko, poslaću ti ovaj mali dnevnik mojih osećanja. Želim da pišem do kraja, pa da ti ga pošaljem. I kad ga pročitaš, znaćeš da postoji neko ko stalno misli na tebe i voli te mnogo. Stalno pričam o tebi s porodicom. Tvoja slika je uvek pored mene. Čak sam morala da je poljubim sada. Juče, 6. aprila, bila sam kod Iboge da joj pokažem dnevnik i sve tvoje slike. Bila je iznenađena i rekla da je prelepo. Mislim da je malo ljubomorna.

8. aprila imamo kros. U utorak ponovo idem kod zubara. Ljudi me već pitaju gde je moj momak, zašto sam sama. Rekla sam im da moj Aleksa radi. U svakom slučaju, zašto ih briga? Ne mogu da kažem istinu. Još uvek ne mogu da verujem da više nećeš dolaziti po mene. Posle škole trčim napolje da te vidim, ali te nikad nema, i opet mi je teško.

Dragana i Lacika su me danas zvali u poslastičarnicu. Bilo mi je žao što nisi bio s nama. Ali živim u nadi da ćeš opet doći, da ćeš me nežno poljubiti. Skoro da sam zaboravila – danas sam dobila pismo od Velimira. Jasno je da opet nešto hoće, ali mogu samo da ga žalim. Takav je život. Nekima je težak, a nekima lep i zanimljiv. Poljupci od tvoje Mile.

Mila: 8. april 1968

Tačno je osam sati uveče. Do sada sam čitala. Umorna sam. Imali smo kros, i ovaj put smo pešačili i trčali 800 metara. Možeš li da zamisliš koliko sam umorna? I ponovo me boli zub. Tek što jedan popravim, drugi počne da boli. Moj Aleksa je otišao, možda zauvek. Ko će me sada voditi kod zubara? Divila sam mu se; uvek je bio tako brižan. Danas sam imala osećaj kao da si opet bio sa mnom. Dobila sam razglednicu iz Ljubljane na kojoj piše: „Primi puno poljubaca od osobe koja te mnogo voli." Da li je to istina? Sada sam jako srećna, ali ne onoliko koliko sam bila kad si bio ovde sa mnom. To su bili tako srećni i divni dani. Prošlo je pet dana otkako smo se poslednji put videli, i teško mi je. Ne znam kako ću bez tebe. Mnogo mi nedostaješ. Bez tebe je sve prazno. Želim da uspeš, da ti se ostvare planovi, i da budeš srećan u životu. Danas su me posetili Ribar i Dragana.

Zavidim im samo zato što ti nisi sa mnom. Inače, oboje su nesrećni. On je vara sa nekom drugom. Uvek kažem, moj Aleksa je još uvek najbolji od svih.

Mila: 10. april 1968

Prošlo je oko dva dana otkako sam poslednji put pisala u dnevnik. Nisam imala vremena. Moram da čitam neku staru literaturu. Bože, kako je bilo teško, sa svim tim latinskim rečima. Ali nekako sam se izvukla. Danas je tvoja sestra Roseta došla kod nas. Došla je po romane i iznenadila me. Čim je ušla, pitala me da li sam bila u gradu u nedelju oko 7:30. Malo sam se uplašila, iako nisam nigde išla. Roseta je rekla da joj je Miro rekao da me je video kako šetam sa nekim crnim. Nije joj trebalo dugo da mi poveruje kada sam rekla da stvarno nisam bila nigde. Roseta je predložila da, pošto si ti tek otišao, možda bi bilo bolje da prošetam sa nekim drugim, samo da ne budem sama i da prekinem tračeve. Tako da je tvoja sestra došla da se uveri sama.

Opet smo malo pričale o tebi. Plakale smo. Sad se svi pitamo gde si, da li si uspeo, i kada ćemo dobiti vesti od tebe. Aleksa, sutra ću popraviti onaj zub, ali moram da popravim još jedan jer počinje da boli. Ne mogu da nađem reči da ti kažem koliko mi nedostaješ. Ali verovatno je bolje da i ne znaš. Ljudi me stalno pitaju gde si ti i zašto sam sama. Još uvek ne mogu da shvatim zašto me više ne čekaš ispred škole. Kada časovi završe, izjurim napolje da te vidim, ali te nikad nema, i opet mi bude tužno. Dragana i Lacika su me danas pozvali u poslastičarnicu. Bilo mi je žao što nisi bio s nama. Ali živim u nadi da ćeš mi jednog dana doći, da ćeš me nežno poljubiti. Skoro sam zaboravila — danas sam dobila pismo od Velimira. Jasno je da opet nešto želi, ali mogu samo da ga žalim. Takav je život. Nekima je težak, a nekima lep i zanimljiv. Poljupci od tvoje Mile.

Mila: 11. april 1968

Osam je sati uveče. Bolujem i neću ići u školu dva dana. Oči me bole i dobila sam neku prehladu. Ali te ne zaboravljam, ljubavi moja. Prošlo je tačno sedam dana otkako si otišao. I dalje sam sama. Toliko ljudi pita gde si.

Danas je došla Roseta i donela mi tvoje pismo. Ruke su mi se tresle; bila sam toliko uzbuđena da nisam mogla da ga otvorim. Plakala sam od sreće. Tvoje pismo mi mnogo znači jer mi pokazuje da me nisi zaboravio i da me voliš. I ja tebe volim.

Juče sam pričala sa Janikom. On misli da nećeš biti dugo odsutan, i nadam se da je u pravu. Znam da me nećeš zaboraviti. Rekao si da me voliš. I mi se volimo, i jednog dana ćemo opet biti zajedno. Verujem u to svim srcem.

Čeznem za tvojim pismima i fotografijama, i svakog dana se nadam da ću ponovo čuti tvoj glas. Svaki trenutak bez tebe oseća se nedovršeno. Ali nastaviću da te čekam, bez obzira koliko dugo bude trebalo, jer znam da je naša ljubav jaka i da ćemo opet biti zajedno.

Do tada, držim se tvojih uspomena i ljubavi koju delimo.
Tvoja Mila.

Mila: 21. april 1968

Danas sam dobila razglednicu od tebe. Bila sam tako srećna. Drago mi je da si dobro, ali mogu da zamislim koliko ti je teško, biti daleko od svih nas, sam u stranoj zemlji. Možda će ti to doneti sreću. Želim da uspeš, ali u isto vreme, volela bih da smo zajedno. Tvoj odlazak mi je bio jako težak. Uvek sam loše volje, nervozna. Zubi me bole, glava me boli, sve me boli. Kada sam u školi, jedva čekam da se časovi završe da mogu da idem kući, nadajući se da ću te negde sresti. Moje nade su uzaludne; svakog dana, suočavam se sa još većim razočaranjima.

Hvala Bogu, Draganin dečko je otišao, i jedva sam čekala to. Dok je bio na odsustvu, uvek ju je čekao ispred škole. Možeš li da zamisliš kako sam se tada osećala? Sada kada je otišao, idemo u poslastičarnicu na sladoled pa kući. Posetila sam Iboju i Tanjiku samo da pokušam malo da se oraspoložim.

Mila: 28. maj 1968

Ljubavi moja! Nestrpljivo čekam tvoje pismo. U poslednje vreme, počela sam da gubim nadu da ćeš mi se ponovo javiti. Duboko u sebi, plašim se da ti više ništa ne značim. Možda sam ti značila samo kada smo bili zajedno. Osećam kao da sam, čim si otišao, nestala iz tvojih misli.

Ne mogu da se ne osećam kao da te više ništa ne povezuje sa mnom. Uspomene, ma koliko bile dragocene, pripadaju prošlosti – one ne mogu da nas održavaju. Molim te, ljubavi, reci mi da li je to istina. Ako se držim samo sna, reci mi, da mogu da počnem da idem dalje; da mogu da pokušam da prestanem da te volim, iako ne znam kako. Na kraju, moraću da se suočim sa stvarnošću da si otišao zauvek, možda zauvijek. Pomisao da se nećeš vratiti meni lomi mi srce, ali ne mogu da pobegnem od nje. Bio si moja prva ljubav, i volela sam te tako duboko – zato i boli toliko. Dok pišem ovo, suze mi ispunjavaju oči jer toliko mi nedostaješ. Ne treba mi niko drugi; čak i ako me zaboraviš, ja ću te i dalje voleti.

Ljubav je nešto izvan naše kontrole, izvan ljudske volje. Ako se naša ljubav zaista završi, ne znam šta ću. Ne mogu da te zaboravim, ne posle svih divnih trenutaka koje smo proveli zajedno. Znam da nikada neću moći da volim nikog onako kako sam volela tebe. Nikada neću moći da zaboravim nežan dodir tvojih ruku, toplinu naših poljubaca i sve te posebne trenutke koje smo delili. Previše toga je bilo među nama da bi se to zaboravilo.

Molim te, pokušaj da se setiš ljubavi koju smo delili. Uteši me, Aleksa, jer sam te volela svim srcem — možda nisi shvatio koliko, ali bilo je trenutaka kada je moja ljubav bila ogromna.

Aleksa, ako ti više nisam potrebna, ako nikada zaista nisam ni bila, molim te, reci mi što pre. Čak i ako me više ne voliš, ja ne mogu da prestanem da te volim; moja osećanja samo postaju jača svakim danom. Ne znam šta bih dala samo da te još jednom vidim.

Poljupci i ljubav,

Tvoja Mila

Mila: 30. maj 1968.

Moj dragi Aleksa!

Petak je, pet sati. Sinoć sam ti napisala pismo od osam strana. Htela sam da pišem još, ali sam bila isuviše umorna i nisam mogla da držim oči otvorene. Sada mama i ja planiramo da posetimo moju drugu mamu. Dobila sam tvoje pismo, razglednicu i slike. Malecki, hvala ti! Kada sam videla tvoju sliku, dan mi je bio lepši. Iako kažeš da je slika tamna, ti si meni uvek lep. Nadam se da ćeš mi i dalje slati svoja pisma i fotografije. Hoćeš li? Molim te, ne zaboravi me. Ja sam jedna od tvojih najlepših uspomena, zar ne?

Stalno mislim na tebe i ne znam kako ću izdržati ove tri godine razdvojenosti. Biće teško, i bojim se da se možda nikada nećeš vratiti. Još uvek mi nije jasno zašto mi dugo nisi pisao. Juče smo mama i ja išle kod tebe kući, ali nikog nije bilo.

Onda sam otišla do prodavnice kod onog starca, i on mi je rekao da će moja mama doći od vas u nedelju. Čim stigne, otići ću kod nje da je pitam za tebe. U nedelju idem u Versaće, kao što sam već pomenula. Ne verujem da ćeš poslati telegram na tu adresu.

Dragi moj, polaziš 19-og. Konačno počinju da se ostvaruju tvoji planovi i snovi. Možda će se čak i naš dugogodišnji san ostvariti, samo ako ostanemo verni jedno drugom. Još uvek se nadam najboljem. Ljubavi moja, obožavam te i čekaću te. Znam da će biti teško, ali moja ljubav je jača od svake prepreke. Do početka škole ostalo je još petnaest dana. To će brzo proći; biću zauzeta učenjem, vredno ću raditi i sanjati o okeanu. Neću imati vremena da brinem. Znaš, sledeće godine moram da budem odlična. Jedina stvar koja me stvarno brine si ti, Aleksa.

Sada kada sam odlučila da te čekam, molim te, nemoj prestati da mi pišeš. Ako prestaneš, srce će mi se slomiti. Znaš da ne mogu da živim bez tebe. Ti si jedini koga volim; ne mogu se zaljubiti u nikog drugog. Moja ljubav prema tebi je nešto što ni sama ne mogu da objasnim. Znaš šta? Konačno sam sredila zube. Zar to nije super?

Mila: 2. jul 1968.

Moj voljeni,

Prošlo je više od mesec dana otkako sam poslednji put pisala u dnevnik. Dobro me poznaješ i znaš – nikada nisam bila neka za pisanje. Sad kad je škola završena, postala sam lenja, ne radim ništa osim što se ceo dan sunčam. Trebalo bi da me vidiš – imam predivan ten. Juče sam htela da idem da se kupam u Banji, ali mi nisu dozvolili. Posvađala sam se i mnogo sam se naljutila. Svi drugi mogu da idu, ali mene moja porodica drži na oku kao da sam malo dete, pokušavajući da me zaštite. To je toliko frustrirajuće – potpuno su nerazumni. Šta mogu da urade ako odlučim da nešto uradim? Toliko sam se naljutila. Oh, kako bih volela da sam starija, da mogu da radim šta hoću.

Čak sam pomislila da ti napišem da mi više ne pišeš – zamisli koliko sam bila uznemirena. Tata kaže da mogu da idem gde hoću, samo ne van Zelenike. Znaš, Aleksa, sve je u redu kad sam kod kuće, kad čitam ili radim nešto korisno. Ali čim poželim da izađem napolje, kreću pitanja: zašto, zbog čega, gde ideš. Zar se ti ne bi naljutio? Sumnjam. Pomislila sam čak da se udam ili da napravim neki drastičan potez, samo da pobegnem od njih. Ne bi mogli da me zaustave – pobegla bih. Ali izdržaću nekako; moram da završim školu.

Tog dana, ležala sam u krevetu kada je poštar doneo tvoje pismo sa oznakom „Express Italiano". Čak i uz malo kritike u njemu, mnogo me je obradovalo. Odmah sam ustala i počela da ti pišem odgovor, iako možda misliš da sam zauzeta. Stigle su i tvoje tri razglednice, koje su mi bile neobično šarmantne. Hvala ti, Aleksa; izgleda da još uvek misliš na mene.

Dok sam ti pisala odgovor, otac je upao u sobu. Majka je bila zauzeta vešom.

Pitao je: „Šta to radiš?" Ton mu je bio oštar.

Pokušala sam da ostanem mirna i rekla: „Pišem pismo."

„Kome?" – postajao je sve besniji, a glas mu se podizao.

Pogledala sam ga pravo u oči i rekla: „Aleksi."

Lice mu je postajalo crveno i rekao je: „Treba da pomažeš majci, a ne da gubiš vreme na pisma!"

„Ali već sam joj pomogla", protestovala sam. „Zašto ne mogu da imam malo vremena za sebe?"

Otac je postajao sve glasniji. „Zato što moraš da naučiš disciplinu!" A onda, u iznenadnom naletu besa, zgrabio je tvoju sliku s police i bacio je prema meni.

„Uništi je!"

Ali ja sam bila odlučna. „Neću!"

„Uradi to, ili ću ja!" – zagrmeo je.

Pogledala sam ga u oči i rekla: „U redu, pocepaj je ti sam. Ja neću. Samo me ostavi na miru."

To ga je još više razbesnelo. „Misliš da neću?" Zatim je pocepao sliku pred mojim očima.

Samo sam sedela dok je on nastavio da viče, ćutke podnoseći njegov bes. Glava me je bolela dok mi je njegov glas odzvanjao u ušima. Na kraju sam ustala i otišla u svoju sobu, sa srcem koje je bolelo dok sam slušala kako se tvoja slika cepa.

Nikada mu to neću oprostiti. Nisam pustila nijednu suzu pred njim.

I majka je kriva za sve ovo – njeno odsustvo kada je stiglo pismo i njeno insistiranje da ga čitam naglas sve je još pogoršalo. Otišla je razočarana jer je navikla da čitam naglas.

Sve je zapravo njena krivica. Očeva ljutnja nije imala granice i kaznio me je bez milosti. Neka ga. Mislim da će se kajati jednog dana. Onda mi je zabranio da ti više pišem.

„Ne želim više ni da čujem za Aleksu", upozorio je. „Nema više pisama, nema više slika."

Brzo sam sakrila dnevnik da zaštitim tvoja pisma i fotografije – ništa ne bi moglo više da me zaboli nego da ih izgubim. On će se pokajati, ali ja ću ga ipak prevariti.

Žao mi je zbog toga što se dogodilo s tvojim slikama; on će se izviniti, ali biće prekasno. Moja odbojnost prema roditeljima pretvorila se u prezir i jedva čekam da odem na more. Više mi ništa ne znače. Ne mogu čak ni da nađem prave reči da opišem koliko ih sada prezirem. Ovaj crni petak nikada neće biti zaboravljen, i oprost neće doći lako.

Mila: 30. jul 1968.

Moj dragi Aleksa, sada sam ponovo kod kuće. Vreme provedeno na moru bilo je divno, i tih petnaest dana je proletelo. Ali brinem se jer još uvek nisam ništa čula od tebe. Pre nego što sam otišla, poslala sam ti pismo, a čim smo stigli u Lukšić, poslala sam ti razglednicu s adresom, i zatim još jedno pismo. Pa šta se dešava? Zašto mi ne pišeš? Ako je gotovo – samo mi reci. Toliko sam zbunjena.

Čak sam posetila tvoju majku; njoj si pisao, a meni ni jednu jedinu reč. Zaista si čudan, Aleksa. Ne razumem šta želiš. Toliko mi je žao, iskreno. Želim da znaš da te volim i da planiram da ti ostanem verna. Ali ti kao da to ne želiš. Ne želiš moju ljubav, moju odanost, ni mene. Zašto? Molim te, budi iskren i napiši mi. Možda grešim i samo si zauzet. Svakog dana čekam, nadam se pismu ili nekoj vesti od tebe – nečemu što će me usrećiti ili slomiti moje srce.

Sada gledam naše slike i teško mi je da prihvatim da naša ljubav možda završava. Ti si sladak, drag, divan i lep. Volim te. Molim te, shvati to.

Dok sam bila na moru, svake večeri sam gledala pogled na grad Split. Bio je tako prelep, upravo zbog tebe. Podsećao me na dane kad si bio u vojsci. Dozvoli mi da ti ispričam nešto više o mom vremenu na moru. Svaki dan smo išli na kupanje i sunčanje. Nekoliko puta sam bila kažnjena i morala sam da ostanem u kampu. Kasnije sam dobila infekciju na licu i nisam mogla da se kupam čitavu nedelju.

Imali smo izlaske svakog dana do 10 sati, a subotom i nedeljom do 11. Išli smo na igranke u Kaštel Stari. Bilo je izuzetno. Svirao je bend MLADI BATALI, a jednom su došli i CRVENI KORALJI.

Na jednoj od igranki upoznala sam Ivicu, koji je završio tehničku školu i radio u Splitu. Postali smo dobri prijatelji. Nije pokušavao ništa jer sam uvek bila s drugaricama. Ali jedne večeri hteo je da idemo zajedno na igranku, pa da prošetamo rivom. Priznajem, šetnja noću uz more je divna, ali morala sam da odbijem. Malo smo se posvađali, ostalo nam je malo vremena, ali smo ipak otišli u Kaštel Stari drumom. Usput je pokušao da me poljubi. Čim sam shvatila šta pokušava, rekla sam mu da sam verena i da imam momka. Bio je pomalo iznenađen, a ja sam ga pitala da ostanemo prijatelji, ali njemu to nije odgovaralo. Okrenuo se i otišao, i od tada ga nisam videla.

Poslednjeg dana, kad su autobusi stigli, došao je da se pozdravi. Možda nećeš verovati kad ovo pročitaš, ali zaista se desilo. S nama je bio i Aštel Lacika. Došao je zbog Dragane, ali njihova sreća nije dugo trajala. Učitelji su saznali i ona je bila kažnjena. Aštel je morao da ode. U početku sam im zavidela i bilo mi je žao. Raskinula je s Ribarom, a Aštel ju je ostavio jer nije mogla da ga zadovolji.

Svi vi momci ste čudni i isti. Ali ti, Aleksa, ti si drugačiji. Skoro nikada nismo imali takvih problema, niti si ti nešto zahtevao. Pitam se zašto me sada ostavljaš. Da li je sve izgubljeno? Da li još treba da se nadam? Čak i ako raskinemo, nastaviću da pišem ovaj dnevnik i čuvaću ga dugo, dugo, jer mi mnogo znači. Ako ipak ne raskinemo, pokloniću ti ga.

Mila: 31. jul 1968.

Dragi Aleksa, to sutra kog sam se bojala je došlo, ali nije mi donelo ništa. Poštar je i danas dolazio, ali od tebe – ništa. Možda mi nikada više neće doneti ta draga pisma. Možda. Pokušavam da se tešim, ali osećam da si me zaboravio. Zar je moralo ovako da bude? Zašto? Znaš li kako mi je bez tebe? Živim od uspomena. Tada je sve bilo divno. Pitam se kad ću se opet tako osećati – ali samo s tobom. Za mene si ti jedini. Volim te i ljubim. Ne mogu više nikoga da volim; svu sam ljubav dala tebi. Nekada nismo mogli da izdržimo ni dva dana razdvojeni, a sada treba da izdržimo tri godine bez viđanja

Toliko dugo bez tebe. Čini se nemogućim, ali ako uspemo, mogu samo da se nadam da ćeš se vratiti, da ću te opet videti. Volim te i želim da jednog dana nadoknadimo izgubljeno vreme. Ali možda ti to nećeš moći. Znam šta si obećao, ali osećam da ćeš se ipak oženiti. Navikao si na to i biće ti jako teško da izdržiš tri godine. Znam šta si obećao, ali mogao bi da prekršiš to obećanje.

Znam da nećeš moći da izdržiš – nećeš. Reci mi sada, još nije kasno. Mogu nešto da učinim. Nemoj da bežiš od istine; reci mi da ti nisam potrebna. Patila bih, znam, ali ne zadugo. Možda bih se čak i pokajala što sam pristala da se sretnemo. Izgleda kao da nam je suđeno da budemo daleko jedno od drugog. Zašto? Zašto smo tako nesrećni, ponovo se pitam? Sada kada smo mladi i kada nam je potreban neko – mi patimo i čeznemo jedno za drugim. Pišeš mi da bi naša budućnost bila lepa? Da, biće lepa ako izdržimo, ako istrajemo. Ali nemoj da obećavaš da ćeš me zauvek voleti kao što bih ja volela tebe – samo mene muči misao da ćeš se ti oženiti. Da, ti ćeš to učiniti. Molim te, uradi to što pre. Zašto bih ja ostala verna tebi? Slušaj, i ja mogu da nađem nekog divnog mladića; ne sumnjaj u to. Uskoro ću te zaboraviti; neko drugi će zauzeti tvoje mesto. Možda neću biti srećna s njim, možda ga neću voleti, ali ću pokušati. Uvek ću te se sećati. Ne mogu više da pišem; mama me čeka, moramo da krenemo.

Iskreno tvoja,

Mila

Mila: 1. avgust 1968.

Još jedan dan je prošao, a i dalje ništa. Nemam pojma šta se dešava s njim. Ako je kraj, trebalo je da mi napiše. Umesto toga, on ćuti, i ja ćutim. Ova tišina me izjeda. Poštar je upravo prošao i doviknuo mi: „Mila, ni danas ništa." Pitala sam: „Baš ništa?" a on odgovori: „Ništa, kažem ti." Isti razgovor se ponavlja iz dana u dan. Sutra idem u Zagreb. Ako stigne pismo, deda će ga primiti. Ali više me nije briga; izgubila sam svaku nadu. Pokušavam da ne mislim na njega.

Ali... ali... Prođe nekako još jedan dan, ali kad dođe vreme za spavanje, postane neizdrživo. Mislim i mislim, i dođe mi da plačem. Nekako ipak uspem da zaspim. Njegova mama ide da ga poseti; malo sam ljubomorna, ali šta da radim? I ja bih išla, samo... ovaj dnevnik je moja tajna. Jedva čekam da odem iz Zelenike; previše me podseća na njega.

Mila: 14. septembar 1968.

Danas sam počela da mu pišem pismo... i onda sam ga pocepala.

Na početku sam mislila da će mi pomoći. Samo da nešto napišem – bilo šta – da zna koliko ova tišina boli. Ali na pola puta sam shvatila da više ni ne pišem njemu.

Pisala sam nekome koga sam zamislila, nekome ko možda još brine. A ne znam da li ta osoba uopšte postoji.

Stalno se premišljam. Nekih dana pomislim: „Možda ima razloge. Možda je zaglavljen. Možda će mi objasniti." Drugih dana se samo osećam kao budala koja sedi pored poštanskog sandučeta, dok joj misli kruže u krug.

Osećam da se menjam. Ne na neki dramatičan način — više kao tiho zatvaranje vrata koja su predugo bila otvorena.

Ako mi napiše, pročitaću. Ako ne, možda to već sve govori.

Nisam više sigurna šta želim. Ali znam da ne mogu još dugo da ostanem u ovom mestu čekanja.

Mila: 9. oktobar 1968.

Dragi Aleksa, prošao je ceo mesec a da nisam napisala nijednu reč u dnevnik, a sada imam toliko toga da kažem. Ovaj deo će biti veoma drugačiji od onog što sam ti pisala u Septembru. Osetićeš tu razliku kad ga pročitaš. Sada razmišljam o tome da te ostavim, iako još nisam sigurna. Ali ne bi trebalo da oklevam jer si to zaslužio u poslednje vreme. Uvredio si me, pa čak i moju majku. Kakvo ti pravo imaš da to uradiš? Moja majka je uradila mnogo za oboje — više nego što je tvoja ikad učinila. Samo razmisli o svemu što je uradila za tebe i koliko više je radila do skoro. Ono što si napisao u tom pismu od šesnaest stranica još je kod moje majke. Nema smisla i treba da te bude sramota zbog tih reči. Grešiš ako misliš da sam ja kao sve druge. Do sada sam bila dobra, nisam izlazila, nisam te varala. Ali od sada je jasno — zašto da sedim kod kuće zbog tebe? Ti, koji si bezobziran i bez imalo srama?

Znaj ovo: čak i ako ti ostanem verna, ako tvoj odgovor ne bude iskren, vratiću prsten i nikada ti više neću trebati. Nisam to planirala dok nisam saznala šta si napisao u tom pismu. Znam dovoljno da kažem tvojoj majci, koja je još bezobraznija od tebe. Neka me ostavi na miru, kao i njen dragoceni sin! Ne treba da se pravdam ni tebi ni tvojoj majci. Niste to zaslužili. Tebi treba poštena devojka. Za nekog kao što si ti, koji je već prošao kroz sve, mogla sam da budem tvoja, ali nisi hteo, zar ne? Bilo ti je žao mene. Pa da ti kažem — ti nisi neki mlad, nevin čovek i ne bi trebalo da ti bude žao kada sam ti se već nudila. Jedino što žalim je što nisi iskoristio priliku, pa da tvoja draga majka ima o čemu da priča po Zelenici. Ogovara me, čak i pred mojom majkom, govoreći da si me samo žalio i da tvoj Aleksa može bolje. Kakve strašne gluposti.

Slobodno, nađi neku bolju od mene; volela bih da je vidim. Možda nađeš neku neobrazovanu seljanku, grubu kao noć – nekog koga ti i tvoja majka zaslužujete. Kažeš da me voliš, ali ako tvoj odgovor ne bude iskren... jasno je. Slušaj, ako te ne ostavim, onda ću te varati na svakom koraku. Znaš da ne bih sedela kod kuće. Gde god da odem, naći ću nekog drugog. Jedva čekam da odeš u Ameriku ili negde dalje, samo da te više ne čujem. Imaćeš šta da čitaš, a mene zanima tvoj odgovor.

Možda ćeš mi sve objasniti. Uostalom, mogu da te oslobodim. Zar nisi pisao da vratim prsten tvojoj dragoj majci? Učiniću to, ne brini, na dramatičniji način nego što sam ga dobila. Za sada je to dovoljno. Više nisi onaj isti čovek za mene, i to je dovoljno.

Mila

Mila: 20. oktobar 1968.

Moj dragi Malecki, ti si divan, uprkos svemu što si uradio. Ne bih smela da budem ljuta na tebe. Mali poklon koji si danas poslao je tako sladak. Samo da znaš, neverovatno sam srećna i poljubila sam ga bezbroj puta. Divno je, zaista divno. Nisam ni slutila da ću danas dobiti nešto od tebe, iako sam se nadala.

Moja radost je još veća jer sam mislila da smo se posvađali. Verujem da si već primio pismo koje sam ti poslala i da se ne ljutiš zbog onoga što sam napisala. Ako se i ljutiš – ljuti se, ali sve što sam rekla je istina.

Dragi moj, upravo sam čula melodiju od The Doors – ,,Hello, I Love You, Won't You Tell Me Your Name". Oh, Malecki, divna je. Mislim da će uskoro biti na vrhu top-lista. Jedva čekam tvoj odgovor. Sve razumem, ali jedno mi još nije jasno – zašto se tvoja majka meša? Nadam se da to neće biti tako ubuduće. Bilo bi mi žao da se posvađamo, ali šta ako do toga dođe? Možda si zaključio da te ne volim i da hoću da raskinem. Ne, previše sam kukavica da te ostavim, čak i kad bi to zaslužio.

Ne moram da nosim prsten od tebe. Nisi ti jedini – dobiću prsten od nekog drugog kad dođe vreme. Dragi moj, danas si se udaljio, ali verujem da ćeš se sutra vratiti. Samo znaj da sam te volela. Razmišljam o raskidu, ali srce me boli. Ne mogu da živim bez tebe i naših budućih srećnih dana. Malecki, ne bih bila iskrena kad ne bih priznala da sam sa tobom bila mnogo puta srećna – srećna na način koji verovatno više nikad neću doživeti. Znaš, Malecki, pre nego što te je tvoja majka posetila, bila sam u Novom Sadu. Išla sam u bioskop sa Ljubišom.

Bilo je hladno i padala je kiša; video je da sam tužna, bio je nežan i pitao me zašto, ali ja sam pokušala da to sakrijem, rekavši da nije ništa i da mi je drago što smo zajedno. U bioskopu smo sedeli u četvrtom redu na balkonu. Bilo mi je hladno i bila sam potpuno ravnodušna. Osećala sam da me voli i da mu je stalo, ali kako da mu pomognem kad volim drugog, a to me čini još tužnijom od njega.

Držao me za ruku i to je bilo sve jer je mislio da ću se naljutiti. Sve je to zbog tebe. Dok sam šetala s njim, neprestano sam mislila na tebe. Pokušavala sam da budem srećna zamišljajući tebe umesto njega, ali bez uspeha. Posle sam zažalila što sam uopšte bila s njim, iako se ništa nije desilo. Osećala sam da sam te izdala, iako nisam.

Sada pokušavam da te razumem, ali ti nisi imao ovakvu vezu s onom devojkom kad ste se šetali. Sećaš li se kada si bio u vojsci? Zamišljao si mene na njenom mestu.

Dragi, nema mnogo novog kod mene, osim što sam odlučila da nedeljom idem u bioskop. Neću više da pišem jer hoću da slušam večernju emisiju sa muzičkim željama i najjačim melodijama. Slušaću i misliću na tebe jer ti si moj jedini. Tvoja Mila te ljubi.

Mila: 29. novembar 1968.

Moj najdraži, svakog dana čekam tvoje pismo sa sve većom nestrpljivošću, plašeći se da možda nikada neće doći. Počinjem da shvatam da možda više nisam u tvojim mislima. Izgleda kao da je naša veza postojala samo dok si bio ovde. Kada si otišao, sve je kao nestalo, i počinjem da prihvatam da ti više ne značim.

Uspomene koje smo stvorili, a koje meni još uvek toliko znače, sada deluju kao daleki odjeci za tebe, bez iste važnosti. Kao da te više ne pokreću kao mene. Molim te, ljubavi moja, reci mi istinu. Nemoj mi davati lažnu nadu. Teško mi je da obuzdam čežnju za tobom, iako znam da ću te možda morati pustiti zauvek. Ti si otišao, a udaljenost između nas raste svakog dana, možda zauvek. Da, moram priznati da me strah da se nećeš više vratiti. Te misli me muče, jer si ti bila moja prva ljubav, a moje srce ti je još uvek odano. Zato me tvoje udaljeno ponašanje toliko boli. Dok ovo pišem, plačem, pokušavam da izbacim barem deo bola koji osećam.

Ne želim nikog drugog, i iako mi izmičeš, moja ljubav prema tebi ostaje snažna. Ljubav nije nešto što možemo kontrolisati. Ako se naša veza raspadne, praznina koju ću osećati me plaši.

Ti si deo mene, utkan u najbolje i najsrećnije trenutke moje mladosti. Niko nikada neće uzeti moje srce kao ti. Nežni dodir tvoje ruke, toplina tvojih usana na mojima – ti trenuci su zauvek deo mene. Pomisao da ih zaboravim deluje nemoguće. Zar nije tako? Molim te, neka tvoje reči donesu utehu. Toliko sam te volela. Možda nikada nisi shvatio koliko, ali naši trenuci zajedno bili su živi podsetnici na ljubav koju smo delili, Aleksa. Ne moram da nabrajam svaku uspomenu. Umesto toga, neka ti same dođu. Seti ih se, jer te uspomene su nitima satkane od ljubavi.

Molim te, reci mi da li sam ti ikada išta značila, da li si ikada pomislio na mene. Ako je makar i mali trag ljubavi ostao – reci mi.

Sa svom svojom ljubavlju,

Mila

Mila: 20. decembar 1968.

Moj najdraži, ponovo ti pišem, ovaj put na času istorije. Ostali odgovaraju, a ja, pošto mi je dosadno, mislim na tebe i pišem u ovaj dnevnik. Vodim ovaj dnevnik za tebe, verujući da će jednog dana biti poseban poklon – prozor u našu prošlost i ljubav koju smo delili. Da li ćemo ostati zajedno – zavisi od tebe. Možda se naši planovi nikada neće ostvariti, a ta pomisao me plaši.

Aleksa, da li si mi neveran? Jesi li našao neku drugu devojku? Ne znam šta da radim jer me to toliko boli. Volim te i stalno mislim na tebe, ali da li će moja ljubav izdržati vreme? Da li će biti dovoljno da nas održi? Kada sam prihvatila tvoju prosidbu i stavila prsten na ruku, bila sam toliko sigurna u nas. Nisam sumnjala da smo jedno za drugo. A sada vidim koliko sam bila naivna. Cela Zelenika zna da smo vereni. Odbila sam mnoge prosce zbog tebe. A sada se pitam – zašto? Zašto da sebi uskraćujem radosti koje drugi slobodno uživaju? Zašto da budem ta devojka koja zna samo za školu, knjige i kuću? Zašto, pitam se sada? Zašto ne bih uživala i živela kao i ostali?

Ovaj prsten, koji je nekada bio simbol naše veze, sada mi deluje kao lanac. Zabranjuje mi sve, dok ti... kako bi ti mogao ostati veran? Tvoja pisma deluju daleko, odsutno. Ako će ovako biti, onda mi piši i neka bude kraj.

Žalim, i uvek ću žaliti, što sam uopšte ušla u ovu vezu i trošila vreme na nešto što se možda nikada neće vratiti.

Moji mladalački dani prolaze, i neće se vratiti. Bila sam tvoja, potpuno. Moja ljubav pripadala je samo tebi. A sada te delim s drugima, baš kao što sam te delila u mislima. Ovo nije šala, Aleksa. Ovo je ozbiljno i imaće posledice.

Mnogo, mnogo srdačnih pozdrava,

Mila

Mila: 22. decembar 1968.

Dragi moj Aleksa,

Nedeljno je veče, sedim i slušam radio, a misli mi lete ka tebi. Danas nisam imala mnogo da učim, pa sam posetila Mariju. Ona je divna, i uhvatim sebe kako joj pomalo zavidim. Izađe na sastanke, ljubi se s Lacikom kad god požele. Zašto ja ne mogu? Tako je nepravedno što se od mene očekuje da budem verna, dok ti... pa, ti nisi. Kakva je poenta moje vernosti ako je ti ne zaslužuješ? Da li da počnem da ti uzvraćam istom merom?

Zašto se svađamo kad bismo trebali biti srećni i zaljubljeni? Naša pisma su govorila o velikoj, plemenitoj ljubavi, a sada smo tako daleko od tog ideala. Aleksa, nemoj misliti da, samo zato što te volim, ne mogu voleti i nekog drugog. Nemoj zaboraviti — koliko god da te sada volim, isto toliko lako mogu i da te mrzim.

Razgovor s Marijom me danas podsetio na naš prvi poljubac, moj prvi poljubac — kako sam bila stidljiva i nevina, a ipak, bilo je slatko. Bila sam iskreno srećna tada. Ali čim sam došla kući, plakala sam, ne shvatajući šta se to dogodilo u mom do tada dečijem životu. Priznaj, Aleksa, zar nisam tada bila samo dete, stidljiva devojčica zaljubljena do ušiju?

Posle našeg rastanka, volela sam te manje, ali zašto? Možda zato što sam utehu tražila negde drugde. Neki su mi bili odvratni, posebno Velimir, ali jedan Rumun je bio veoma fin. Sećaš li se kad si kod tetke našao njegove slike? Morala sam da ti ih pokažem, bila sam primorana da ti kažem istinu. Rekla sam ti da je iz Vrbasa, a zapravo je iz Vršca. On zna za tebe, a sada smo samo prijatelji. Pokušao je opet da se zabavlja sa mnom, ali sam ga odbila. Neprijatno je jer živimo u istom dvorištu, ali sam uspela. Nemoj me pogrešno shvatiti. Iskrena sam jer se to stvarno dogodilo.

Za nekoliko dana, 24. decembra, idem sa mamom u Sloveniju. Radujem se jer tamo nisam bila godinama. Jedva čekam praznike jer mi je Zelenike preko glave.

To je za sada sve. Idem da spavam, i večeras ću pokušati da sanjam tebe. Laku noć, moj slatki Aleksa. Molim te, budi veran i dobar prema meni.

Tvoja verenica te ljubi.

Mila: 27. decembar 1968.

Ljubavi moja,

„Ljubavi, znaj da te i ovde u Singapuru jako volim, Aleksa." Sećaš li se još uvek tih reči koje si mi pisao iz onog dalekog mesta? Ne možeš ni da zamisliš koliko sam danas bila srećna. Potrčala sam kod mame da joj ispričam divnu vest. Bila je presrećna što si konačno izašao iz italijanskog kampa. Prošao si kroz mnogo toga tokom tih teških meseci, i od srca ti želim da budeš srećan. Čestitam! Bio si hrabar i uporan, i to se pokazalo posle manje od devet meseci.

Dragi moj, sada kada si još dalje od mene, zapamti: „Iako okeani i ratovi stoje između nas, moje srce je uvek uz tebe, Aleksa." Želim da zauvek ostanemo zajedno. Imam osećaj da ne bih mogla da živim bez tebe, tvoje ljubavi i tvojih pisama. Sada nam samo ona ostaju – duga, nežna pisma. Molim te, piši mi uvek, nemoj me zaboraviti.

Oproštaj smo proslavili uz nekoliko čašica rakije. Verovao ili ne, popila sam punu čašu, želeći ti mnogo sreće i da mi se vratiš. Svi su se smejali, naročito deda. Znaš šta je rekao? Nazvao me glupom devojkom koja veruje u tebe i nada se tvom povratku. Rekao je i da se nikada nećeš vratiti. Dragi moj, moraš da mi se vratiš, a ako ne, onda ću ja doći tebi. Za sada je važno da se ne svađamo i da izdržimo dok ne završim školu. Jedva čekam tvoje pismo, nadajući se još lepim vestima. Imam samo jednu zamerku: zar nisi mogao da mi javiš da odlaziš za Australiju? Taj mali gest bi me mnogo obradovao.

Pisala sam ti iz Subotice, poželela ti srećnu Novu godinu, poslala ti pismo, pa čak i sliku. Žao mi je što verovatno nisi ništa od toga dobio. Tvoje pismo me je ostavilo u neizvesnosti, ali se nadam da ću saznati razlog tvog brzog odlaska. Dragi moj Alekse, to je sve za sada. Moram još da učim. Tvoja Mila će ti uskoro opet pisati.

Mnogo te volim i šaljem ti hiljadu toplih poljubaca, želeći ti puno sreće u Novoj 1969. godini.

Tvoja i zauvek tvoja,

Mila

Milin dnevnik postaje naš dnevnik

Dobiti Milin dnevnik za mene je bilo neverovatno značajno. Odmah sam seo da joj napišem pismo i kažem koliko su me dirnule njene misli i osećanja zabeležena na tim dragocenim stranicama.

Aleksa: 20. maj 1969. – Orange, NSW, Australija

Najdraža moja Mila,

Dok čitam tvoj dnevnik, preplavljen sam dubinom tvoje ljubavi i boli kroz koju si prošla dok smo bili razdvojeni. Tvoje reči me vraćaju u te dane, podsećaju me na vezu koju smo imali i snove koje smo delili. Sada shvatam koliko smo značili jedno drugome. Brinula si da sam te zaboravio, da je razdaljina među nama stvorila jaz koji se ne može premostiti. Ali, molim te, znaj da te nikada nisam zaboravio – ni na trenutak. Svaka uspomena, svaki trenutak koji smo delili ostao je sa mnom, čak i dok sam se suočavao s neizvesnošću novog života. Tvoja ljubav je uvek bila u mom srcu, vodila me kroz najteže trenutke.

Pitala si se da li sam našao nekog drugog. Mila, ti si bila moja prva ljubav, a takva ljubav ne nestaje tek tako. Sada vidim koliko je moja tišina morala da te povredi, kako te je naterala da posumnjaš u sve što smo imali. Iskreno mi je žao zbog toga. Nikada nisam želeo da te povredim i kajem se što nisam više bio uz tebe kad si me najviše trebala.

Bilo mi je bolno da čitam o tvojoj borbi – da li da me čekaš ili da kreneš dalje. Sada shvatam koliko sam tražio od tebe i koliko ti je to sve moralo delovati nepravedno – da stavljaš svoj život na čekanje zbog nečega tako nesigurnog. Ali tvoj izbor da ostaneš verna i da me i dalje voliš, uprkos svemu, pokazuje koliko su tvoja osećanja bila snažna i duboka.

Kada si rekla da ti je prsten postao lanac, sada shvatam koliko te je to opterećivalo. Shvatam kako su moji postupci – ili njihovo odsustvo – učinili da se osećaš zarobljeno. Tvoja iskrenost u vezi s tim osećanjima duboko me dira i divim se tvojoj hrabrosti da ih suočiš. Brinula si da ću se oženiti nekom drugom i da je naša budućnost neizvesna.

Ali moje srce je uvek pripadalo tebi, čak i kada nas je život odveo na različite strane. Tvoja ljubav bila je svetlo u najmračnijim trenucima, i držao sam se nade da ćemo jednog dana ponovo biti zajedno.

Mila, žao mi je što nisam bio više uz tebe u tim danima. Voleo bih da mogu da se vratim i dam ti sigurnost koju si tada tražila. Ali, molim te da znaš ovo: tvoja ljubav nije bila uzaludna. Pomogla mi je da prebrodim najteže momente i zauvek ima posebno mesto u mom srcu.

Hvala ti što si podelila svoje srce sa mnom kroz te stranice. Tvoje reči su dokaz ljubavi koju smo delili, i uvek ću ih nositi sa sobom. Iako su nam se putevi možda razdvojili, veza koju smo stvorili ostaje snažna, neraskidiva vremenom i daljinom.

Sa svom mojom ljubavlju i najdubljim poštovanjem,
Aleksa

Aleksa: 24. maj 1969. Orange, NSW

Najdraža moja Mila, prošla su četiri dana otkako je tvoj dnevnik stigao, i još uvek ne mogu da verujem da ga držim u rukama. Sada to više nije samo tvoj dnevnik — to je naš dnevnik, mesto gde se naši životi sreću na ovim stranicama. Pročitao sam svaku tvoju reč i zadivljen sam koliko si duboko podelila sebe u tim redovima. Zato sam odlučio da pišem i svoje zapise, ovde pored tvojih, da podelim svoj svakodnevni život, misli i osećanja.

Živim u skučenom, starom stanu, okružen ljudima iz svih krajeva sveta. Naslikao sam sliku boljeg života ovde u Australiji, ali u stvarnosti se mučim. Zaglavljen sam u ovom trošnom mestu jer ne mogu da priuštim ništa bolje. Boli me što to moram da priznam, čak i sebi. Stidim se da ti to kažem jer se plašim da ćeš me gledati drugačije. Ne želim da te izgubim time što ću pokazati koliko je teško. Zato održavam iluziju, nadajući se da će jednog dana sve biti bolje.

Uštedeo sam dovoljno novca da kupim nekoliko osnovnih stvari — šivaću mašinu, krojački alat i motornu testeru — tako što sam dao kaparu od 50 dolara. Svake nedelje, 10 dolara se oduzima od moje plate dok ne isplatim svih 240 dolara.

Danas sam odlučio da dodam nešto u ovaj dnevnik, nadahnut tvojim zapisima. Osećam te blizu, iako si tako daleko. Volim te više od svega na svetu, ali ponekad sumnjam u tvoja osećanja. Kako je moguće da te niko nije poljubio već godinu dana? Ne mogu da ne postavim to pitanje i voleo bih da mi to objasniš. Rekao sam ti da živiš slobodno, ali bojim se to da kažem naglas jer se plašim da ćeš pomisliti da te ne volim. Ali, Mila, nevinost je ono što najviše cenim. Oprostio bih sve, samo da ostaneš čista.

Brinem jer si u godinama kada možeš poželeti momka, i plašim se da bi neko mogao iskoristiti tvoju dobrotu. Pametna si, jaka, ali ljubav može zaslepeti i najbolje među nama. Znam to iz svog iskustva. U Italiji sam ubedio jednu devojku da prekrši svoje obećanje o nevinosti pre braka. Posle je plakala, moleći me da ne odem. Ostao sam dok nije došlo vreme da krenem, ali i tada sam znao da ona nije ti. Niko nikada neće moći da se poredi s tobom.

Mila, želeo sam da ti se vratim mnogo puta, ali novac je uvek bio prepreka. I još uvek jeste. Biti daleko od tebe cepa me iznutra. Kad čitam tvoje reči, osećam nalet ljubomore, razmišljajući o svim ljudima oko tebe, pitajući se hoćeš li utehu potražiti u nečijem drugom zagrljaju. Ako to učiniš, ne znam kako ću to podneti. Doneo sam odluku da štedim svaki cent kako bih ti se vratio. Ako me zaista želiš, pronaći ću način. Ne mogu više da podnesem ovu udaljenost. Čak i ako me voliš, plašim se da će vreme i daljina potrošiti tvoja osećanja. Dajem sve od sebe da se vratim, ali želim da to bude iznenađenje.

Sanjam dan kada ću ti se vratiti, zaprositi te i zajedno izgraditi život. Ponekad ti snovi deluju tako stvarno da se probudim misleći da sam kod kuće, samo da shvatim da je to bio samo san. Trudim se da ti pišem o svojoj ljubavi, ali teško nalazim prave reči. Nisam dobar u pisanju, ali znam da te volim celim svojim bićem. Često pokazujem tvoje slike prijateljima i pričam o tebi, a oni se smeju i zovu me beznadežnim romantikom. Ali kad sam sam, čitam tvoja pisma, gledam tvoje slike i želim samo tebe. Retko izlazim jer više volim da budem izgubljen u mislima o tebi.

Kad ipak izađem, ljudi me primećuju.

Ponekad mi devojke priđu, pitaju koliko je sati ili se pretvaraju da su izgubljene samo da bi započele razgovor. Verovatno im se dopada moja duga kosa i stil koji sam ovde usvojio. Čak sam se dogovorio da se nađem sa jednom devojkom po imenu Sonja, ali sve vreme sam mislio samo na tebe. Sada shvatam da je moje srce tvoje i da će to uvek ostati.

Voleo bih da bolje govorim tvoj jezik da možemo pričati bez prepreka. Naučio sam nešto italijanskog od Ornelle, i još uvek razmenjujemo pisma, ali to nije ni blizu onome što osećam prema tebi.

Kasno je, i moj prijatelj čita dok ja pišem ovo. Pitam se da li ćeš ikada pročitati ove reči. Sve zavisi od toga da li me još uvek čekaš. Poslaću ti ovaj dnevnik nazad ako budem siguran da me i dalje čekaš. Umoran sam, ali znam da ću ležati budan, misleći na tebe večeras. Da li me još voliš? Čekaš li me? Držim se vere da je tako, da si verna, kao što pišeš u pismima. Završavam ovo pismo večeras. Možda ću sutra kupiti markicu i poslati ga. Znam da nestrpljivo čekaš da čuješ nešto od mene. Jednom si napisala da sam prvi i poslednji koji je imao tu slobodu s tobom. Te reči su me podsetile da si mi uvek dopuštala da budem ono što jesam, čak i kad sam mislio da ne veruješ u mene onoliko koliko sam želeo. Ali to je u redu. Jednog dana, kada budemo zajedno, verovaćeš mi potpuno, i nikada te neću izneveriti.

Laku noć, ljubavi moja. Opet ću sanjati o tebi večeras, nadajući se da će ti snovi jednog dana postati stvarnost. Volim te, zauvek i bez kraja.

Aleksa

Čitajući ovo sada, vidim jednog mladića koji je bio nesiguran, pun sumnje i spreman da se drži ljubavi po svaku cenu. Prepoznajem svoje mane, svoje strahove i duboku potrebu za potvrdom. Ali takođe vidim ljubav koja je bila stvarna, čak i ako nije uvek bila ispravna. Moj mlađi ja je imao mnogo da nauči, i iako me neke misli i postupci sada čine da se stidim, osećam duboko saosećanje prema tom mladiću. Dao sam sve od sebe sa onim što sam tada znao, i zbog toga mogu sebi da oprostim.

Život u Orandžu, Novi Južni Vels – 1969

Milin dnevnik mi je pokazao koliko me je duboko volela, što je bilo i utešno i bolno. Radost koju sam osetio čitajući njene reči nije dugo trajala jer sam se morao vratiti surovoj stvarnosti rada samo da bih preživeo. Našli smo poslove koji su nam bili potrebni, ali novca nije bilo dovoljno. Odlučili smo se za otplatu na rate, plaćajući 10 dolara nedeljno dok ne otplatimo neophodnu opremu: motorna testera, sekira, kanister za benzin i gorivo. To je značilo da smo morali iseći dve palete drva nedeljno samo da pokrijemo troškove.

Motorna testera bila je kao zver sa svojom voljom, predstavljajući svakodnevni izazov. Održavanje lanca oštrim bila je stalna borba, a naučiti kako da oborimo drvo bez da se zaglavi u drugom – još jedan problem. Ponekad bi drvo iznenadilo i palo na drugo, pa smo se upuštali u rizične akrobacije testerom iznad glave da bismo ga oslobodili.

Počinjali smo da radimo oko 6 ujutru, dok je jutarnja rosa bila toliko hladna da bi i polarnom medvedu procurio nos. Trebalo mi je nešto vodootporno da se ne smrznem, ali nisam imao novca za pravu jaknu. Zato sam se snašao. Uz pomoć vinil materijala i veština šivenja koje sam naučio od očuha, ručno sam sašio vodootpornu jaknu. Nema mašine za šivenje? Nema problema. Bio je to "uradi sam" projekat dostojan preživljavača.

Iako su mi se primanja malo popravila, štednja je i dalje bila teška na toj hladnoći. Zima je stigla svom silinom, i jedno jutro smo se probudili, a sve je bilo pod snegom. Nismo znali da zima u Australiji traje od juna do avgusta, a ne u decembru kao kod kuće. Nismo bili spremni za hladnoću u Orandžu, ali život ima svoj način da nas nauči lekcijama.

Rešen da radim, izašao sam na hladnoću, ali i drveće je bilo prekriveno snegom. Raditi u takvim uslovima bilo je nemoguće. Suočeni s tim izazovima, moja dva saputnika i ja odlučili smo da napustimo Dude Ranč i pronađemo topliji smeštaj. Ali pre nego što smo krenuli u potragu za novim mestom za život, napisao sam nekoliko zapisa u našem dnevniku – misleći da su to možda poruke koje Mila nikada neće pročitati.

Aleksa: 11. jun 1969.

Juče je bio težak dan; leđa su me bolela od nošenja tih teških balvana. Jedva sam uspeo da složim tri gomile pre nego što sam se srušio u krevet, potpuno iscrpljen. Danas se osećam malo bolje i uspeo sam da završim skoro četiri gomile. Vreme je bilo lepo, pa radimo do mraka svaki dan. Doneo sam odluku – više nema trošenja na nepotrebne stvari. Svaki dinar ide u štednju za moj povratak tebi.

Toliko mi nedostaješ, ljubavi moja. Jedva čekam da te ponovo zagrlim, da te otpratim do škole, čak i da imamo one male rasprave koje smo nekad imali – smešno je, ali čak i te glupe nesuglasice sada mi izgledaju bolje nego ova razdvojenost. Dani su mi ovde postali toliko jednolični, bez radosti ili pravog zadovoljstva. Naravno, mogao bih da se zabavim kada bih izašao, ali koja je poenta? Jedino se dobro osećam kada sam napolju, ali tada rizikujem da potrošim novac koji tako teško pokušavam da uštedim za povratak. Bezbednije je da ostanem kod kuće.

Ovaj život je postao frustrirajuća rutina – rad u šumi, kuvanje uveče i onda spavanje. Toliko me to ljuti. Zašto nisi ovde sa mnom? Zašto me ne dočekuješ s poljupcem i toplim obrokom kada dođem kući? Ali znam da je to san koji se možda nikada neće ostvariti. Ovo se oseća kao zatvor; traje već predugo. Hoće li ikada završiti? Vraćam se kući i kunem se da neću ponovo otići dok te ne povedem sa sobom.

Život bi mogao da bude prelep, ali ne ovako – ne dok smo razdvojeni. Ti se mučiš kod kuće, a ja se mučim ovde. Ne možemo više ovako da živimo. Tvoj "drvoseča" te voli i ljubi.

Aleksa: 12. jun 1969.

Danas sam malo ponosan na sebe – bio sam odlično raspoložen i uspeo da složim pet gomila. To je baš veliki uspeh, pogotovo jer obično samo jači momci uspeju da urade toliko. I znaš šta? Uopšte nisam umoran! Još samo jedan dan do plate.

Nemam mnogo, ali imam nešto više nego prošle nedelje. Razmišljam da li da nešto položim u banku; verovatno bih trebao, ali ako odem u Sidnej, biće mi potreban keš. Ipak, sačuvaću novac jer nemam u planu da idem bilo gde.

Zdravlje mi se popravlja; leđa me manje bole, iako i dalje imam prehladu i dosadni kašalj. Jutra su hladna i mrazna, pa i nije čudo. Poslao sam ti pismo i nestrpljivo čekam tvoj odgovor. Toliko sam srećan kada čitam tvoja pisma i kada ti pišem, ali čekanje posle toga je mučno – voleo bih da tvoj odgovor stigne odmah.

Pomenula si Veru, i znam da si ljubomorna, ali nema razloga za to. Više joj ne pišem – zbog tebe. Ona mi je samo prijateljica; nikada nije bila ništa više. Znam je duže nego što znam tebe, ali čak ni tada nismo bili zajedno. Jednom mi je čak napisala da si ti, Mila, divna devojka i da nikada neću naći bolju od tebe. I u pravu je. Znam to, i zato te volim i čekam, bez obzira koliko teško bilo. Volim te svim srcem.

Aleksa: 15. jun 1969.

Nedelja je, i sedim u ovoj staroj fotelji pored grejalice, pokušavam da se ugrejem. Moj prijatelj Bogdan je sa mnom. Pričamo o proteklim danima, ali najviše o povratku kući – to nam je ovih dana jedino na pameti. Put je dug, i moramo mnogo da radimo samo da bismo pokrili troškove puta. Za sada, povratak kući je samo daleki san.

Danas se vreme promenilo; postalo je oblačno, a zub koji me muči boli pri promeni vremena. Zdravlje mi nije najbolje – prehlađen sam i još uvek kašljem. Pročitao sam tvoje pismo, i vidim da si napisala kako si izgubila svaku nadu jer ti nisam pisao. Žao mi je, ne mogu da se setim zašto ti nisam pisao, ali ti obećavam – nikada te nisam zaboravio. Kao što vidiš, pismo je konačno stiglo, čak i ako je zakasnilo.

Glava me previše boli da bih više pisao. Pokušaću da zaspim, iako je to uvek teško. Misli mi neprestano lutaju, uglavnom o tebi i o tome kada ću se konačno vratiti. Ljubavi moja, znam da me nestrpljivo čekaš, ali ne brini – vratiću se tebi, bez obzira koliko daleko bio.

Aleksa: 18. jun 1969.

Nisam pisao dva dana jer sam se prilično loše osećao. Juče smo rano krenuli na posao, ali jedva sam izdržavao. Mučio sam se do pola dva poslepodne i uspeo da složim samo jednu gomilu.

Nisam čak mogao ni da podignem trupce kako treba, pa sam se vratio u auto i čekao tamo dok se ostali nisu vratili uveče. Sinoć sam pokušao da se ugrejem toplim čajem od kamilice jer sam se toliko tresao i kašljao da sam mislio da će mi pluća jednostavno otkazati. Nisam čak mogao ni da podignem trupce kako treba, pa sam se vratio u auto i čekao tamo dok se ostali nisu vratili uveče. Sinoć sam pokušao da se ugrejem toplim čajem od kamilice jer sam se toliko tresao i kašljao da sam mislio da će mi pluća jednostavno otkazati.

Jutros mi je bilo malo bolje i nadoknadio sam propušteno. Sada imam 22 gomile za ovu nedelju, što će mi doneti 104 dolara. Tip koji nas obično vozi u šumu se preselio, ali nas i dalje vozi, mada često kasnimo. Zato smo Bogdan i ja odlučili da u petak uveče odemo u Sidnej da kupimo auto. Bogdan mi je obećao da će mi pozajmiti koliko mi bude nedostajalo. Radiću sutra, ali ću u petak uzeti slobodan dan jer moram da platim 4 dolara da bih dobio vozačku dozvolu.

Upravo kuvam večeru dok Bogdan pere sudove – to je naša uobičajena večernja rutina. Za sada smo ovde samo nas dvojica. Nadam se da ću uskoro naći neko bolje mesto. Za sada je to sve. Svaki dan mi je isti, pa bi bilo dosadno da pišem iznova o istim stvarima. Što se tiče moje ljubavi prema tebi – tu nema ništa novo da se kaže. Volim te isto kao i uvek, i to sebi ponavljam svakog dana. Laku noć, ljubavi moja.

Aleksa: 2. jul 1969.

Prošlo je oko 12 dana otkako sam poslednji put pisao, a toliko toga se dogodilo. Počeću od početka. Bogdan i ja smo odlučili da odemo u Sidnej da kupimo auto, nadajući se da će nam to barem malo olakšati život. Putovali smo celu noć i stigli u Nort Paramatu u 6 ujutru. Padala je jaka kiša, išli smo od garaže do garaže, potpuno mokri, pokušavajući da nađemo auto koji možemo dobiti uz samo 100 dolara depozita. Ali zbog mojih postojećih kredita, to nije bilo moguće.

Na kraju, u 11 sati, pronašli smo jedan Datsun za 1.200 dolara uz 100 dolara depozita, ali im je bio potreban jemac. Uspeo sam da ga nađem, ali čak ni tada nismo mogli da dobijemo auto.

Na kraju sam se zadovoljio starim Holdenom za 100 dolara, nadajući se da ću kasnije moći da ga zamenim za Datsun. Barem smo se bezbedno vratili u Orange.

Ubrzo posle toga, dobio sam pismo od mame da joj hitno treba punomoć, što je značilo još jedno putovanje u Sidnej. Ali nisam imao više para ni za benzin. Srećom, našao sam mesto koje mi je dalo benzin na kredit, koji će biti odbijen od plate. Put je dug, pa mi je bio potreban pun rezervoar. Da bih pokrio trošak, morao sam da vratim šivaću mašinu u radnju za 50 dolara, uz dogovor da je otkupim za 55 dolara u roku od dva meseca. Čini mi se kao da stalno žongliram problemima, jedan za drugim.

Baš kad sam pomislio da ne može gore, zaustavila me policija zbog loših guma i prekoračenja brzine. Kazna je bila 30 dolara i morali su da mi promene gume u roku od 24 sata. Do tada nisam smeo da vozim. Ove nedelje nisam radio, pa nije bilo ni plate. Na sreću, Bogdan je zaradio 27 dolara i to nas je spasilo da ne ostanemo bez hrane.

Za gume sam zamolio šefa za pomoć. Dao mi je pismenu preporuku za vulkanizera i odmah su mi stavili nove gume. Moram da platim 36 dolara u roku od mesec dana, ali bar mogu da radim celu nedelju. I taman kad sam mislio da je kraj pehovima, vlasnik Dude Ranča je prodao "stanove", i dali su nam samo 5 dana da se iselimo. Izgleda da svaki put kad rešim jedan problem, drugi odmah iskrsne. Srećom, uz pomoć stanodavke jednog prijatelja, našli smo novi smeštaj i platili 8 dolara za nedelju dana.

Bile su to teške nedelje, ali pokušavam da ostanem optimista. Nemam izbora osim da nastavim dalje, čak i kad mi se čini da mi sve ide protiv mene. Novi smeštaj je zapravo prilično dobar – imamo svoju sobu, ali možemo koristiti celu kuću. Sve je lepo uređeno i čisto. Stanodavac je stariji Rus, 68 godina, koji je ovde već 20 godina. Vrlo je ljubazan prema nama. Bar sada imam krov nad glavom i razlog da nastavim. Jedino što mi nedostaje – to si ti.

Ove nedelje očekujem pristojnu platu. Radio sam svaki dan, tako da ću moći da platim 18 dolara za gume, a ostatak sledeće nedelje.

Dobio sam tvoje pismo o mom mogućem povratku kući. Opet postavljaš uslove, ali više neću da ih prihvatam. Ako sam već ovoliko čekao, mogu da čekam još. Iskreno, otkad sam došao u Orange, nigde nisam izlazio niti imao bilo kakvu vezu.

Znam da si zbog toga srećna, ali ja nisam.

Moram stalno da radim; stalno sam umoran i nemam vremena ni za kakvu zabavu. Želim da kupim bolji auto, neki nameštaj, možda čak i televizor za sebe. Bilo bi lepo imati nešto što me zabavlja – starac nema televizor jer loše vidi. Sutra ću ti napisati pismo sa novom adresom. Sad idem na spavanje jer je već kasno. Puno te volim i ljubim, zauvek tvoj drvoseča.

Aleksa: 20. jul 1969.

Najdraža moja,

Prošlo je osamnaest dana otkako sam ti poslednji put pisao, i toliko toga se dogodilo da jednostavno nisam imao vremena da sednem i napišem pismo. Znam, ljubavi, to je velika greška jer možeš pomisliti da sam te zaboravio. To se nikada neće desiti. Samo sam svaki dan odlagao, ali sada, večeras u pola devet, konačno sam seo da ti ispričam sve od početka, počevši od četvrtka kada sam trebao da se nađem sa Kesi.

Radovao sam se tom danu i potrudio se da izgledam što bolje. Kada sam ušao u hotel, osetio sam kako su svi pogledi upereni u mene. Seo sam i čekao Kesi. Za mojim stolom su bila četiri prazna mesta, i konobar me je pitao da li nekog čekam. Rekao sam: „Da," i on me ostavio na miru. Došla je sa drugaricom, pozdravila me, ali nije prišla mom stolu. Mislio sam da imaju svoje uobičajeno mesto, pa sam otišao do njih i pitao da li mogu da sednem. Rekla je ne, jer očekuju još prijatelja. Zahvalio sam joj i vratio se za svoj sto, rekavši konobaru da su mesta slobodna. Ovo je drugi put da me neka devojka tako izigra. Ali nisam se uzrujao jer imam tebe, a sve ovo je samo igra.

Nisam dugo bio sam. Tri mlade devojke su mi se pridružile. Nisam ja započeo razgovor; samo sam sedeo i pio pivo. Bile su znatiželjne i pitale me: „Odakle si? Iz Sidneja?" Rekao sam ne, pa su nastavile da pogađaju sve velike gradove u Australiji.

Na kraju sam im rekao da sam iz Evrope, iz Jugoslavije. Predstavile su se – jedna je bila Su, druga Margaret, a treće ime nisam upamtio. Plesao sam sa sve tri.

Su je bila vrlo direktna, ali nisam obraćao pažnju jer me je još peklo zbog Kesi. Vratio sam se kući oko ponoći. Nisam ih ni pitao da ih ispratim.

U petak mi je bilo teško da radim jer sam kasno legao i bio sam malo pripit. Uveče sam opet izašao, ovaj put na koncert Džonija Farnama. On je jedan od najboljih australijskih pevača – Bit muzika, jer to je sve što ovde ima. Bio je fantastičan. Margaret me je upoznala sa još jednom devojkom i plesao sam sa njom celu noć, iako je bilo oko 300 devojaka i 200 momaka. Odlučio sam da nikog ne muvam, samo sam pozivao devojke na ples. U subotu uveče sam opet izašao, ali ovaj put u „Rojal" sa prijateljima. Upoznao sam super ekipu mladih Australijanaca, električare koji sviraju u bendu „Tiki 4." Prilično su dobri. Najbolje se slažem sa Džonom i Bobom – stvarno su fini momci. Te večeri nisam hteo da plešem do jedanaest. Samo sam sedeo, ali nisam mogao da izdržim, pa sam pozvao jednu simpatičnu devojku koja me je cele večeri gledala. Skočila je kao oparena, i plesali smo do poslednje pesme.

Zvala se takođe Su, bila je vrlo vezana za mene, ali sam opet pobegao na zadnji izlaz. Ne znam šta je mislila, ali ne mogu više tako. Moram da stanem. Alkohol i kasne večeri mi kvare posao. Ali to je trajalo samo do četvrtka. U petak sam se opet našao u „Rojalu", plesao sa nekoliko devojaka, ali nisam se osećao dobro. Onda, u subotu, opet sam izašao. Ovaj put, stvari su bile drugačije. Nisam nikog jurio – one su dolazile meni. Jedna devojka je povela svoju sestru Kristinu, koja ima 22 godine, i zamolila me da joj pravim društvo. Plesao sam sa njom, pokazivao svoje pokrete, a ona mi je rekla da sam zgodan. Zahvalio sam joj i našalio se da je to sve što imam. Na kraju večeri, trebalo je da je otpratim kući, ali sam opet pobegao kroz zadnji izlaz. To mi je postao novi trik – ne pravim planove i nestanem, ostavljajući ih da se pitaju.

Tako mi ide sa devojkama ovih dana. Kod kuće, nije ništa bolje. Imam velike probleme sa Bogdanom. Puno pije i stalno želi da se svađa, pravi probleme po tuđim kućama i meni.

Ne znam šta da radim. Hteo bih da ga se rešim, ali mi ga je žao. Kad je trezan, odličan je prijatelj, ali kad pije, nema mira. Plaća mi 14 dolara da ga vozim u šumu i kuvam mu, što nije loša para za mene.

Danas me je još jedan prijatelj zamolio da ga odvezem do jednog Jugoslovena koji ima bar. Krenuli smo oko 10 ujutru. Potrošili su sav novac i stalno su me molili da im pozajmim. Imao sam samo 6 dolara i na kraju sam im dao 2, pa još 2, i još – dok sve nije otišlo. Bili smo tamo do 4 popodne, toliko su se napili da sam ih jedva doveo do kola. Legao sam da spavam oko 6 popodne, ali nisam bio miran. Izašao sam napolje, i video da kola nema. Bogdan ih je uzeo, iako je bio pijan i jedva mogao da vozi. Pogodio sam gde je otišao i našao auto u nečijem dvorištu, zaglavljen u jarku. Potpuno neupotrebljiv. Šta sam mogao nego da pozovem policiju? Imao sam puno pravo – kako neko može da mi uzme kola bez pitanja, i još pijan? Nisam mu ništa rekao jer je besmisleno kad je u tom stanju. Pozvao sam pomoć da izvuku auto. Vratili smo se kući, i on je odmah legao. Sada sam sam u sobi i ne znam šta dalje.

Imam osećaj da se raspadam. Nesreća me prati. Počeo sam da pijem, loše se hranim i smršao sam. Nešto mi nedostaje, i tačno znam šta – ali to ne mogu da imam. Trebam te, Mila, ili ću se raspasti. Zašto mi to radiš? Zašto ne ostaviš sve i dođeš kod mene? Samo ti možeš da mi pomogneš.

Volim te, i kad budeš čitala ovo, možda ćeš posumnjati, ali volim te na svoj način. Možda ne razumeš, ali biti ovako daleko i sam – to se ne može podneti. Ne znam kako ću izdržati još dve godine. Ne želim da se oženim drugom; toliko mi je stalo do tebe. Bojim se da ću se razboleti i raspasti. Pokušavam da nađem nešto što će mi pomoći da lakše čekam, ali ništa ne pomaže – ni devojke, ni ples, ni zabava, ni prijatelji. Samo mislim na povratak kući, ali ne mogu, ne posle tvog poslednjeg pisma. Samo bih se ponovo razočarao. Kao da mi je suđeno da čekam – ili da se raspadnem.

Odavno nisam dobio tvoje pismo, i to me brine. Ne mislim ništa loše; nisam ni od mame ništa čuo, pa možda pošta kasni.

Možda sutra zamenim auto za drugi model, ali ništa nije sigurno. I tako to ide. Možda sam lud što te volim i čekam, ali takav sam. Da mogu da te zaboravim, zaboravio bih, ali ne mogu. Volim te i uvek ću te voleti. Moraš biti moja, i tada ću biti srećan, i ti takođe, jer naša ljubav je prava i suđeni smo jedno drugom. Doći će dan naše sreće. "Srećni zajedno."

Aleksa: 21. jul 1969.

Draga moja Mila,

Danas su mi misli teške, a srce boli. Trudim se da se zauzmem nečim, ali šta god da radim, ti si mi stalno u mislima. Svaki dan bez tebe deluje kao večnost, i pitam se dokle ću ovako moći da izdržim. Posle svega sa Bogdanom i kolima, pokušavam da se fokusiram na posao, ali postaje sve teže. Hladnoća je nepodnošljiva, a dugi radni sati me iscrpljuju. Imam osećaj da samo mehanički prolazim kroz dan, čekajući da se nešto promeni, čekajući tebe.

Dani su mi se stopili u jedno – rutina rada, hladnoće i misli o tebi. Stalno sebi govorim da je ovo privremeno, da ćemo jednog dana biti zajedno i da će sve ovo imati smisla. Ali taj dan deluje tako daleko, a samoća me guši. Već dugo nisam dobio tvoje pismo. Svakog dana proveravam poštu, nadajući se nekoj poruci, nekom znaku da još misliš na mene. Ali nema ničega. Trudim se da se ne brinem, da sebi kažem kako si zauzeta i da imaš svoj život, ali teško je. Tišina je zaglušujuća i hrani moje strahove. Šta ako se nešto dogodilo? Šta ako si nastavila dalje?

Ta pomisao me plaši, ali je potiskujem jer moram da verujem da je naša ljubav dovoljno jaka da sve ovo preživi. Sinoć sam opet izašao, pokušavajući da pobegnem od svojih misli. Upoznao sam neke nove ljude, malo plesao, ali srce mi nije bilo u tome. Devojke su bile fine, ali nisu bile ti. Niko se ne može uporediti s tobom, i opet sam otišao kući ranije, sam sa svojim mislima. To mi se stalno ponavlja. Izađem, pokušam da se zabavim, ali uvek završim misleći na tebe, nedostaješ mi, trebaš mi. Ne znam koliko još mogu ovako da izdržim. Ova udaljenost me guši, imam osećaj da gubim sebe.

Svaki dan je borba da nastavim, da pronađem razlog za osmeh, da se nadam. Ali nada mi bledi, a sve što želim je da budem s tobom. Sanjam o danu kada ćemo biti zajedno, kada će ova noćna mora završiti i kada ćemo konačno biti srećni. Ali do tada, sve što mogu jeste da čekam i nadam se da si još uvek tu, da si još uvek moja. Molim te, piši mi. Reci mi da me voliš, da me i ti čekaš. Trebaju mi tvoje reči, da osetim tvoju ljubav preko ove daljine. Bez tebe sam izgubljen. Volim te više nego što reči mogu reći, i čekaću te zauvek ako moram. Ali nadam se da to neće trajati tako dugo. Nadam se da ćemo uskoro biti zajedno i da će sav ovaj bol biti samo daleka uspomena.

Poljupci od tvog Aleksa

Aleksa: 25. jul 1969.

Bio sam srećan kad mi je šef uručio tvoje pismo, ali moram priznati, osetio sam talas razočaranja dok sam ga čitao. Delo mi je hladno, bez topline na koju sam navikao u tvojim rečima. Pišeš da treba da se vratim jer ne možeš da živiš bez mene, ali ne pitaš da li ja mogu isto. Kao da misliš da ovde živim kao neki gospodin, ali to je moja greška. Nisam ti bio potpuno iskren o svojoj situaciji jer nisam hteo da te brinem.

Istina je da se mučim. Živim u pristojnoj kući, ali ona me košta 8 dolara nedeljno, što nije malo. Morao sam da napustim posao u šumi jer je kiša rad učinila gotovo nemogućim. Posle odbitaka za testeru i benzin, ostalo mi je samo 4 dolara. Imao sam sreću da dobijem dva dana posla u fabrici za 15 dolara, ali to jedva da je dovoljno. Bogdan je u istoj situaciji, zarađuje samo 4 dolara, a ja mu još dugujem za kola. Sledeće nedelje ćemo opet jesti samo krompir, kao i ove nedelje. Možeš li da zamisliš da živiš samo na krompiru celu nedelju, u ovoj navodno zemlji prilika – mestu o kojem svi sanjate da dođete?

Lako je kada stigneš u već pripremljenu situaciju, sa prijateljima i novcem koji te podržavaju. Ali ja to ne vidim tako. Tražiš od mene da se vratim kući, a tvoje reči su prepune fizičke želje – kao da je to sve što postoji. Ne žudim samo za dodirom, već za osećajem iza njega.

Za mene, ljubav mora da bude na prvom mestu. Sve što radimo – kao dvoje ljudi koji se duboko vole – mora da bude vođeno ljubavlju, a ne samo željom.

Molim te, nemoj ovo shvatiti pogrešno. Ove misli mi već dugo leže na srcu. Volim te, iskreno, i žudim za danom kada ćemo opet biti zajedno. Ali ponekad se pitam – da li ti zaista razumeš šta znači graditi život zajedno? Tvoje reči me nateraju da se zapitam da li sanjamo istu budućnost.

Imam osećaj da odustajem. Šta ako se vratim kući i provedemo još dve godine kao pre? Poludeću. Deluje kao da se čuvaš za nekog drugog, iako znaš da ćeš mi biti žena. Otišao sam na kraj sveta zbog tebe, ali ti ne znaš koliko sam propatio. Postao sam nervozan i iscrpljen. Tražiš da se vratim, i ja ću to učiniti iz ljubavi jer te volim. Ti si moj san, a ja sam tvoj rob – ništa više. Nećeš naći drugog budalu kao što sam ja. Protraćio sam skoro dve godine života jer nisam imao nekog pored sebe da mi sve to olakša. Moj jedini greh je što te volim previše i što nemam snage da odem.

Zauvek tvoj,

Aleksa

Šok zbog izdaje, ili sam barem tako mislio...

Dok se prisećam svojih dnevničkih zapisa iz 1969. godine, osećam mešavinu emocija. U to vreme bio sam uhvaćen u svakodnevnu borbu za preživljavanje, pokušavajući da izgradim novi život u Australiji i da se nosim sa izazovima veze na daljinu sa Milom. Zapisi pokazuju moje borbe sa usamljenošću, novčanim problemima i sve većim sumnjama u našu vezu.

Zaposlenje kao prvi klasni mašinista u Orange-u bilo je prekretnica. Royal Hotel, nekada usamljeno mesto, sada je bio ispunjen smehom i prijateljstvom. Osećao sam da pripadam. Dani brige oko novca počeli su da blede jer je moja nedeljna plata od 35 dolara pokrivala osnovne potrebe. Iako to nije bilo koliko sam zarađivao u Sidneju, pružilo mi je stabilnost koja mi je bila potrebna.

Sa više novca, mogao sam da priuštim bolju hranu, ali su moja pisma Mili počela da odražavaju moju zabrinutost. Postavljao sam pitanja, pokušavao da se povežem, ali njeni odgovori su me zbunjivali. Rekla je da sam ćutao, što nije imalo smisla i samo je pogoršalo stvari. Naše reči su zvučale kao odjeci u ogromnom praznom prostoru, nesposobne da nas ponovo zbliže.

Onda je stiglo pismo od Miline majke koje je promenilo sve. Napisala je da Mila provodi noći sa različitim momcima, sugerišući da mi nije verna, što me duboko povredilo. Milina majka, koju sam uvek poštovao, savetovala me je da nastavim dalje i ostavim bol iza sebe.

Osećao sam kako mi se svet ruši zbog izdaje. Zbunjen, pitao sam svoju majku da li je to istina. Njene reči su se poklopile sa tvrdnjama Miline majke i bio sam skrhan. Tada su pisma putovala nedeljama i za to vreme su nesporazumi samo rasli. Osećao sam se zarobljen u mreži sumnje.

Verovatno sam trebalo da pitam prijatelje kod kuće za objašnjenje, ali bol mi je pomutio rasuđivanje. Napisao sam ono što sam mislio da će biti poslednje pismo Mili, izražavajući razočaranje i vraćajući neke njene fotografije. Deo mene nije mogao da je pusti, čak ni uz svu bol i osećaj izdaje. Nadao sam se da su optužbe lažne, ali sve je delovalo previše. Ispisao sam svu svoju tugu u našem dnevniku:

Aleksa: 27. jul 1969.

Imao sam osećaj da nešto nije u redu. Danas sam dobio pismo od Miline majke, i ono je otkrilo celu istinu o Mili. Više nije ona ista osoba. Možda me još voli, ali joj je nedostajala zabava i počela je da se svađa. Ne mogu da opišem kako sam se osećao kad sam pročitao to pismo – srce mi se srušilo, i izgubio sam svaku nadu. Čekao sam je, verujući da je verna, misleći da nema druge devojke kao što je ona, ali sam pogrešio. Ista je kao i sve druge, možda i gora, jer je pokušala da me prevari – i uspela je dok mi njena majka nije rekla sve.

Dakle, ovo je kraj naše tobožnje uzvišene ljubavi, naše lažne ljubavi, jer ti mene zapravo ne voliš. Htela si da čekam dve godine dok ne završiš školu, pa da te povedem da vidiš svet.

Ali, pogrešila si, Mila. I dalje te volim, ali više te ne želim za ženu jer se plašim da bi mi život uništila svojim lažima. Uvek kada sam bio razočaran, pronalazio sam utehu u tebi, kao kod Boga, ali sada sam i tebe izgubio.

Nisi napisala da je kraj, ali posle svega ovoga, ja te više ne želim. Deo mene želi da ti oprosti, ali ako to uradim, potpuno ću se slomiti. Treba mi neko, inače ću poludeti. Pokušavam da nađem devojku ovde, nekog da bude sa mnom, da mi pomogne da te zaboravim. Čim skupim dovoljno novca za put, dolazim kući. Neću imati mnogo novca ni stvari, ali ću biti mnogo mudriji. Zašto sam tako nesrećan? Osvojim najlepše devojke na igrankama, svi mi zavide. U petak je to bila Nemica, ali nije se vratila u subotu. U subotu je bila Australijanka Keri; s njom sam proveo celo veče. Odlučio sam da ću se oženiti. Teško je naći nekog, ne samo meni, već i Australijancima. Neće me biti briga da li je devica – prošlost nije važna, samo budućnost. Treba da te zaboravim, Mila, ali to je mnogo teže nego što sam mislio. Jedno razočaranje za drugim. Dosta za večeras; idem da spavam, ili bolje rečeno, da se mučim sa svojim mislima.

Kasnije sam saznao da je sve to bio niz nesporazuma i pogrešnih informacija. Mila je bila žrtva zlobnih tračeva, i priče koje sam čuo nisu bile istinite. Ali ožiljci tog vremena su ostali sa mnom i promenili naše živote na načine koje nisam mogao da zamislim.

Bio sam mlad čovek koji se borio sa ljubavlju, izdajom i surovim životnim istinama. Moja reakcija na te optužbe došla je iz bola i konfuzije, očajnički pokušaj da se zaštitim. Ali u tome sam propustio da vidim Milinu bol. Nisam postavio prava pitanja, niti sam pokušao da pogledam dublje i pronađem istinu.

Njeni dnevnici, puni tuge, čežnje i tereta jedne naizgled izgubljene ljubavi, i dalje mi odzvanjaju u mislima. Njene reči me podsećaju na komplikovanu mešavinu osećanja koja su definisala naš odnos – ljubav, izdaju, oproštaj i trnovit put ka razumevanju.

U to vreme sam bio previše zaokupljen sopstvenim bolom da bih video njen. Previše uplašen da shvatim šta smo zaista izgubili.

Vreme mi je donelo uvid. Iako ne mogu da promenim prošlost, nešto sam iz nje naučio. Naša priča je priča o pronalaženju i gubitku ljubavi, o greškama i traženju oproštaja. Pokazuje da je put ka izlečenju često pun bola – ali i nade. Milino putovanje kroz izdaju, gubitak i pronalaženje mira odražava i moje, dok smo oboje pokušavali da pronađemo put nazad ka onome što smo nekada delili.

Aleksa: 4. oktobar 1969.

Kao i uvek, posle duže pauze, konačno imam nešto da zapišem. Konačno sam izašao iz finansijskih problema i trudim se da budem pametniji sada. Kupio sam još jedan auto. Nije u savršenom stanju, ali mogu da ga popravim. Onda ću zameniti ta dva za jedan bolji.

Što se tebe tiče, draga moja, sada je sve u redu. Sva ona briga bila je bez razloga, ali pokazuje koliko te volim. Mislio sam da je ono što je tvoja majka napisala istina. I ne mogu čak ni svojoj majci da verujem — ne zato što laže, već zato što veruje svemu što čuje i piše mi misleći da je to istina, pa tek kasnije shvati da nije. Tako je to jednostavno kod kuće — majke dele vesti s dobrom namerom, ali to često sve ispadne pomešano.

Odgovorio sam ti na pismo pre tri dana. Danas sam ti poslao tri gramofonske ploče. Znam da će te to obradovati. Ne kupujem više ploče za sebe; šaljem ih tebi jer svakog dana ovde čujem dobru muziku. Kupio sam i gitaru, pa se njome zabavljam. Mnogo toga sam zaboravio, ali polako se vraćam u formu. Danas ne radim, a još su dva dana praznika, tako da imam vremena.

Još nisam kupio aparat za varenje, pa ne mogu da popravim auto. Odlučio sam da ostanem ovde i da ne idem kući — to bi me previše koštalo. Bolje je ovako — već smo pregurali više od pola, izguraćemo i ostatak. Pisala si o svom bratu i da želi da dođe ovde jer nema posla. Bio sam iskren — ne mogu da pomognem oko toga. Trudim se da budem iskren, Mila, ali teško je kad se stvari stalno menjaju. Ali jednu stvar znam sigurno: volim te i nadam se da ćemo nekako uspeti, iako nas deli tolika daljina.

Hajde da nastavimo dalje, bez obzira koliko teško bilo.

S ljubavlju,

Aleksa

Aleksa: 14. oktobar 1969.

Kupio sam novi auto, Fiat 2300. Stvarno sam srećan zbog toga. Danas sam dobio tvoje pismo, i podiglo mi je raspoloženje jer si me podsetila na svoja osećanja. Čudno mi je da pišem o drugim devojkama ovde.

U pismu si me zamolila da budem iskren i da ne krijem istinu – da pišem o devojkama. To sada i radim – ali u dnevniku, ne u pismu, jer bi to moglo imati posledice.

Aleksa: 15. oktobar 1969.

Napolju pada jaka kiša i osećam se strašno dosadno. U dane kao što je ovaj, sve mi je grozno. Šta da radim kada sam sam? Pustio sam malo muzike, ali i to je postalo dosadno. Ne mogu da spavam, a nemam kome da pišem jer sam ti već poslao odgovor. Da nije kiše, ne bih se ovako dosađivao. Obično stojim ispred kuće i uvek naiđe neko, ili neka devojka, da proćaskaš s njom.

Eh, da si barem ti ovde da mi popraviš raspoloženje. Dani poput ovog me bace u očaj. Samo čekam petak i platu, ali neću imati mnogo. Moram da odvojim 20 dolara za auto, 6 za kiriju – ostaje mi samo 10 za hranu. Nije mnogo. Bar sam to izbacio iz sebe. Automobili uvek koštaju, a ne volim da pešačim. Ipak, srećan sam jer je stvarno lep auto. U fabrici mi zavide – novi momak, a već ima tako lep auto. Ne znaju koliko sam uštedeo, ni koliko još moram da štedim dok ti ne dođeš. Polako ću sve isplatiti, a onda ću ga zameniti za Ford Mustang.

Ozbiljno razmišljam o povratku u Sidnej. Ovde je plata preniska. Na putu do Orindža sreo sam jednog Mađara koji ima svoju fabriku. Ponudio mi je posao tokara, s platom od 70-80 dolara nedeljno, što je mnogo bolje. Rekao je da mogu da mu se javim kad god poželim i da će me zaposliti.

Ali ne želim da odem pre praznika. Od 19. decembra do 4. januara imamo plaćen godišnji odmor, a ako odem sada, neću ga dobiti. Zato ću sačekati posle Nove godine, pa ću ga onda potražiti. Ako me primi – idem.

Biće mi žao da napustim Orindž – to je lep grad, i imam mnogo prijatelja ovde. Biće teško početi iznova tamo. Ali sa dobrim kolima, mogu da dolazim subotom u posetu. To su za sada samo planovi, ima još vremena do tada.

Dok sam sve ovo pisao, uhvatila me pospanost, pa idem u krevet. Laku noć, ljubavi. Verovatno si sada na poslednjem času u školi i spremaš se da ideš kući. To je sve za sada, dok ne bude novih vesti iz mog života. Laku noć, ljubavi moja. Moram sada da budem dobar i da idem da spavam.

Brak iz osvete

Gubitak Mile u meni je probudio snažnu želju za osvetom. Ostao sam sa pitanjima koja će se tokom narednih 35 godina pretvoriti u misterije. Da li me je zaista prestala voleti? Nikada nisam dobio jasan odgovor, a delimično sam krivio to što tada nismo imali savremena sredstva komunikacije kao danas. Ali, da li je to bio kraj naše velike ljubavne priče?

Bio sam besan i slomljenog srca. Želeo sam svoju osvetu.

Počeo sam da preuveličavam u našem dnevniku priče o ženama koje sam sretao.

> Subota je, osam ujutru. Probudio sam se rano, iako sam kasno došao kući, jer se sinoć Bogdan napio i uzeo auto od jednog drugog Slovenca. Morao sam da vratim auto vlasniku, jer Bogdan ne može da vozi po gradu, čak ni kad je trezan.
>
> Sinoć sam opet otišao na igranku. Keri je došla, ali sa bivšim dečkom. Kad me je videla, odmah je prišla, izvinila se, i oni su se posvađali zbog mene, pa je otišla sama. Taj dečko verovatno ni ne zna da je svađa bila zbog mene. Izgleda da postajem prilično popularan. Nisam nikoga pitao za ples — one su mene pitale, i one koje poznajem i one koje ne poznajem. Neke su se čak i posvađale zbog mene, pa smo morali da bacamo šibice da odlučimo koja će igrati sa mnom. Ljubavi moja, trebalo bi da vidiš te devojke i koliko sam popularan.
>
> Ovde sam stvarno preterao, prikazavši sebe kao nekog gospodina Popularnog i hvalisavca. Sve je to bila reakcija na pismo Miline majke. I meni je ovaj dnevnik služio kao izduvni ventil — način da izbacim svoja osećanja.
>
> A onda sam upoznao Meril, mladu i privlačnu devojku, otprilike Milinih godina. Dolazila je iz velike i siromašne porodice, i pomislio sam da mogu da joj pružim bolji život. Možda sam, u svojoj glavi, pokušavao da se sklonim od sopstvenog bola, pogrešan pokušaj da popunim prazninu koju je Mila ostavila.

Aleksa: 20. oktobar 1969.

> Bio sam danas s Meril. Jadnica, voli me bezuslovno, a mene svaki put obuzme osećaj krivice kad je pogledam. Drhti kad je dotaknem, drži me kao da se boji da ću otići. Rekao sam joj:

„Kad nestane sjaj sreće iz tvojih očiju, tada ću otići, jer će to značiti da me više ne voliš." Ali duboko u sebi znam da nešto nije u redu sa mnom. Ne mogu da prestanem da mislim na tebe i na Meril – moj um je bojno polje. Možda sam, na neki čudan način, ponovo zaljubljen. Meril je prelepa, dobra i puna ljubavi prema meni, ali baš to mi stalno vraća sećanja na tebe. Pitam se da li si me ikada gledala s istom radošću. Da li je tvoja ljubav ikada bila čista kao što sada izgleda njena?

Sećam se kad sam se vratio iz vojske – Meril me dočekala s istom toplinom kao i svakog dana sada, kao da je moj dolazak najveći poklon. Mislim, ako se stvarno zaljubim u nju, možda ću ti pisati i zamoliti te da napustiš školu i dođeš odmah. Samo ti bi mogla da učiniš da volim još više. Ostavio bih je zbog tebe bez razmišljanja, ali čak i dok pišem ove reči, osećam kao da pokušavam sebe da ubedim u nešto u šta nisam siguran. Srce mi je rastrzano, a sama pomisao da se oženim Meril deluje kao da bi to bila i sigurnost i kazna u isto vreme..

Aleksa: 8. novembar 1969, subota

Mnogo toga se dogodilo ove nedelje. Moja veza s Meril postaje dublja i deo mene želi da je zadrži. Ali onda si tu ti. Ne mogu da te pustim – previše te volim.

A onda se setim pisama tvoje majke i moje, koja su potvrdila sumnje koje su me progonile. Nisam bio iznenađen; znao sam da si verovatno našla nekog drugog. Mogu to da razumem, ali ono što ne mogu da oprostim jeste način na koji si to skrivala od mene, sve dok mi tvoja majka konačno nije rekla istinu. Osećam se kao budala. Navela si me da verujem da je sve između nas i dalje isto. Ali više nije važno. Neću ti dozvoliti da me i dalje obmanjuješ slatkim rečima i obećanjima. Nećeš doći pre nego što ti škola počne, i meni je dosta. Danas sam rekao Meril da ću je oženiti.

Uz dozvolu Merilinih roditelja, venčali smo se u katoličkoj crkvi u decembru 1969. godine. Detalji su kasnije izbledeli, zamagljeni emocijama tih dana. Srce mi je bilo teško od gorčine i kajanja.

Ubeđivao sam sebe da je to novi početak, sveža stranica. Ali istina je da je to bio očajnički pokušaj da nastavim dalje i zaboravim uspomene koje su me još uvek progonile.

U tom vrtlogu emocija, okrenuo sam se našem dnevniku da zabeležim svoje misli. Pisao sam kao pomahnitao, nadajući se da će mi reči na papiru doneti jasnoću – ili barem privremeno olakšanje. Moji zapisi iz tog perioda pokazuju unutrašnju borbu kroz koju sam prolazio – borbu između puštanja prošlosti i držanja za ljubav koju sam izgubio.

Aleksa: 30. decembar 1969.

Danas sam izgubljen u vihoru emocija. Oženio sam Meril prošle nedelje, ali i dalje osećam kao da nešto nedostaje. Gledam je pored sebe, kako se smeši s nadom, i pitam se da li oseća moju unutrašnju borbu. Da li zna da je moje srce još uvek zarobljeno negde drugde? Stalno se pitam da li sam doneo pravu odluku.

Ovo je trebalo da bude novi početak, način da zaboravim Milu i sve što je dolazilo s njom. Ali evo me, opet pišem u ovaj dnevnik koji je nekada bio naš. Kao da pokušavam da zadržim deo onoga što smo imali. Osećam se kao da živim dva života, zaglavljen između prošlosti i sadašnjosti. Meril je dobra, i vidim u njenim očima da želi da gradi život sa mnom, da stvori nešto smisleno. Ali svaki put kad je pogledam, setim se onoga što sam izgubio.

Ona nije Mila, i osećam krivicu što je upoređujem s njom. Zaslužuje više od čoveka koji je samo napola prisutan.

Trudim se da budem dobar prema njoj, da joj pokažem nežnost i pažnju, ali postoji hladnoća u mom srcu koju ne mogu da zagrejem.

Aleksa: 5. januar 1970.

Dani prolaze u magli. Meril se polako navikava na naš novi život, trudi se da naš mali stan pretvori u dom. Priča o budućnosti, o deci, o životu koji bismo mogli imati zajedno. Smešim se i klimam glavom, ali moj um luta negde drugde. Stalno mi se vraćaju misli o Mili, pitam se šta radi, da li je srećna.

Danas sam čuo pesmu koja me je podsetila na nju. Ne sećam se ni naslova, ali probudila je toliko uspomena. Na trenutak mi se činilo kao da mogu da dotaknem prošlost, kao da stoji pored mene, s onim osmehom koji sam toliko voleo. Ali taj trenutak je brzo prošao, i ostao sam da se suočim s teškom istinom svojih izbora.

Osećam kao da živim laž. Hteo sam osvetu, da dokažem da mogu da nastavim dalje, da mi Mila nije potrebna. A sada osećam samo prazninu. Meril je dobra žena i zaslužuje muža koji je u potpunosti voli. Trudim se, ali svaki dan je borba. Ne znam koliko još mogu ovako.

Aleksa: 15. januar 1970.

Meril me danas pitala da li sam srećan. Nisam znao šta da odgovorim. Rekao sam joj da jesam, ali mislim da je osetila oklevanje u mom glasu. Nije me pritiskala, ali sam video zabrinutost u njenim očima. Osećam da izdajem i nju i sebe. Mislio sam da će me brak s njom izlečiti od slomljenog srca, ali to ne funkcioniše..

Nadam se da će vreme sve popraviti, da ću s vremenom zaboraviti Milu i da će uspomene izbledeti, kako bih mogao u potpunosti da se posvetim ovom novom životu. Ali vreme samo čini prazninu još dubljom. Zameram Mili što još uvek ima vlast nad mojim srcem, iako znam da nije kriva. Ona nije zlikovac – ja sam taj koji pokušava da zameni nešto što se ne može zameniti.

Bio sam mlad čovek zaslepljen bolom, uhvaćen u krug osvete i kajanja. Pokušaj da nastavim dalje samo je povredio mene i druge koji to nisu zaslužili. Meril je povređena jer nisam mogao da pustim prošlost. Mislio sam da tražim pravdu za svoje slomljeno srce. Ali zapravo, samo sam produbljivao svoje rane.

Godine koje su usledile otkrile su mi istine na koje nisam bio spreman, a moje putovanje ka razumevanju i oproštaju bilo je dugo i teško. Ali ovi zapisi u dnevniku, ove iskrene ispovesti jednog uzdrmanog srca, podsećaju me na lekcije koje sam naučio – važnost iskrenosti, vrednost prave ljubavi i potrebu da se suočimo sa sopstvenim demonima.

Vreme je možda olabavilo neke od veza koje su me držale, ali me je i naučilo da ljubav nikada nije potpuno izgubljena. Ona se menja, razvija i ponekad bledi, ali uvek ostavlja trag, lekciju ili uspomenu koja oblikuje ono što postajemo. I u tome postoji iskupljenje.

Dok ponovo čitam ove zapise, vidim očaj u svojim rečima i unutrašnju borbu koja mi je obeležila život. Moja ljubav prema Mili je i dalje bila snažna, ali osećaj izdaje, bilo da je bio stvaran ili ne, naterao me je da donesem odluke koje su mi promenile život. Meril je postala moj način da se nosim s tim, štit od duboke tuge zbog gubitka Mile.

Ali senka te tuge visila je nad mojim srcem, a odluke koje sam donosio u toj magli bola i zbunjenosti imale su posledice koje nisam mogao ni da zamislim. Osećao sam se zarobljen u sumnji i ogorčenju. Nisam mogao da pustim Milu, ali nisam mogao ni u potpunosti da se posvetim Meril. Sada vidim da sam tražio utehu na pogrešnim mestima, pokušavajući da popunim prazninu koju je Mila ostavila.

Meril je bila nevina u svemu tome, uhvaćena u sred ljubavi koja se raspadala.

Istorija – Na ivici Trećeg svetskog rata

Zaboravljena kriza Jugoslavije

Početkom 1970-ih, dobio sam pismo od majke koje je zauvek promenilo način na koji sam shvatao krhkost mira i senku rata koja je visila nad našim životima. Pismo je stiglo jednog sivog jutra, isporučeno sasvim običnim putem, ali njegov sadržaj bio je sve samo ne običan.

„Dragi sine", počinjalo je njenim poznatim rukopisom, urednim i preciznim. „Nadam se da te ovo pismo zatiče zdravog i dobrog duha. Ovde je napeto. Svi tvoji prijatelji, oni s kojima si odrastao, ponovo su pozvani u vojsku. Stacionirani su na mađarskoj granici, kopaju rovove i pripremaju se za nešto što se svi molimo da se nikada ne dogodi. Sovjeti se približavaju, i svi se plaše da bi mogli preći u Jugoslaviju. Zadržavamo dah, nadajući se da će ova oluja proći."

Dok sam čitao te reči, obuzeo me je ledeni osećaj. Moji prijatelji iz detinjstva, oni s kojima sam delio smeh i snove, sada su se pripremali za nezamislivo – moguću sovjetsku invaziju. U glavi su mi se rojila pitanja. Kako smo došli do ovoga? Da li je ovo naša verzija Kubanske raketne krize – na ivici katastrofe?

Kontekst pisma bio je duboko ukorenjen u složenoj geopolitičkoj klimi Hladnog rata. Jugoslavija, pod vođstvom predsednika Josipa Broza Tita, zauzimala je delikatnu poziciju. Tito je 1948. prekinuo odnose sa Staljinom i od tada vodio Jugoslaviju putem socijalizma nezavisnog od sovjetske kontrole. To nas je učinilo trnom u oku Istočnog bloka, ali i ključnim saveznikom Zapada. Događaji iz 1968. postavili su osnovu za tenzije koje smo tada osećali.

Kada je Sovjetski Savez izvršio invaziju na Čehoslovačku kako bi ugušio Praško proleće, Jugoslavija je sve to posmatrala s oprezom, znajući da je naša nezavisnost može učiniti sledećom metom.

Titovo vođstvo obezbedilo je da naša vojska bude dobro pripremljena, ali strah od sovjetske agresije nikada nije bio daleko.

Prema pismu moje majke, kružile su glasine da je predsednik Tito tiho tražio garancije od Sjedinjenih Američkih Država. Iako se Jugoslavija ponosila svojom nesvrstanom pozicijom, situacija je delovala dovoljno ozbiljno da zahteva pragmatičan pristup. Govorilo se da su američki ratni brodovi dobili dozvolu da patroliraju blizu dalmatinske obale – tiha ali jasna poruka Sovjetima: svaki napad na Jugoslaviju neće ostati bez odgovora.

U pozadini svega toga bila je i značajna poseta predsednika SAD-a Ričarda Niksona Jugoslaviji 30. septembra 1970. Njegovo putovanje, koje je uključivalo i zaustavljanje u Zagrebu, predstavljalo je jasan signal zapadne podrške jugoslovenskoj nezavisnosti i nesvrstanom stavu. Iako sam tada već bio u Australiji gotovo dve godine, vest o Niksonovoj poseti stigla je do mene i donela osećaj olakšanja. Bila je to javna demonstracija solidarnosti, ali možda su iza zatvorenih vrata bile date i ozbiljnije garancije.

Sovjeti su, činilo se, testirali granice. Nagomilali su trupe blizu mađarske granice, pokazujući silu i ispitujući koliko daleko mogu ići pre nego što izazovu odgovor. Nedeljama je atmosfera u pograničnim oblastima bila napeta. Vojnici u rovovima, majke u molitvi, deca koja su pokušavala da razumeju šapatima prenete glasine. Bio je to trenutak zaleđen u vremenu, predigra mira – ili katastrofe.

Najviše me je pogodilo, dok sam razmišljao o majčinom pismu, koliko smo bili blizu nečeg nepovratnog. Ovo nije bio događaj koji je ušao u udžbenike, poput Kubanske raketne krize koja je osvojila svetske naslovne strane i urezala se u kolektivno sećanje Hladnog rata. Ali, po mom mišljenju, bio je podjednako značajan – ako ne i više – za nas koji smo živeli pod njegovom senkom. Svet je zadržao dah dok su se Sovjeti na kraju povukli, završen je njihov test.

Možda je tiha pretnja američkog prisustva odigrala ključnu ulogu, a možda je to bio samo proračunat potez da se izbegne rizik od izbijanja trećeg svetskog rata. Kako god bilo, katastrofa je izbegnuta – ali za dlaku.

Dok sedim ovde i pišem o ovom davno zaboravljenom poglavlju istorije, ne mogu da ne osetim duboku zahvalnost. Zahvalnost što su razumniji glasovi prevladali, što vojnici na granici nisu morali da iskuse užase sovjetskog napada, i što sam doživeo da ovu priču ispričam.

Pismo moje majke je podsetnik na to koliko je mir zapravo krhak i koliko smo bili blizu da sve izgubimo. Ovaj događaj možda nema istu slavu kao Kubanska kriza, ali zaslužuje da se pamti. To je bio trenutak kada je sudbina jedne nacije, a možda i sveta, visila o koncu. A za nas koji smo to proživeli – to je poglavlje koje nikada nećemo zaboraviti.

Odvojeni životi Alekse i Mile

U potrazi za ljubavlju

Nakon što sam se oženio Meril, krenuli smo na put za Sidnej u mom Fijatu. Bio je to skroman auto, ali tada sam ga smatrao pravom lepotom – posebno jer smo imali malo novca i nismo imali stalni dom. Pronašli smo privremeni smeštaj kod jedne srpske porodice, i tu je zapravo započeo naš zajednički život. Živeći s njima, otvorile su mi se oči za izazove s kojima su se suočavali mnogi imigranti.

Jedne večeri sam ušao u dnevnu sobu i video sve okupljene oko crno-bele televizije, ali je zvuk bio isključen. Pitao sam da li nešto nije u redu.

„Zašto uopšte, ionako ne kapiramo," odgovorili su slegnuvši ramenima. Tada sam shvatio koliko je lako osećati se isključenim iz sveta kada ne razumeš jezik. Ali nisam dozvolio da to bude moja sudbina. Dao sam sebi zadatak da naučim engleski, provodeći sate ispred televizora sa pojačanim zvukom, posebno gledajući australijske emisije. Bio sam odlučan da izgubim svoj mađarski akcenat, nateran bolom zbog toga što su me nazivali „you bloody wog" – uvreda koja me je svaki put bolela do srži.

Ubrzo smo se iselili i iznajmili malu kuću sa dve spavaće sobe u Haris Parku. Nije to bilo mnogo, ali bilo je naše. Vremenom, međutim, pukotine u našem novom životu počele su da se pojavljuju.

Zategnut brak

Meril je postajala sve sumnjičavija, uverena da imam aferu s mladom devojkom koja je svakog dana prolazila pored naše kuće. Usporavala bi korak kod kapije, možda samo nadajući se da će me videti. To je bilo dovoljno da probudi Meriline nesigurnosti.

„Jedva da imamo nameštaj," rekao sam joj tokom jedne od naših svađa. „Dajem sve od sebe, ali trenutno ne mogu da zaradim više. Ako želiš više, možda bi mogla da nađeš posao i pomogneš."

Oči su joj se suzile, a glas postao oštar. „Znači sada hoćeš da me nateraš da radim? Je l' to?"

„Ne, nisam to mislio," pokušao sam da objasnim, ali moje reči su samo dodatno potvrdile njene strahove. Meriline nesigurnosti pretvarale su sve što sam rekao u dokaz da sam je izneverio.

Dogovorili smo se da nećemo imati decu dok ne postanemo stabilniji, ali Meril je u tajnosti prestala da uzima kontracepciju, verujući da će nas beba zauvek vezati. Kada sam saznao da je trudna, bio sam besan. Nisam bio spreman da postanem otac. Nisam voleo Meril, i sama pomisao da odgajam decu u tako zategnutoj situaciji ispunjavala me je strepnjom.

Ali kada se Elen rodila 1971. godine – sve se promenilo.

Postajem otac

Šetao sam sterilnim bolničkim hodnicima, srce mi je lupalo od straha i iščekivanja. Očevima tada nije bilo dozvoljeno da budu u porođajnoj sali, pa sam morao da čekam napolju, dok su mi misli jurile bez reda. Kada se napokon pojavila sestra, njen glas presekao je moje uznemirene misli.

„Gospodine Család, dobili ste devojčicu."

Zanemeo sam. Njene reči su mi odzvanjale u glavi, ali nisam ih odmah shvatio. Moja ćerka. Moja. Gledajući to malo, bespomoćno biće, shvatio sam da je deo mene – i da sada njen život zavisi od mene. Kada sam konačno uzeo Elen u naručje, nešto se u meni promenilo. Bila je tako mala, tako ranjiva, a ipak se činila kao centar celog univerzuma. Bes i frustracija koje sam nosio zbog Meriline trudnoće istopili su se. Elen me je trebala. I zbog nje, potrudiću se da budem bolji – i da postanem čovek kakav treba da budem.

Znam da me brak s Meril nije naterao da zaboravim Milu – samo je učinio njen izostanak još bolnijim. Svaka svađa, svako nerazumevanje s Meril, podsećalo me je na ono što sam izgubio. Milina ljubav bila je jednostavna, čista, puna razumevanja. S Meril, ljubav je bila borba – kao da se stalno trudimo da nešto dokažemo jedno drugom. Ali život ne dopušta da prepravimo prošlost.

Mila i ja smo donosili odluke koje su nas odvele na različite puteve, a ipak, njena uspomena ostajala je u uglovima mog uma. Čak i dok sam držao Elen u naručju, ili se prepirao s Meril oko sitnica, mogao sam da osetim Milino prisustvo – odjek ljubavi koja nikada nije zaista nestala.

Naša ljubavna priča – Milina i moja – nije se završila razdvajanjem. Ona se protezala kroz vreme, menjajući oblik u tihim trenucima kad sam mislio na nju, u ehu njenih pisama, i u odlukama koje sam donosio.

Iako smo bili razdvojeni, njen uticaj je ostao, oblikujući čoveka kakav sam postao. Na mnogo načina, bila je još uvek sa mnom – njen smeh između redova pisama, njene reči koje su me vodile u trenucima sumnje. Ne znam da li je i ona osećala isto, ali nadam se da jeste.

Priča o Aleksi i Mili nije samo priča o onome što je bilo – to je priča o onome što je moglo biti... i možda, o onome što još uvek može biti.

Paralelni životi – Mila

U međuvremenu, preko okeana, Mila je započinjala novo poglavlje svog života. Vest o mom braku sigurno je stigla do nje preko moje majke, koja ju je posmatrala iz senke kao tihi čuvar. Mogu samo da zamislim kako se Mila osećala kada je čula da sam se oženio drugom. Uvek je bila snažna, ali poznavao sam njeno srce. Mila me je volela duboko, i ovo izdaje sigurno joj je slomilo svet.

Da bi preživela slomljeno srce, zakopala se u učenje. Ali život je imao drugačije planove. Mladić po imenu Nenad, njenih godina, privukao joj je pažnju, i ubrzo su postali par. Mogu samo da naslutim koliko je bila pomešanih osećanja – besna na mene, nesigurna u svoju budućnost, i možda pomalo puna nade u novi početak. Krenuti dalje nije bilo lako. Svaki korak ka novom životu s Nenadom bio je korak dalje od budućnosti koju je jednom zamišljala sa mnom.

Sada shvatam da je sigurno osećala istu mešavinu emocija kao i ja – bes, ljubav, kajanje i bol zbog gubitka nečeg dragocenog.

Vremenom su se Mila i Nenad venčali, pokušavajući da izgrade zajednički život dok su se nosili sa složenostima svog odnosa. Četiri godine je Mila čekala mene, držeći se nade da ćemo možda pronaći put jedno do drugog.

Čak je rekla mojoj sestri da čeka da se razvedem, kako bismo mogli ponovo biti zajedno. Znajući koliko me je volela i koliko sam je povredio, to mi teško pada na dušu.

Dok pišem ove reči, suze mi zamagljuju vid. Nepromišljene odluke koje sam donosio proganjaju me, a pored kajanja, ne mogu da sakrijem ni trn ljubomore. Mila i ja, nekada puni mlade ljubavi, propustili smo nešto izuzetno.

Pitam se: Da li je zaista volela Nenada? Ili je, kao i ja, izabrala nekog drugog – iz bola, praktičnosti ili nade da će krenuti dalje? Nikada to neću znati sa sigurnošću, ali pomisao da me je čekala, čak i dok je pokušavala da izgradi novi život, ispunjava me gorko-slatkim osećanjima.

Naša ljubav, tako snažna a ipak tako krhka, deluje kao nedovršena priča. U nekom drugom životu, da li bismo izabrali drugačije? Da li bismo napisali priču sa srećnijim krajem? Možda su neke veze jednostavno suđene da ostanu, čak i kada se putevi razdvoje. Naša ljubav možda nije pronašla svoj put do večnosti, ali ostaje – kao odjek onoga što je nekada bilo i onoga što je moglo biti.

Mašinski radnik prvog reda

Po povratku u Sidnej, našao sam posao kao mašinski radnik prvog reda kod jednog Mađara. Nije ga bilo briga što nemam papire – ako znam da radim posao, to mu je bilo dovoljno. Radio sam za njega oko šest meseci, dok nije upao u finansijske probleme i morao da me otpusti. Ponovo sam se našao u potrazi za poslom, a moj engleski još uvek nije bio tečan. Srećom, na poslu sam se povezao s jednim mladim mađarskim šegrtom, rođenim u Australiji, koji je govorio savršen engleski. On je pregledao oglase za posao u novinama i pronašao jedan koji je zvučao obećavajuće. Zamolio sam ga da pozove firmu i predstavi se kao ja.

„Zdravo, zovem se Aleksa. Mašinski sam radnik prvog reda. Trenutno radim u Proton Engineering-u, ali tražim izazovniji posao sa boljom platom," rekao je samouvereno.

Odgovor je bio iznenađujući: „Kada možete da počnete?"

On je odgovorio: „Za dve nedelje. Moram da dam otkaz svom trenutnom poslodavcu da bi mogao da nađe zamenu."

Osoba s druge strane je zvučala impresionirano. „Odlično. Možete li doći na razgovor sutra u 15 časova?"

„Naravno, vidimo se tada."

Sutradan sam stigao tačno na vreme – tačnost mi je bila važna. Imao sam plan: da pričam što manje kako ne bi shvatili da nisam onaj koji je razgovarao telefonom. Gazda me odveo u kancelariju, pokazao mi tehničke crteže i pitao mogu li da obavim posao.

„Nema problema," odgovorio sam samouvereno.

Zatim mi je pokazao pogon fabrike i sve je izgledalo kao da ide glatko. Dobio sam posao. U mom slučaju, izreka „Tišina je zlato" nikada nije bila istinitija.

Jedini izazov bio je prelazak na imperijalni sistem mera. U Jugoslaviji smo već prešli na metrički sistem. Kada sam dobio svoj prvi set crteža, nisam imao pojma šta gledam. Nije dolazilo u obzir da pitam gazdu za pomoć, pa sam se obratio kolegi.

„Zdravo, ja sam Aleksa, tek sam počeo ovde," rekao sam. „Više sam upoznat s metričkim sistemom. Možeš li mi pomoći?" Bio je spreman da objasni. Najveća zabuna nastala je kada su mi rekli da „skinemo 32 sekunde". Pomislio sam: Kako, dođavola, da skinem vreme? To nema smisla. Morao sam da pitam, i on se nasmejao dok mi je objašnjavao: „To znači 1/32 inča, što je 0,79375 milimetara."

Na to sam se našalio: „Znači stvarno možeš da skineš 32 sekunde!"

Kad se sreća i brzina sudare

Nakon nekoliko meseci napornog rada, odlučio sam da se počastim. Kupio sam novi automobil – Holden Premier S iz 1970. godine, i obožavao sam ga. Bio je plave boje, elegantan i snažan, sa šestocilindričnim motorom iz Holden Monaro GTS modela. Premier S je obično dolazio sa 161 kubnim inčem (2.6 L) rednim šestocilindričnim motorom, dok je Monaro GTS imao jači motor od 186 kubnih inča (3.0 L). Ako si imao dovoljno novca, mogao si da ga poručiš čak i sa V8 motorom od 307 kubnih inča (5.0 L). Za mene je to bio san koji se ostvario. Voziti taj auto bilo je kao da sam na vrhu sveta.

Ali koliko god da sam ga voleo, auto me je doveo do jednog zaključka: potreban mi je bolje plaćen posao da bih mogao da pratim troškove. Ubrzo sam našao novu poziciju. Na početku je sve delovalo u redu. Radio sam u fabrici, glodao cilindrične livene čaure visine oko 40 cm za klipove. Preciznost je bila ključna – svaki cilindar je morao imati identičnu meru od vrha do dna. Da bih to postigao, postavio sam mašinu da radi na sporijoj brzini. Alat za glodanje je bio dugačak, i ako bih išao prebrzo, mogao bi da se savije i uništi posao.

Ali onda je došao novi šef. Njegov zadatak je bio da „poveća produktivnost", i imao je reputaciju da gura ljude do krajnjih granica.

Jednog dana, dok sam stajao pored mašine i pratio rad, prišao mi je i pitao: „Na kojoj brzini ti radi mašina?"

To je bila stara mašina, bez ikakvih pokazatelja brzine. Nisam znao tačan broj, ali znao sam da je brzina podešena kako treba.

„Nisam siguran," iskreno sam odgovorio, „ali ova brzina je prava za ono što radim." Znao sam zašto me to pita, i bilo mi je dosta. Gledao sam ga kako ide po hali i tera druge da ubrzaju mašine – to me je već iznerviralo. Kada je došao do mene, već sam bio besan.

Mislim da je iz mog odgovora shvatio da tačno znam šta pokušava, i nije mu se to dopalo. Tražio je izgovor da me se reši. Video sam mu to u očima. Namrštio se, ništa nije rekao i samo otišao.

Par minuta kasnije, vratio se i rekao: „Idi po kofu za onaj otpad na sredini radionice."

Bio sam zbunjen.

„Izvinite, gospodine," rekao sam učtivo, „ne mogu da ostavim mašinu bez nadzora, a nisam ni čistač. Čistač je upravo otišao po kofu."

„Ja ti kažem da to uradiš," rekao je oštro.

„Žao mi je, gospodine, ali ne mogu," odgovorio sam. A da budemo iskreni, već sam proveo petnaest dana u zatvoru jer sam odbio naređenje – držati se svojih principa nije mi bilo strano.

Lice mu se zateglo. „Otpušten si. Skloni se od mašine."

Nisam mogao da verujem šta čujem. Otpušten? Zbog kofe?

Cela hala je prisustvovala sceni. Pre nego što sam shvatio šta se dešava, sindikalni predstavnik je počeo da obilazi mašine i govori radnicima da ih isključe. Jedna po jedna, mašine su prestajale sa radom, i ubrzo je cela fabrika izašla napolje u znak protesta.

Stajali smo ispred fabrike dok nisu pozvali sindikalnog predstavnika da ispita slučaj. Posle oko sat vremena, pozvali su me u kancelariju. Rekli su mi da moram da idem jer sam navodno koristio „neprimeren rečnik". Neprimeren rečnik? Nisam znao na šta misle. Jedino što sam rekao bilo je:

„Ovo je prava brzina za ovaj posao."

Možda su to protumačili kao drzak odgovor, ali nije bio neprimeren. U ponedeljak, kada sam došao po platu, razgovarao sam s kolegama i saznao pravu istinu. Novi šef je imao „genijalnu" ideju da ubrza mašine i time poveća produktivnost. Nakon što me je otpustio, rešio je da sam završi posao, ali na višoj brzini. Šta se desilo? Potpuna katastrofa. Alat se savio, cilindar je previše obrađen i neujednačen. Posao je propao, a firma je izgubila 350 dolara – što je tada bila ogromna suma.

Ispostavilo se da čovek nije znao mnogo o mašinstvu. Trebalo je da zna da je prava brzina sve kada se radi sa livenim gvožđem. Sindikat nije mogao da me vrati na posao. Kasnije sam saznao da mu je ugovor dozvoljavao da zapošljava i otpušta koga hoće. Pametno i glupo u isto vreme, ako mene pitaš. Imao je vlast, ali ne i znanje da je koristi kako treba.

Kada se osvrnem, razmišljam kako je nešto tako beznačajno kao što je jedna kofica otpada dovelo do toga da izgubim posao – i da firma izgubi mnogo novca. Bila je to lekcija o tome kako ne treba upravljati ljudima – i kako je ponekad najbolje držati se onoga za šta znaš da je ispravno.

Ubrzo sam našao novi posao – sekao sam navoje za razne komponente. Bio je to stresan posao koji je zahtevao potpunu koncentraciju. Dobio sam probni rok od nedelju dana i bio sam rešen da ostavim dobar utisak. U sredu mi je gazda rekao da ne ispunjavam normu i da ću završiti u petak.

Besan i razočaran, spakovao sam alat i otišao bez da sam pokupio platu – odluka koju i danas žalim. Ponos me je skupo koštao, ali brzo sam našao novi posao.

Balansiranje porodičnog života

Kako je naša porodica rasla, tako su rasli i troškovi. Bebi je trebalo sve više, kući je trebalo sve više, i uvek se činilo da nikad nemamo dovoljno. Da bismo ublažili finansijski pritisak, odlučili smo da iznajmimo jednu od soba. Uselila su se dva vesela indijska momka i uneli su smeh i vedrinu u naš dom.

Ipak, pronalaženje finansijske stabilnosti činilo se kao trka bez kraja. Ponovo sam predložio Meril da pronađe noćni posao, i ovog puta je pristala, zaposlila se u jednoj grčkoj kafani, od večeri do ponoći. Moj dan je počinjao u zoru i završavao se u 17:30 – taman da spremim večeru, pobrinem se za bebu i odvezem Meril na posao. U ponoć bih morao da ustanem, stavim Elen u korpu, odvezem se oko 20 minuta da pokupim Meril s posla, pa se vratimo istim putem kući. Kad bismo stigli, raspakovao bih Elen i pao u krevet.

Ali ubrzo bi zazvonio alarm, i ceo ciklus bi počinjao iznova. Bilo je iscrpljujuće, ali siguran sam da nisam bio jedini koji je tako živeo. Kao što kažu – *nisam ja Robinzon Kruso*. (Za mlađe čitaoce: fraza „*Nisam ja Robinzon Kruso*" znači „Nisam jedini kome je teško". Odnosi se na lik iz romana Danijela Defoua koji je bio zarobljen na pustom ostrvu i morao sam da preživi.)

Ova rutina se ponavljala godinama i pokazivala koliko smo daleko spremni da idemo za svoju porodicu.

Voleo sam svoju malu ćerku, ali nisam želeo još dece. Da budem siguran, terao sam Meril da uzima pilule za kontracepciju predamnom. Ali, život ponekad ima svoje planove. U to vreme sam ponovo ostao bez posla. Razlog nije bio jasan – jednostavno loša sreća. Jednog dana prišao mi je menadžer i rekao: „Moram da te otpustim. Petak ti je poslednji dan."

Pitao sam: „Zašto? Šta sam uradio?"

Zastao je, pa rekao: „Ne znam. Dobar si radnik, ali takva je odluka gazde." Radio sam do petka, nadajući se da će se predomisliti, ali to se nije desilo. Kad sam te večeri stigao kući, Meril mi je rekla nešto što me je ostavilo bez reči.

„Dolazila je policija," rekla je zabrinuto. „Pitali su gde si bio, a ja sam rekla da si bio na poslu. Ali dok su izlazili, jedan od njih je tiho prokomentarisao: 'Taj bi trebalo da je u zatvoru.'" Bio sam zapanjen. Te iste noći to je bilo u svetskim vestima. Neko sa istim imenom, godinama i poreklom kao ja učinio je nešto strašno u Rimu, Italija. Detalji su bili toliko slični da je čak i moja porodica posumnjala da sam to bio ja. Kasnije je policija posetila i moje radno mesto. Gotovo sam siguran da me je zato šef otpustio – verovatno je mislio da je sigurnije da se distancira od mene, iako je znao da sam nevin.

Voleo sam da vozim svoj prelepi auto, ali bez posla je bilo teško održavati rate. Pošto sam mnogo puta ostajao bez posla, već sam dobro znao kako da se snađem. Tada sam video oglas: „Potrebni instruktori vožnje." Istražio sam i saznao da moram da završim obuku i dobijem licencu, a morao sam da imam i svoj automobil. Moj Holden je trošio previše goriva. Da bih dobio licencu, platio sam pet časova da naučim kako da predajem vožnju. Mislio sam da sam dobar vozač, ali navići se na saobraćaj i puteve ovde bilo je teško. Proveo sam oko petnaest sati vozeći po Paramati, upijajući sve što sam mogao od instruktora. Na kraju sam položio ispit.

Zamenio sam svog Holdena Premijera za Tojotu Korolu i počeo da radim kao instruktor vožnje, učeći ljude kako da voze. A onda, 10. decembra 1973, rodio se moj sin Mejson. Osećao sam kao da me život stavlja na probu – sada sam bio i otac i instruktor vožnje. Ali Mejsonov dolazak bio je gorak i sladak. Meril me je ponovo prevarila. Nakon prve trudnoće, pazio sam da uzima pilule predamnom, ali ih nije gutala.

Istina me je duboko povredila i od tog trenutka moje interesovanje za seks je znatno opalo. Poverenje je bilo narušeno, a moj fokus se prebacio na to da budem otac i hranilac porodice.

Dok sam nosio sve te obaveze, shvatio sam da život ponekad otvara neočekivana vrata.

Kako nas je bilo sve više, morali smo da nađemo veći prostor. Naša mala kuća postajala je tesna. Koristeći ono što sam naučio na studijama finansija, uspeo sam da dobijem našu prvu potpuno novu kuću od crvene cigle u zapadnom predgrađu Sidneja. Koštala je 20.000 dolara, a ja nisam imao ni 10% za depozit. Dobio sam zajam za niskoprimce i uz to lični kredit za depozit. Sada sam bio vlasnik kuće – ali gde je Mila?

Šapat iz vinove loze

U to vreme, tamo daleko u Zeleniki, Jugoslavija, Mila je prolazila kroz svoje životne promene. Samo sam načuo ponešto preko poznanika, ali ono što sam saznao stvara sliku njenog životnog puta. Nakon godina čekanja i nade u naše ponovno spajanje koje se nikada nije desilo, udala se za Nenada, sina jedne od najbogatijih porodica u Zeleniki. Zajedno su pokušali da izgrade budućnost i krajem 1975. godine dobili su sina, Danka.

Kada je Mila prvi put uzela sina u naručje, osetila je nalet emocija. Pronašla je novu radost i osećaj svrhe. Pretpostavljam da tada nisam bio mnogo u njenim mislima – morala je da nastavi dalje, kao i ja. Ali, iako sam išao dalje, deo mene se i dalje držao onoga što smo imali. Da li će me ikada zaboraviti? Nisam mislio tako. Još sam verovao da smo mi stvoreni jedno za drugo. Čija je to bila krivica? Samo je vreme moglo da pokaže.

Razmišljanje o ljubavi koju smo delili bilo je gorko-slatko. Neprestano sam se pitao kako se ona oseća i zašto smo doneli odluke koje smo doneli, zamišljajući da smo u nekom drugom životu možda mogli da napišemo svoju priču drugačije. Ali život, sa svim svojim usponima i padovima, doveo nas je tu gde smo sada – svako na svom putu, oblikovan izborima koje smo napravili i ljubavlju koju smo jednom delili.

Potraga za mojom decom – 1975.

Do 1975. godine, moj brak sa Meril je počeo da se raspada. Glavni razlog bio je što je Meril počela da gaji osećanja prema svom šefu iz grčkog restorana, i odlučili smo da se raziđemo.

Da bi deca imala stabilnost, ostao sam u našoj kući. Da sam se iselio i njoj prepustio kuću, mogli bismo da je izgubimo jer Meril nije mogla sama da plaća hipoteku. Tako sam ostao da plaćam ratu za kuću i osigurao da imamo krov nad glavom dok mi nije odobren kredit za niskoprimce. U isto vreme, plaćao sam i kiriju za njen novi stan, snoseći oba troška kako bih deci obezbedio sigurnost.

Imali smo sreće da dobijemo hipoteku preko građevinske štedionice sa veoma niskom kamatom od samo 2.5% – doživotno – u vreme kada su ostale kamate bile preko 10% i nastavile da rastu. Plaćati i kiriju i kredit bilo je teško, ali znao sam da moram. Iako smo bili razdvojeni, ostao sam blizak sa decom i viđao ih skoro svakog dana.

Jednog dana, Meril je ugostila dvojicu mladića (zapravo dečaka) u svom domu, od kojih je jedan bio sin njenog šefa – imao je samo petnaest godina – a drugi njegov prijatelj sličnih godina. Nadali su se da će imati sreće – i imali su. Naša osmogodišnja ćerka Elen se pravila da spava i bila svedok tog događaja. Devet meseci kasnije, Meril je rodila ćerku. Identitet oca nikada nije utvrđen. Sin njenog šefa je preminuo pre rođenja deteta. Nakon toga, njen šef se distancirao, ostavivši je da se sama nosi sa posledicama.

Nekoliko meseci kasnije otišao sam kod Meril i zatekao potpuno prazan stan. Obuzeo me je strah jer nisam znao gde su mi deca. Pozvao sam agenciju za nekretnine, ali nisu imali nikakve informacije. Nisam imao izbora nego da otkažem ugovor o najmu da bih prestao da plaćam kiriju – sve čega sam mogao da se setim bilo je kako da pronađem svoju decu. Tek tada mi je sinulo da Meril verovatno nije želela da saznam da je trudna.

Rešen da pronađem decu, odvezao sam se do Orindža, nadajući se da se Meril vratila kod svojih roditelja. Kada sam stigao, saznao sam da boravi na jednoj staroj farmi. Uprkos napornom putovanju od četiri sata, uspeo sam da ih pronađem.

Međutim, zbog udaljenosti, mogao sam da ih posećujem samo jednom mesečno. Nekoliko meseci kasnije, vratio sam se i saznao da se Meril ponovo preselila, a da me nije obavestila.

Kod njenih roditelja video sam Elen kako se igra u dvorištu. Kada sam insistirao da vidim decu, njena braća su postala agresivna i prisilili me da odem – slomljenog srca.

Dve nedelje kasnije ponovo sam se vratio kod njenih roditelja, ali su mi rekli da se opet odselila, bez ikakvih informacija o tome gde je otišla. Vozio sam se ulicama, nadajući se da ću ugledati njen prepoznatljiv Mini automobil. U očaju sam se pomolio za pomoć. I – čudo! – ubrzo sam ugledao njen auto parkiran u nečijem dvorištu. Meril je boravila kod svoje starije sestre, Marg. Uprkos prethodnim neosnovanim optužbama da sam navodno imao aferu sa Marg, tamo sam ih pronašao, kao da me neka viša sila vodi.

Nova veza – Sendi

Na kraju su se Meril i deca vratili u Sidnej, što mi je donelo veliko olakšanje. Sada su bili udaljeni samo petnaest minuta vožnje. Kao instruktor vožnje, imao sam klijente u blizini, pa mi je bilo lakše da ih posećujem i donosim poklone i hranu. Život je počeo da se stabilizuje, a razvio sam blisku vezu sa Sendi, jednom od mojih učenica, nakon što je položila vozački ispit.

Sendi i ja smo počeli da se zabavljamo, i naša veza je postajala sve dublja. Suočen sa finansijskim poteškoćama, zamolio sam je za pozajmicu, objašnjavajući da bi mi to pomoglo da zadržim kuću i obezbedim stabilan dom. Razumela je i pozajmila mi novac iz svoje ušteđevine. Obećao sam da ću joj vratiti – i jesam.

Kako je naša veza napredovala, razmišljao sam o tome da zaprosim Sendi. Međutim, moj brak sa Meril i dalje je bio prepreka. U to vreme, zakon je zahtevao pet godina razdvojenosti pre nego što bi razvod bio moguć, a ja sam se nadao da bi brak sa Sendi mogao da poboljša moje šanse da dobijem starateljstvo nad decom. U to vreme, starateljstvo se gotovo uvek dodeljivalo majkama, što je očevima otežavalo situaciju.

Da bih ostao prisutan u životima svoje dece, unajmio sam advokata koji mi je pomogao u borbi za prava viđanja. Iako nisam uspeo da dobijem puno starateljstvo, izborio sam se za pravo da ih viđam subotom i nedeljom, s mogućnošću da prespavaju kod mene i Sendi.

U međuvremenu, Meril je dobila novu ćerku i upisala mene kao oca u izvod iz matične knjige rođenih, iako to nije bila istina.

Biološki otac bio je sin njenog poslodavca. Izgledalo je kao da je Meril mislila: „Ako ne mogu njega, imaću njegovog sina." Cela ta situacija postavila je pitanje moje uloge kao oca. Potražio sam pravni savet kako bih osporio netačno očinstvo. Uprkos pravnim izazovima, bio sam odlučan da svojoj deci obezbedim bolji život i borio sam se da moje ime bude uklonjeno iz izvoda.

Kada se osvrnem na to vreme, bilo je puno neizvesnosti i bola, ali i duboke ljubavi prema mojoj deci. Iako je moj brak sa Meril bio završen, ostao sam posvećen ulozi oca i pronalaženju puta napred.

Kroz sve to, misli o Mili nisu me napuštale – bili su to tihi odjeci onoga što je možda moglo biti da nam je sudbina bila naklonjenija. Usred sve te neizvesnosti, često sam se pitao da li će život ikada ponovo biti normalan. Baš kada sam se ponadao u malo mira, novi problemi su izranjali, brišući mi nadu.

Meril, sada sama, više nije obraćala pažnju na mene. Počela je da juri svog bivšeg šefa, dede svoje ćerke. Taj oženjeni čovek pokušavao je da je izbegne, ali Merilino ponašanje postajalo je sve nepredvidivije. Počela je da se pojavljuje na njegovom radnom mestu sa našom decom u kolima, izazivajući scene i zahtevajući njegovu pažnju. Jednog dana, u pokušaju da je otera, on je prosuo prljavu vodu iz sudopere kroz otvoreni prozor njenog automobila, nadajući se da će je to ohladiti. Ali nije. Meril je tada smislila opasan plan. Kasno jedne večeri, čekala ga je na parkingu sa decom u kolima, s namerom da ga pregazi. Srećom, uspeo je da pobegne i odmah je pozvao policiju. Meril je uhapšena. Nisam mogao da verujem šta se dešava. Uplašio sam se za svoju decu i brinuo šta će biti dalje.

Put do starateljstva

Dobijanje starateljstva nad mojom decom bilo je ispunjeno izazovima. Tokom jedne od mojih redovnih poseta, primetio sam da je kosa Meriline ćerke bila neuredno ošišana, kao da je to urađeno na brzinu.

Elen mi je priznala da je, u trenutku besa, njena majka zgrabila makaze i ošišala joj kosu, govoreći: „Tvoj tata te ne želi."

Kasnije sam saznao nešto još alarmantnije. Meril je uzela previše tableta i nije stigla na vreme da pokupi Elen i Mejsona iz škole, ostavivši ih da čekaju bez nadzora. Naoružan tim informacijama, obratio sam se svom advokatu. Njegov savet bio je jasan:

„Nemoj da vraćaš decu."

Zabrinuto sam pitao: „Ali šta ako pozove policiju zato što ih nisam vratio?"

On me je umirio: „Ne brini, dobiću sudsku zabranu prilaska."

Na kraju sam dobio puno starateljstvo nad decom. Sud je takođe naložio da Meril dobije psihijatrijsku pomoć i da se pridržava zabrane prilaska kako bi se obezbedila naša bezbednost. Postepeno su naši životi počeli da se vraćaju u normalu. Svakog jutra, vozio sam Sendi do železničke stanice kako bi stigla na posao u Burvud, zatim sam vodio decu u školu pre nego što bih i sam krenuo na posao. Popodne bih ih pokupio, pripremao večeru i u pet sati išao po Sendi na stanicu. Život je ponovo počeo da dobija stabilnost.

Od gotovo tragedije do blagostanja – 1977

Dana 7. jula 1977. tačno u 11 sati pre podne, sedeo sam na mestu suvozača i podučavao mladu devojku vožnji duž Milperra puta. Nisam znao da će mi taj dan zauvek promeniti život. Bila je to godina kada je umro Elvis Prisli – godina koju mnogi pamte po gubitku. Za mene, međutim, taj dan je ostao urezan u sećanje iz sasvim drugog razloga.

Ono što je počelo kao rutinski čas vožnje brzo se pretvorilo u noćnu moru. Ogromni kamion s prikolicom jurio je prema nama, pokušavajući da prestigne drugi automobil na putu sa samo jednom trakom. Taj automobil je ubrzao i nije mu dao da se vrati u svoju traku. Pritisnuo sam kočnicu svom snagom i zaustavio naš automobil. Sa dubokim i širokim jarkom pored puta, skretanje nije bilo opcija – to bi izazvalo prevrtanje. Moja jedina nada bila je da će se kamion uspeti zaustaviti.

Ali nije. U deliću sekunde, kamion se sudario s nama frontalno, a užasan zvuk lomljenja metala ispunio je vazduh. Naš automobil je odleteo. Vreme je stalo dok smo se prevrtali kroz vazduh, svet oko nas se vrtelo. Delovalo je kao da traje zauvek; pomislio sam: „Kada će ovo stati?" Na kraju smo udarili o put i sleteli na točkove. Čudno, nisam osećao ni strah ni bol tokom svega; misli su mi bile negde drugde.

Kad se automobil zaustavio, okrenuo sam se ka učenici pored sebe. Lice joj je bilo prekriveno krvlju, i panika me je obuzela kad sam shvatio da ne vidim njene oči. Ipak, ostao sam smiren, znajući da moram brzo da delujem.

Zabrinut zbog rizika od požara zbog kablova pod naponom, izašao sam iz auta i isključio akumulator. Saobraćaj se zaustavio, a prolaznici su pritrčali da pomognu. Ambulanta i policija su brzo stigle i odvele učenicu u bolnicu. Imala je slomljen članak i posekotinu iznad obrve, što je izazvalo krvarenje. Izgledalo je da sam ja nepovređen. Policija je ponudila da me odveze u bolnicu, ali sam odbio – imao sam puno toga da obavim.

Bez auta, morao sam da preuredim svoj dan. Odvezli su me do najbliže benzinske pumpe, odakle sam pozvao taksi za kući. Kod kuće sam imao samo stari, neregistrovani Standard 10 iz 1947 – čvrst, kompaktan automobil britanske proizvodnje. Nije bio vožen dugo i nije imao akumulator, ali bio mi je jedina opcija. Na putu do kuće kupio sam nov akumulator i uspeo da ga upalim na vreme.

Zatim sam otišao u saobraćajnu (tadašnji RTA) da registrujem auto. Po povratku kući primetio sam da sam bio prekriven krvlju. Iznenađujuće, niko ni na benzinskoj pumpi ni u RTA nije me ništa pitao o mom stanju.

Uprkos svemu, nastavio sam sa dnevnim rutinama – pokupio decu iz škole, spremio večeru i otišao po Sendi na stanicu – praveći se kao da je sve normalno. Morao sam samo da objasnim zašto vozim stari Standard 10.

Sledećeg jutra, stvarnost nesreće me je pogodila.

Svaki mišić me je boleo, a desna ruka bila je potpuno nepokretna. Pogledao sam se u ogledalo i video duboke modrice po telu.

Poseta lekaru potvrdila je da mi je potreban odmor i fizikalna terapija da bih povratio funkciju ruke. Kako bez ruke nisam mogao da radim kao instruktor vožnje, podneo sam zahtev za nadoknadu zbog povrede i gubitka prihoda.

Posle tri meseca oporavka, povratio sam punu pokretljivost ruke. Nakon meseci stresa i čekanja, dosuđeno mi je 18.000 dolara – mala pobeda u teškoj godini. Ono što je počelo kao gotovo tragičan dan u julu, postalo je prekretnica.

Godina 1977. pretvorila se u period pomešanih blagoslova, koji me je, uprkos teškoćama, postavio na bolji put.

Te godine su bile jedne od najtežih u mom životu. Borba za moju decu i preživljavanje nesreće skoro smrtonosne prirode testirali su me na načine koje nisam mogao ni da zamislim. Nisam imao izbora osim da nastavim dalje. Naučio sam da čak i kad život deluje nemoguće, uvek postoji način da se ide napred. Polako, korak po korak, radio sam na tome da izgradim bolju budućnost za sebe i svoju decu.

Kroz sve to, sećanje na Milu tiho me je pratilo, podsećajući me koliko se život promenio. Izazovi su se nizali, ali nada i ljubav prema onima koji su mi najviše značili gurali su me napred.

Priče sa Puta

Nakon oporavka i povratka za volan, često sam se pitao zašto tako često imam bliske susrete s opasnošću. Život je zaista pun iznenađenja. Dopustite mi da ispričam jedan poseban dan kada sam vozio svoj novi Mazda 323 duž Great Western autoputa ka Parramatti. Tada je bio popularan vic: „Koji auto vozi Tarzan?" Odgovor je bio: „Mazdu." Više o tome kasnije.

Vozio sam srednjom trakom, pridržavajući se ograničenja brzine od 80 km/h (ili 50 milja na sat, kako se tada govorilo), kada se iznenada ispred mene stvorio ogroman kamion. Panika me je preplavila. Pritisnuo sam kočnice, ali to nije bilo dovoljno. U deliću sekunde doneo sam odluku života: naglo sam skrenuo, zbog čega se moj auto zavrteo. Zadnji kraj je okrznuo donji deo kamiona pre nego što smo se zaustavili. Čudom, ostao sam nepovređen.

Vozač kamiona je nepropisno skrenuo udesno bez zelenog svetla, jer me nije mogao videti zbog velikog tankera za gorivo koji mu je zaklanjao pogled.

On je bio kriv, a ispostavilo se da čak nije imao ni vozačku dozvolu. Po zanimanju je bio rušilac objekata, a kamion mu je bio preopterećen ciglama. Nije imao šta da traži za volanom.

Ovo iskustvo me je naučilo važnu lekciju: uvek razmisli da li se nesreća može izbeći, čak i kad nisi ti kriv. U budućnosti, ako mi je pogled zaklonjen, usporiću. Bolje biti oprezan nego se suočiti sa sudbinom.

Nedugo zatim, doživeo sam još jedan sličan incident. Bio sam na putu da pokupim učenika sa farme, spuštajući se nizbrdo ka njegovom prilazu. Uključio sam desni pokazivač pravca i pogledao u retrovizor – crveni auto je bio otprilike 200 metara iza mene. Mislio sam da imam dovoljno vremena i počeo sam da skrećem, kada – ogroman udarac! Auto se zavrteo, zadnji deo se podigao, a bočni prozor se razbio. Udario sam glavom u staklo i razbio ga. Auto je bio totalno uništen. Bio sam dezorijentisan i primetio sam veliku čvorugu na glavi – lični suvenir iz ove nezgode. Sve što sam pomislio bilo je: „Eto nas opet!"

Na sreću, moj učenik je video nesreću i odmah pozvao policiju. Kada su stigli, policajci su ispitali sve prisutne. Drugi vozač nije imao objašnjenje. Policajac je zaključio da je vozač udario u mene brzinom od 60 km/h bez kočenja – nije bilo tragova guma, niti pokušaja da zaustavi auto. Odmah je optužen za nemarnu vožnju.

Razmišljajući o svemu tome, shvatio sam da sam pogrešio što nisam ponovo proverio retrovizor pre skretanja. Da jesam, možda bih izbegao nesreću. Ali onda ne bih imao ovu priču da podelim. Tokom ranih dana kao instruktor vožnje, imao sam nekoliko sudara od pozadi. Ako ti neko udari auto otpozadi, uglavnom je on kriv. U manjim slučajevima, postigao bih dogovor s vozačem: „Plati novi branik, i nećemo zvati policiju." Nema zapisnika, nema posledica po njegovu vozačku dozvolu – svi zadovoljni.

Nakon takvih nezgoda, otišao bih kući, skinuo branik, ispravio ga čekićem i prefarbao hrom sprejem – spreman za sledećeg prestupnika.

Šalim se da sam možda ja kriv što su branik trake ukinute, ali znamo da to nije pravi razlog. Neki bi rekli da je to lukavo, ali ja to vidim kao čin dobrote.

Njihovo osiguranje ostaje netaknuto, a oni nauče koliko je važno držati bezbedno rastojanje. Dakle, da li sam ja prepreden ili anđeo? Život, sa svim svojim iznenađenjima, drži nas budnima.

Otkako su branici nestali, moj retrovizor mi je postao najbolji prijatelj svaki put kad kočim – izgleda da nije samo za proveru frizure. Zato čuvajte uspomene na branike i uživajte u vožnji, sa svim udarcima i udubljenjima!

Razmišljajući o ovim bliskim susretima, naučio sam dragocene lekcije o budnosti na putu. Usporavanje kada ti je pogled zaklonjen može sprečiti nesreću, a moja brza reakcija možda me je spasila od većih posledica. Važno je da svi vozači poštuju pravila i voze bezbedno. Da li je moja greška bila srećniji ishod? Možda jeste, jer je možda sprečila ozbiljniju nesreću kasnije. Život nas neprestano iznenađuje, ali dok god učimo iz toga, idemo pravim putem.

I sada, trenutak koji ste čekali:

„Koji auto vozi Tarzan?"

Mazdu sa drveta na drvo! (Mazda Tree to Tree!) – Još zvuči bolje kada to naglas izgovorite, zar ne?

Šalu na stranu, vožnja nije stvar za smeh. U svojih 60 godina za volanom, nikada nisam izazvao nesreću. Možda se pitate zašto? Jednostavno je: čak i kada si mlad i misliš da si nepobediv, zdravo poštovanje prema bezbednosti te drži čvrsto na zemlji. Ko bi rizikovao svoj život bez potrebe? Ne ja – i nadam se, ni vi.

Porodična Istorija – Maj 1945.

U maju 1978. godine, moja majka je došla da nas poseti i ostala je sve do mog venčanja sa Sendi. Tokom njene posete, često sam razmišljao o prošlosti naše porodice, radoznao da saznam više o životima koje su moji roditelji vodili pre nego što sam se ja rodio. Jednog dana sam je pitao o njenim iskustvima tokom Drugog svetskog rata.

Njene priče su me odvele u vreme nezamislivih teškoća – nekoliko godina pre mog rođenja, kada je naša porodica živela u Zagrebu, glavnom gradu Hrvatske. Moj otac je bio taksista, i živeli su skromno u malom stanu. Njegova primanja su bila skromna, ali su uspevali da prežive. Svakog jutra je odlazio na posao i obično se vraćao kući oko šest uveče. Ali jedne noći se nije vratio. Danas bi mu možda poslala poruku i pitala: „Gde si, do đavola?" Ali u maju 1945. nije bilo telefona.

Sledećeg jutra, očajna i zabrinuta, majka je otišla kod šefa mog oca da sazna šta se dogodilo. Na njeno zaprepašćenje, on nije znao ništa – moj otac i njegov taksi su nestali bez traga. Oko četiri duge meseca, sve do japanske kapitulacije u septembru, moja majka je podnosila bol neizvesnosti. Svaki dan je donosio sve više brige dok je rat besneo, novca je bilo sve manje, a zalihe hrane su nestajale. Izolovana od prijatelja i suočena sa nemogućim izborima, borila se da preživi. U to vreme, peći na drva, koje su siromašni ložili sušenim kukuruznim klipovima, bile su jedini izvor toplote.

Jedne noći, preplavljena očajem i ne videći izlaz, majka je donela odluku za koju je verovala da će okončati njihovu patnju. Te večeri je ušuškala moju braću i sestre u krevet, stavila metalnu kofu na sredinu sobe i napunila je kukuruznim klipovima. Zatim je u kofu sipala petrolej iz lampe – jedinog izvora svetlosti u njihovom domu, jer mnoge porodice tada nisu imale struju ili nisu mogle da je priušte.

Zapečatila je prostor ispod vrata peškirima i zatvorila sve prozore.

Potom je zapalila klipove natopljene petrolejom, ispunivši sobu gustim dimom. Iscrpljena i na ivici snage, legla je misleći da će to biti bezbolan kraj njihove patnje. Ovo je moglo biti tragičan kraj moje porodice. Ja ne bih bio rođen, a ova priča nikada ne bi bila ispričana. Ali sudbina je imala druge planove.

Čuo se slab, poznat kucaj na vratima, jedva čujan kroz dim. Zatim je usledio snažan udarac i vrata su se otvorila. Bio je to moj otac.

Vratio se baš na vreme da spasi moju majku i braću i sestre. Objasnio je da su ga te noći zaustavila tri nemačka oficira i prisilila da ih vozi do Austrije. Tamo su ga zatvorili u koncentracioni logor u Lincu, gde je ostao sve dok Amerikanci nisu stigli i oslobodili ga. Ali tu nije bio kraj njegovoj patnji. Ubrzo nakon toga, naša porodica je morala da pobegne iz Zagreba u Zeleniku jer tadašnja hrvatska vlast nije dozvoljavala boravak onima koji nisu prihvatili hrvatsko državljanstvo. Moji roditelji su to odbili i morali su da odu.

Nažalost, sreća nam nije bila naklonjena. Mog oca su ponovo zarobili, ovaj put mađarski vojnici, i poslali ga u zaledjeno prostranstvo Sibira.

Opet je moja majka ostala sama, a rat se bližio kraju. Njihov dom u Zeleniki bio je pored glavnog puta, i moja majka se plašila nemačkih vojnika koji su se povlačili. Neki su bacali preteće poglede ka mladim devojkama. Da bi zaštitila moju sestru Jelenu, sakrivala ju je na tavan svaki put kada bi vojnici prolazili.

Zatim je usledio neočekivan obrt: grupa od dvadesetak ranjenih ruskih vojnika pronašla je sklonište u našem domu i ostala dva meseca. U tom periodu, jedan visoki oficir, impresioniran majčinom snagom i dostojanstvom, zaprosio ju je. Taj neočekivani savez joj je obezbedio snabdevanje i zaštitu. Oficir je kasnije otišao, ali joj je ostavio pismo koje je garantovalo sigurnost u slučaju da neko pokuša da uđe u kuću. Samo jedan oficir je došao, i otišao je brzo.

U međuvremenu, moj otac je sa još nekoliko zatvorenika uspeo da pobegne iz Sibira i da se vrati kući. Oštre sibirske zime ostavile su mu teške posledice na nogama.

Slušajući ove priče, osvetlio sam tamne delove svog detinjstva – vremena kada sam gotovo svakodnevno bio fizički kažnjavan. Uprkos svemu, pronašao sam način da oprostim majci za te teške godine.

Ali jedno pitanje mi i dalje ne da mira: zašto je odlučila da me drži podalje od Mile? Nažalost, izgubio sam je pre nego što sam mogao da pitam, i to pitanje sada ostaje bez odgovora – misterija koju i dalje nosim u sebi. Jedva da mogu da poverujem da se sve ovo dogodilo samo nekoliko godina pre nego što sam se ja rodio.

Ljubav, Gubitak i Novi Počeci
Drugi brak sa Sendi – Maj 1978.

Nekoliko nedelja kasnije, imali smo venčanje. Bila je to mala ceremonija kod kuće, samo nas dvoje i Sendini bliski prijatelji. Nakon toga, moja majka se morala vratiti kući u Zeleniku. Predložio sam da odemo na medeni mesec u Jugoslaviju, gde bismo mogli da ostanemo kod moje majke, a Sendi bi videla odakle sam. Duboko u sebi, znao sam pravi razlog. Želeo sam da dobijem nekakav zaključak. Hteo sam da ponovo vidim Milu i saznam zašto me je izdala. Možda je i ona imala pitanja o meni.

Novca i dalje nije bilo mnogo, a odšteta od nesreće je stajala netaknuta, čekajući da se uveća, ali je moja majka platila naš medeni mesec.

Čim smo stigli u Jugoslaviju, osetio sam skrivenu nadu i težinu starih osećanja. Prošlo je deset godina otkako smo se Mila i ja poslednji put videli, a od tada smo retko imali bilo kakav kontakt. Nadao sam se da ćemo konačno moći da shvatimo šta se desilo među nama. Hteo sam da znam zašto je pustila da naša ljubav nestane. Bio sam siguran da i ona ima svoja pitanja, i osećao sam snažnu potrebu da je vidim.

Bili smo pozvani u kuću Mile i njenog muža, i nisam mogao da se oslobodim mešavine nervoze i uzbuđenja. Njihova kuća je bila impozantna – tri sprata, jasan znak da im ide dobro. Njen muž, koji me se sećao iz dana kada sam svirao u bendu *Eternal Flames*, bio je srdačan i gostoljubiv. Dobro smo se slagali, a oni su nas pozvali na večeru u otmen restoran kako bi nam ulepšali boravak. Ali duboko u sebi, žudeo sam za privatnim trenutkom sa Milom.

Na kraju smo uspeli da se odvojimo od grupe, ćutke se složivši da ne pominjemo prošlost. Hteo sam da je pitam zašto se okrenula od mene, zašto je sve završilo tako kako jeste. Ali reči nisu dolazile. Osećao sam da i ona možda razmišlja isto o meni. Dok smo razgovarali, oboje smo izbegavali tu temu, pretvarajući se da nam je fokus na sadašnjosti. Njen život je delovao srećno – velika kuća, beba, uspešan muž.

Ipak, nisam mogao da se otmem utisku da nešto ostaje neizrečeno. Gledajući je kako drži svoju jednomesečnu ćerku Maju, preplavile su me pomešane emocije – tuga zbog života koji nikada nismo imali i sreća što izgleda da uživa u onome što sada ima.

Dok smo sedeli zajedno, shvatio sam da je za nas prekasno. Ona je nastavila dalje, ka životu koji spolja deluje savršeno. Njen dom je bio ispunjen radošću, a njena beba unosila je neopisivu toplinu u taj svet. Ipak, nisam mogao da se oslobodim osećaja „šta bi bilo kad bi bilo". Bilo je jasno da nijedno od nas ne želi da otvori stare rane. Možda je Mila mislila da je moje insistiranje da je vidim samo uzbuđenje medenog meseca.

Moj očuh Peter me je upozorio: „Treba da te bude sramota; na medenom si mesecu, a sve što želiš je da vidiš Milu." Nije grešio, ali ja sam imao toliko neodgovorenih pitanja.

Zašto je prestala da me voli? Zašto se nisam vratio po nju? Zašto sam ostavio toliko toga neizrečenog? Ta pitanja su me progonila, ali znao sam da odgovori nikada neće doći. Dok smo provodili vreme zajedno, primetio sam da Mila upoređuje sebe sa Sendi. Sendi je bila puna života, zračila je i bila prelepa. Mila, još uvek oporavljajući se posle porođaja, delovala je nesigurno i svesna svog izgleda. Bolelo me je što je tako doživljava samu sebe. Oboje smo bili zarobljeni u situaciji bez jednostavnog izlaza. Mila je delovala srećno sa svojim bogatim mužem, velikom kućom i luksuznim automobilom. Šta sam ja mogao da joj ponudim? Ništa. Da li je zaista bila srećna? Nisam mogao da kažem – možda ni ona nije znala. Njene misli sam mogao samo da nagađam. Shvatio sam da smo kao dvoje ljudi na suprotnim stranama mosta – i nijedno ne može da pređe. Zatvaranje je delovalo nemoguće, kao da je sudbina odlučila da nije suđeno.

Moje putovanje u Jugoslaviju bilo je gorko-slatko – mozaik prošlih sećanja i novih početaka. I dalje sam u tajnosti čeznuo za Milom, iako sam pokušavao da prigrlim novi život sa Sendi. Bila je to čudna i krhka mešavina ljubavi, gubitka i opreznih koraka ka nečemu novom. Na neki način, činilo se da smo Mila i ja bliži nego ikada, iako nismo izgovorili nijednu reč o svojim osećanjima.

Možda zato što smo duboko u sebi oboje razmišljali isto: kako je došlo do toga da nam ovo bude jedini put? Izgledalo je kao da je sudbina prepisala našu priču, isprepletala propuštene šanse, neizgovorene reči i onu vrstu tuge koja ostaje dugo nakon što trenutak prođe. Stajali smo na ivici onoga što je moglo biti, sa srcima otežalim od tišine neizrečenog i boli neodgovorenih pitanja. Zašto se nisam vratio po nju? Zašto ona nije čekala na mene? I zašto, posle svega, još uvek deluje kao da i dalje nosimo delić jedno drugog, iako nas život odvodi sve dalje?

Snovi koje smo nekada delili sada su zamenjeni novim stvarnostima – novim ljubavima, novim životima. Ipak, pitanje je ostalo: da li je ovo zaista kraj naše priče ili samo još jedno poglavlje u nedovršenoj bajci o ljubavi i putevima koje biramo kako bismo ponovo pronašli sebe? Hteo sam da verujem u mogućnost srećnog kraja za nas, ali činilo se toliko dalekim da je čak i nada delovala kao luksuz. Kao da je sudbina odlučila da naši putevi nikada neće da se poklope. Šanse su bile nemoguće, a ipak, deo mene se još uvek držao onog slabog „šta ako?"

Čak i dok smo se opraštali, delovalo je kao da smo u tišini jedno drugom obećali – možda, samo možda – naši putevi će se ponovo ukrstiti. Ali kako?

Životi koje sada živimo, odluke koje smo doneli, ljudi u koje smo se pretvorili – sve to činilo je ideju ponovnog susreta snom suviše krhkim da bi preživeo na svetlu dana. Ipak, ta misao je ostala, kao poslednja nota pesme koju ne možeš da pustiš da utihne.

Gledajući je kako odlazi, shvatio sam da ono što smo imali nikada neće moći da izbledi. To će živeti u tihim trenucima, u prostorima između reči, u sećanjima koja nosimo, ali o kojima ne govorimo.

Možda će jednog dana, u ovom ili nekom drugom životu, naša priča pronaći svoj kraj. Za sada, sve što sam mogao da učinim bilo je da se držim fragmenata onoga što smo imali i prihvatim da su naši životi otišli različitim putevima, iz razloga koje možda nikada neću razumeti. Nemogućnost srećnog kraja nije učinila moju čežnju manje stvarnom.

Naprotiv – učinila ju je još oštrijom, dubljom – podsetnikom na to koliko ljubav može biti krhka i prolazna. I ipak, u toj nemogućnosti, postojala je i neka čudna lepota.

Možda naša priča nije bila suđena da se završi razrešenjem, već večnom nadom da će nas univerzum, negde, nekako, ponovo spojiti. Do tada, nosio sam tišinu neizrečenog sa sobom, kao tihi odjek onoga što je nekad bilo i onoga što je moglo da bude.

Preokret izazova u prilike

Kada sam se vratio kući, shvatio sam da nikada neću moći biti s Milom, i to me jako pogodilo. Međutim, taj lični udar zapalio je u meni vatru da izgradim uspešnu karijeru. Osećao sam da moram sebi da dokažem da mogu postati neko, posebno nakon što sam video kako Mila živi. Bila je advokatica, njen muž bogat, a živeli su u vili. U poređenju s tim, ja sam se osećao kao niko i ništa – kao da nemam ništa. Ta misao me je gurala napred i činila me odlučnijim nego ikad da uspem. Deset godina sam radio u poznatoj auto-školi sa 35 iskusnih instruktora.

Tokom tog vremena, pažljivo sam posmatrao kako posao funkcioniše. Primetio sam da su mnogi moji kolege odlazili da pokrenu sopstvene škole, ali većina ih nije uspela. To me je zabrinulo. Imali su savršen engleski, što ja nisam, delovali su pametnije i samouverenije. Nisam sebe video kao posebno pametnog ili sposobnog da vodim uspešnu auto-školu, pa sam odlagao da pokrenem svoju. Trebalo mi je vreme da smislim bolji plan – takav koji bi mi obezbedio da ne propadnem kao mnogi drugi.

U međuvremenu, moj posao u lokalnom kraju počeo je da opada baš kada se u blizini otvorila nova auto-škola koju je vodio jedan irski par. Delovali su kao da im ide dobro, a kancelarija im je bila samo kilometar od moje kuće u lokalnom tržnom centru. Radoznao da saznam više, istražio sam njihov posao i otkrio da su kupili dvospratnu zgradu za kancelariju. Kako sam bivao sve nezadovoljniji svojim poslom, osećao sam sve jaču potrebu da potražim nešto bolje.

Odlučio sam da ih posetim i uskoro saznao da imaju veliki problem: imali su više posla nego što su njihovi trenutni instruktori mogli da postignu. Uvideo sam priliku i dao hrabar predlog.

„Vidim da vam je teško da postignete sav posao koji dobijate," rekao sam. „Imam predlog za vas.

Tamo gde radim, većina instruktora je nezadovoljna. Mislim da bih mogao da ih dovedem kod vas u zamenu za bolju platu."

Vlasnik je oklevao. „Veoma sam u iskušenju, ali to ne bi bilo fer prema instruktorima koje već imam. Ako saznaju, mogao bih da ih izgubim."

„Razumem," odgovorio sam. „O tome nisam razmišljao." Otišao sam bez dogovora, ali nisam mogao da izbacim ideju iz glave. Sledeće nedelje sam se vratio s novim, pravednijim planom.

„Zdravo, opet sam tu s jednim novim predlogom," započeo sam. „Ovaj bi možda bolje funkcionisao za sve. Šta mislite o partnerstvu? Ja bih doveo dodatne instruktore koji su vam potrebni, vi biste dobili određenu sumu novca, a zajedno bismo delili uspeh firme."

Vlasnik je klimnuo glavom razmišljajući. „Razmisliću o tome."

„U redu," rekao sam. „Samo razmislite. Verujem da bi vam se to stvarno isplatilo."

Nekoliko dana kasnije, pozvali su me da se vratim. Imao sam osećaj da će se to dogoditi. Taj trenutak je označio značajnu prekretnicu za mene. Izazovi koje sam prošao postali su temelj mog uspeha. Prešao sam iz instruktora vožnje u vlasnika preduzeća, pretvarajući neuspehe u prilike za rast i postignuća.

Uspešni poslovni poduhvati

Pošto je auto-škola procenjena na 32.000 dolara, odlučio sam da iskoristim 18.000 dolara odštete od saobraćajne nesreće kako bih ušao u posao. Isplatio sam svom novom partneru dogovoreni iznos od 16.000 dolara – to je bio moj prvi korak u poslovni svet i bio sam odlučan da uspem. Ostalo mi je 2.000 dolara i odlučio sam da ih investiram u nekretnine. Našao sam kuću od 18.000 dolara, dao svojih 2.000 kao depozit i ostatak pozajmio od banke. Iznajmio sam tu kuću, a kirija je pokrivala ratu kredita.

Osamnaest meseci kasnije, prodao sam kuću za 36.000 dolara, udvostručivši investiciju i ostvarivši dobru zaradu. Tih 2.000 dolara donelo mi je više novca za godinu i po nego što sam zaradio kao instruktor vožnje.

Održao sam obećanje i doveo pet instruktora iz moje stare škole, što je pomoglo da razvijemo posao. Moja uloga se promenila – više nisam bio samo instruktor; postao sam neko ko planira i upravlja kako bi posao išao napred. Dodavali smo automobile, kamione i poluprikolice, a broj klijenata je rastao. Dobijali smo ugovore sa velikim transportnim firmama i škola je počela da donosi ozbiljan prihod – između 5.000 i 10.000 dolara nedeljno.

Kako bi sve funkcionisalo bez problema, zaposlio sam menadžerku kancelarije iz stare škole. Bila je iskusna i nije joj trebalo dodatno obučavanje. Ali kako je posao rastao, naišao sam na problem s partnerkom. Htela je da oboje budemo na terenu kao instruktori, ali ja sam joj rekao:

„Zaradili smo više jer nisam bio na terenu. Udvostručio sam ti prihod, a to ne mogu da radim ako sam stalno u kolima."

Postalo je jasno da više ne delimo istu viziju. Predložio sam da ponovo procenimo vrednost škole kako bi se videlo koliko je napredovala. Za samo tri meseca, vrednost je duplirana – na 64.000 dolara. Predložio sam rešenje: da jedan otkupi drugog. Dao sam joj izbor – ili mi isplati polovinu trenutne vrednosti i škola je njena za 32.000 dolara, ili ću ja njoj isplatiti njenih prvobitnih 16.000. Odlučila je da meni proda svoj deo za 16.000 dolara. Bio sam zadovoljan dogovorom, ali nisam očekivao da će mi novac postati tako tesan, jer sam već bio uložio u druge projekte. Pomislio sam da tražim kredit od banke. A onda je ponovo uskočila moja prijateljica – srećna slučajnost.

Filip Džonson, bivši kolega iz škole u kojoj sam ranije radio, javio mi se da pita imam li slobodno mesto za instruktora, jer se preselio i želeo bi posao bliže kući.

Bez razmišljanja sam znao da bi bio vredan dodatak, pa sam mu rekao:

„Imam nešto bolje – šta misliš o partnerstvu?"

Filip je imao odlične veštine – znao je da komunicira, obučavao je vožnju za automobile i kamione, odlično je vodio kancelariju i imao je prijatan telefonski nastup. Bio je upravo onaj pametniji partner kog sam tražio. Prihvatio je ponudu, rekavši da će prodati svoj posao mlečnog razvoza i prikupiti novac.

Pošto je škola tada vredela 64.000 dolara, Filip mi je isplatio 32.000. Time sam mogao da isplatim dugove – 16.000 bivšoj partnerki i 16.000 banci. Ovaj srećan splet okolnosti dao mi je potreban novac i ojačao posao zahvaljujući Filipovim sposobnostima. Kako je uspeh škole rastao, shvatio sam da me je svaki izazov do tada pripremao upravo za ovo – da postanem uspešan preduzetnik.

S Filipom kao partnerom, naš tim je bio jači nego ikada, a ambicije su rasle. Stvorili smo čvrstu vezu koja će kasnije oblikovati našu priču. Među svim mogućnostima, pojavila se neočekivana prilika. Jedan rasadnik je prodavao palme visine dva metra po ceni od samo 50 centi po komadu. Video sam potencijal i odmah iskoristio priliku, nadajući se lakoj zaradi. Kupio sam 50 stabala i postavio ih ispred radnje, sa cenom od 2 dolara po komadu. Odziv je bio trenutan – sve su se prodale za samo nekoliko dana.

Taj uspeh je u meni zapalio iskru, probudio preduzetnički duh. Ponavljao sam postupak, a kako je potražnja rasla, proširio sam ponudu – od palmi do zemlje za saksije, saksija i još mnogo toga. Tako se rodila cvećara-poklon galerija sa artiklima kao što su čvrsti mesingani i bakarni tanjiri, saksije i suveniri. U neko vreme, kombinacija auto-škole i cvećare donosila je sjajne rezultate.

Ali stvari su se promenile kada se u tržnom centru otvorila nova prodavnica – Copper Art – koja je prodavala slične proizvode, po duplo nižim cenama, iako lošijeg kvaliteta. Bio sam prinuđen da se prilagodim. Organizovao sam rasprodaju zatvaranja kako bih ispraznio robu i tražio sledeći korak. Preselili smo se na lokaciju pored glavnog puta, gde je broj prolaznika bio tri puta veći.

Zatim je opet sudbina umešala prste. Obližnja prodavnica alata se zatvorila, i kupio sam njihovu opremu po povoljnoj ceni.

Udružio sam se s veleprodajom alata i otvorio prodavnicu. Sjajno se uklopila uz auto-školu i oba posla su cvetala. Pošto smo vodili dva preduzeća, znao sam da nam treba snažan marketinški plan za dalji rast. Krenuli smo u kampanju, koristeći reklame kako bismo doprli do više ljudi i predstavili im sve što nudimo.

Tokom godina, moji poslovi su postajali sve složeniji i veći. Od auto-škole do cvećare i zatim prodavnice alata, svaki korak doneo je nove izazove i lekcije. Naučio sam da biti preduzetnik ne znači samo prevazilaziti prepreke – već prepoznati prilike i iskoristiti ih sa kreativnošću i odlučnošću.

Vođeni snovima i inovacijama

Uvek sam tražio načine da razvijemo naš posao. Smišljao bih ideje, razgovarao o njima s Filipom, a on bi ih stavljao na papir. Oglašavanje je postalo most koji nas je povezivao sa svetom. Baš kad smo se spremali za ovu novu fazu, sudbina nam je priredila još jedno iznenađenje – neočekivani talenat mog sina, Mejsona, za štampu. Naš komšija, iskusni štampar koji je do tada radio sve naše štampanje, prihvatio je Mejsona kao učenika i naučio ga kako da koristi mašine za štampu. Mejson je to brzo savladao i postalo mu je prava strast.

Sreća nam se ponovo osmehnula kada je jedna lokalna štamparija zatvorena. Uspeli smo da kupimo svu njihovu opremu i garažu za samo 5.000 dolara. Garaža se nalazila na državnom zemljištu. Trebalo je da plaćamo zakup, ali mesec dana kasnije desila se nova srećna okolnost – investitor je otkupio to zemljište za razvoj, a garaža je bila savršena za njegovu opremu. Prodali smo je za istih 5.000 dolara i tako povratili svoj novac, što je značilo da smo štamparsku opremu dobili besplatno. To nam je otvorilo vrata za nove mogućnosti. Naš komšija štampar se preselio, pa je moj sin Mejson preuzeo vođenje nove štamparije. Njegove veštine u dizajnu i pažnja prema detaljima učinili su da naši reklamni materijali privuku pažnju i ostave snažan utisak na klijente.

Ubrzo su nas kontaktirali medicinski centri, bioskopi, restorani, tržni centri, pa čak i lokalna Domino's Pizza da im štampamo promotivne materijale.

Naše kreativne ideje, koje su bile ispred svog vremena, bile su inspirisane onim što će kasnije postati giganti u svetu oglašavanja. Pre nego što su računari postali uobičajeni u firmama i domovima, slagači su dolazili jednom nedeljno da pokupe ručno crtane i kucane sadržaje za štampu, a donosili bi nam završene poslove iz prethodne nedelje.

Godine 1980, kako je tehnologija počela da menja svet oglašavanja, odlučili smo da investiramo u tri računara. Uz Mejsonovo znanje o digitalnoj tehnologiji, bili smo spremni da iskoristimo taj rast, proširimo štamparske usluge i unapredimo poslovanje.

Paralelni Životi – Mila, 1982. do 1997

Mila je, koliko mogu da sastavim njen život, prolazila kroz uspone i padove, baš kao i ja. Njen brak s Nenadom, koji je započeo s toliko nade, završio se haotično u Zeleniki, Jugoslavija, 1982. godine.

Brak je krenuo neočekivanim putem. Jednog dana, kad se Mila vratila s posla, zatekla je Nenada u društvu zanosne mlade dame.

„Zdravo, Nenade! Hoćeš li da me upoznaš s našom neočekivanom gošćom?" izazovno je pitala Mila.

„Draga, ovo je Tamara, moja devojka, i večeras će biti naš gost. Je l' ti to u redu?"

„Naravno, Nenade!" odgovorila je Mila s osmehom. „Hoće li deliti naš bračni krevet?"

„Mora da se šališ!"

„Samo želim da budem gostoljubiva. Spremiću vam udoban kutak, ali to je ponuda samo za večeras."

Nenad i Tamara su se pogledali zbunjeno i krenuli ka vratima.

Mila je nastavila: „Tamara, možeš li prići na trenutak?" Tamara je nesigurno prišla. „Da?"

„Mora da si ili veoma hrabra ili veoma luda. Znaš li da je on moj muž i da imamo dvoje dece?"

Nenad je povisio ton: „Tamara, idemo!"

I samo tako, nestali su u noć – nikada se više nisu vratili. Sledećeg dana, Mila je spakovala kofere, uzela svoje dvoje male dece i vratila se kod svoje majke. Mila je imala srce ponosno kao paun. Otišla je iz braka ne tražeći ni dinar od Nenada. Kuća, koju sam nekada zvao „vila", imala je drugačiju sudbinu – Nenad ju je izgubio na partiji pokera. Kuća je bila u Nenadovom imenu jer su njegovi roditelji izostavili Milu.

Prokockao je sve njihove uštedevine. Nenad je pokušao nekoliko puta da povrati Milu, ali imao je otprilike iste šanse kao riba da se popne na drvo.

Kako sam kasnije saznao – s Milom se ne igra. I da, jedan zabavan obrt: nekoliko godina kasnije, Mila i Tamara su postale najbolje prijateljice, dok su Nenad i njegov novčanik i dalje nerazdvojni. Mila se razvela od Nenada 1983. godine.

Godine 1987, Mila je upoznala Mladena, čoveka trinaest godina starijeg, započevši novo poglavlje u svom životu. Pitam se šta je pronašla u Mladenu – možda stabilnost, zrelost ili neku drugačiju ljubav koja ju je obnovila nakon Nenada. Bili su zajedno šest godina pre nego što su se venčali 1993. godine, u vreme dok sam ja još uvek bio daleko od njenog sveta.

Srce me boli što nisam bio uz nju tokom tih promena. Voleo bih da sam mogao da joj budem podrška, možda čak i da obnovimo ono što smo nekada imali. Ali život je imao druge planove i ostali smo na različitim putevima.

Onda, 1997. godine, umro je Milin otac. Mislim na Milu, s tugom u srcu, i osećam duboku tugu i žalost. Kako je podnela takav gubitak? Da li je Mladen bio tu da je zagrli? Da li je pomislila na mene?

Pitam se da li je tada pisala u našem dnevniku, puštajući misli da teku po papiru kao nekada. Da li joj je pisanje donosilo utehu, kao što često donosi meni? Da li je osećala odjeke naše prošle ljubavi jednako snažno kao što ih ja sada osećam?

Čitajući sada njen stari zapis, vidim ženu koja se suočila sa slomljenim srcem sa snagom, koja je najtežim trenucima u životu odgovorila dostojanstveno.

Voleo bih da znam više o njenom putu tokom tih godina, o teškim trenucima i pobedama kroz koje je prošla. Voleo bih da sam bio deo njene priče, da s njom delim i sreću i tugu.

Dok zatvaram dnevnik, znam da neka pitanja možda nikada neće dobiti odgovore. Ali i dalje čuvam uspomene na naše vreme zajedno, ljubav koju smo delili i nadu da smo, možda, na neki način i dalje povezani kroz odjeke naših srca. Naša priča, čak i ako nije završena, živi u razmacima između ovih reči, u stvarima koje nikada nismo izgovorili i u snovima o onome što je moglo biti.

Bođenje u Ljubav – 1998. do 2000.

Tog dana, davne 1999. godine, kada su NATO-vi vazdušni napadi na Jugoslaviju odjekivali nebom, osećao sam kako se svet oko mene ljulja. Kao da se univerzum sam tresao pod mojim nogama. Duboko sam brinuo za svoju porodicu – za svoju sestru, a posebno za Milu. Pisma koja sam slao bila su poput krhkih niti koje su me vezivale za njih, u nadi da su još uvek živi, čak i ako im je bilo teško.

Na kraju, dobio sam pismo od sestre; donelo mi je mešavinu olakšanja i bola – preživeli su – ali sam se pitao kako zaista izdržavaju. Ostajući sam sa svojim mislima, postavljao sam sebi pitanja. Zašto ova potraga? Zašto, posle svih ovih godina, osećam potrebu da pronađem Milu? Da li je to zbog nekog davnog obećanja, ili je to nešto dublje? Neprestano sam razmišljao – šta ako? Šta ako je još uvek udata, živi život u kojem ja nemam mesto? Ali onda – šta ako još uvek čeka, osećajući isto što i ja?

Pogledao sam svoj burmu, simbol ljubavi i partnerstva. Jesam li srećan? To pitanje odjekivalo je u meni.

A onda su došli snovi, ti misteriozni snovi koji su dolazili noću. Govorili su o susretima koji se nikada nisu desili, o osećanjima koja nisu izbledela. Budio bih se sa suzama na obrazima, dokaz njihove snage. Zašto su se stalno vraćali?

Jesu li ti snovi način da me vode, ili su to stara sećanja koja treba da se razjasne? Dok sam seo da napišem pismo Mili, shvatio sam da to nije samo zbog nje. To je bilo i zbog mene, da bih razumeo sebe, da bih sagledao svoje izbore i shvatio u koga sam se pretvorio. Ovo pismo je bilo za prošlost, sadašnjost i možda budućnost. I dok sam gledao kako se mastilo suši, osetio sam kako se u meni širi mir. Ovo putovanje nije bilo samo potraga za njom; bilo je i potraga za sobom među odjecima prošlosti i nepoznatim budućnosti.

Sećam se jednog tihog predvečerja 1980. godine, za kuhinjskim stolom u Sidneju sa Sendi. Imala je onaj vragolasti sjaj u očima kada je pomenula nešto što je videla na televiziji.

„Znaš," rekla je s osmehom, „gledala sam jutros TV, i pričali su o krizi srednjih godina kod muškaraca."

Nisam mogao da se ne nasmejem. „Zaista? I šta su rekli o nama, muškarcima srednjih godina?"

„Pa," nastavila je zadirkujući me, „rekli su da muškarci počinju da jure mlađe žene, pokušavajući da se ponovo osećaju mladima."

Nasmejao sam se i uhvatio je za ruku. „To neću biti ja. Ja ne idem nigde. Srećan sam ovde gde jesam. Imam sve što bih mogao da poželim – dobar posao, dovoljno novca, prelepu ženu koju volim više od svega i naše dvoje predivne dece. Ne bih ni sanjao da napustim ovaj život koji smo zajedno izgradili."

Sada taj trenutak vidim drugačije. Nije to bila samo šala ili bezazlen razgovor. Bio je to kao mali pukotina u savršenoj slici koju sam naslikao o svom životu. Tada sam odbacio pomisao o krizi srednjih godina, ali možda je to bio trenutak kada sam prvi put počeo da se pitam – da li je sve zaista tako savršeno kao što sam želeo da verujem? Te misli su počele da se uvlače, malo po malo, sadeći seme sumnje o životu koji sam vodio.

Preskočimo skoro dve decenije unapred, do 1998. godine, i zatekao sam se kako hodam poznatim ulicama Sidneja sa svojim sinom, Mejsonom. Razgovor je bio drugačiji, ali težina u mom srcu bila je veća nego ikada.

„Znaš, sine," rekao sam, prekidajući tišinu teškim uzdahom, „nekad se pitam da li sam počeo da gubim razum."

Mejson me pogledao, zabrinut. „Kako to misliš, tata?"

„Radi se o Mili," priznao sam, glas mi je skoro zadrhtao. „Jednostavno ne mogu da je izbacim iz glave. Posle svih ovih godina... ne prolazi."

Mejson je duboko udahnuo i zastao, gledajući me pravo u oči.

„Tata, ako ti je i dalje na umu posle toliko vremena, možda to nije samo gubitak nečega. Možda je to potraga za nečim što nikada nisi pustio."

Klimnuo sam, ali on je video da mi treba više.

„Ne znam, Mejsone. Da li samo jurim duh? Ili je to nešto stvarno?"

Mejson je stavio ruku na moje rame.

„Gledaj, tata, ne znam šta je u tvom srcu. Ali ne možeš da provedeš život pitajući se 'šta bi bilo kad bi bilo.' Duguješ sebi da saznaš. Ako ti je tada toliko značila, a i sada ti znači, možda za to postoji razlog. Ali moraš da razmisliš šta stvarno želiš. Držiš li se uspomene, ili tražiš budućnost koja još može biti tvoja?

Ostao sam tih, razmišljajući.

Mejson nije završio.

„Ali, evo u čemu je stvar," nastavio je, „Ne možeš više ovako da lutaš. To te izjeda iznutra, i sprečava te da stvarno živiš svoj život. Moraš da doneseš odluku, tata, zbog svog mira. I šta god da odlučiš, ja sam tu. Podržavam te. Samo želim da budeš srećan."

Njegove reči pogodile su me jače nego što sam očekivao. Mejson je imao taj način da preseče sve i pogodi suštinu. Bio je u pravu – živeti u neizvesnosti nije bilo pravo življenje.

Dok smo nastavili da hodamo, hladan večernji vazduh milovao mi je lice, a udaljeni šum grada odzvanjao je oko nas. Um mi je bio prepun misli, ali jedna se izdvajala: morao sam da donesem odluku – i ta odluka će oblikovati ostatak mog života.

Godina 2000: Prekretnica

Godina 2000. označila je početak novog milenijuma, ispunjenog i nadom i strepnjom. Jedna od najvećih briga u to vreme bio je Y2K bag, kompjuterski problem koji je izazvao strah širom sveta. Mnogi su verovali da će kompjuterski sistemi zakazati kada godina pređe sa 1999. na 2000, što bi moglo da izazove prekide u osnovnim uslugama kao što su bankarstvo, avionski saobraćaj i snabdevanje električnom energijom. Ipak, zahvaljujući globalnim naporima, izbegnuta je katastrofa koja se predviđala, i prelazak u novi milenijum protekao je uglavnom glatko.

Tehnologija se tada brzo razvijala. Internet je postajao sve rasprostranjeniji, transformišući komunikaciju i poslovanje. Kompanije poput Amazona i Gugla počele su da ostavljaju trag, a mobilni telefoni, iako još uvek jednostavni, postajali su sve češći.

U politici, predsednički izbori u SAD između Džordža V. Buša i Ala Gora završili su se kontroverzno, sa ponovnim brojanjem glasova na Floridi koje je odlučilo pobednika. Na globalnom nivou, Vladimir Putin je postao predsednik Rusije, započinjući novu eru u ruskoj politici.

Kulturno gledano, godina 2000. bila je takođe značajna. Veliki filmovi poput *Gladijatora i Brodoloma života* zabavljali su milione, dok su serije poput *Prijatelja* bile izuzetno popularne. U muzici su dominirali pop i hip-hop, sa zvezdama kao što su Britni Spirs i Eminem na čelu.

Sve u svemu, 2000. je bila godina tranzicije, sa novim tehnologijama, političkim promenama i kulturnim pomacima koji su trasirali put za budućnost. Svet se prilagođavao brzim promenama, pripremajući se za ono što će novi milenijum doneti.

Naši Prvi E-mailovi – Zajednički Snovi

Dakle, 1. januara 2000. godine svet nije nestao, i ja sam odlučio da pošaljem pismo Mili, nadajući se da ćemo ponovo uspostaviti kontakt, na adresu na kojoj su je Sandi i ja posetili tokom našeg medenog meseca – mesto puno uspomena na ljubav i obećanja. Prošlo je šest meseci, i moja nada je skoro nestala, ali mali deo mene odbijao je da odustane. Zato sam to pismo poslao ponovo, ovoga puta ga adresirajući i na Milu i njenog muža, misleći da je možda još uvek udata. Nisam znao da joj se adresa promenila, i slučajno, pismo je završilo kod nekog drugog ko ga je na kraju prosledio njoj, kao tajna koja se prenosi. Na kraju, moje pismo ju je ipak našlo.

U svojoj glavi sam je zamišljao – udata, kao i ja – oboje živimo svoje odvojene živote. Kada je stigao njen odgovor putem mejla, činilo se kao da je vreme stalo. Izgubio sam njen prvi mejl, ali su njegove reči ostale u mom sećanju.

Izgubiti ga bolelo je, ali sam se držao ostalih mejlova koji su usledili, znajući da svaki od njih nosi sve ono što nikada nismo stigli da kažemo.

> Ćao Aleksa,
> Primila sam sve što si poslao preko interneta, tako da ne brini – dobro sam. Već neko vreme želim da ti se javim, i prijatno je što to konačno mogu. Takođe ti pišem pismo rukom i poslaću ga kasnije danas. Razgovarala sam sa Rosettom, ali sam se nadala da ću čuti nešto od tebe. Nije htela (ili možda nije mogla) da mi da tvoj kućni broj. Nasmejala me je rekavši da ne može da ga da jer je Sandi ljubomorna na mene. Zato te sada direktno pitam – hoćeš li mi dati svoj broj? Jesi li razgovarao sa Bojanom? Nedavno je stigao u Australiju i stidi se da ti se sam javi, ali mu treba pomoć. Molim te, nazovi ga ako možeš. Mnogo mi znači i znam da ćeš razumeti zašto. To je sve za sada, ali se nadam da ću uskoro čuti nešto od tebe. Ako možeš, nazovi me u kancelariju.

Uzbuđenje kada sam primio njen mejl bilo je ogromno. Osetio sam mešavinu nostalgije i strepnje pri svakoj reči, budeći uspomene i osećanja koja sam pokušavao da potisnem. Milina poruka bila je kratka, ali je nosila mnogo značenja, vraćajući onaj stari osećaj povezanosti koji smo nekada delili. Kada je pomenula Bojana – ime koje je otvorilo bujicu starih sećanja – osetio sam nalet radoznalosti. Šta bi to moglo da znači? Zašto je želela da ga kontaktiram?

Komentar o Sandinoj ljubomori me je zaboleo, podsetivši me na komplikacije u našim životima. Ali ispod toga, postojala je toplina u Milinom tonu, poznat osećaj koji me je privukao, uprkos svim godinama koje su prošle. Uhvatim sebe kako razmišljam o njenom jednostavnom pitanju – da li ću joj dati svoj broj. Izgledalo je kao mala molba, ali bila je ispunjena težinom prošlih izbora, budućih mogućnosti i veze koju smo nekada imali.

Dok sam sedeo i zurio u ekran, osetio sam potrebu da odmah odgovorim, da premostim jaz stvoren vremenom i razdaljinom. Ali sam se suzdržao, znajući da moram pažljivo da biram reči, da kažem ono što zaista mislim i da priznam neizgovorenu tenziju među nama.

Znao sam da je ovo tek početak – prilika da ponovo rasplamsamo ono što smo imali ili da konačno pronađemo zatvaranje koje je oboma potrebno. Koji god put bio pred nama, ovo je bio korak koji sam morao da napravim, vođen šapatima prošlosti i snovima koje smo nekada zajedno sanjali.

Obnavljanje veze – Oktobar 2000

U oktobru 2000. godine, mladić je ušao u moju radnju i predstavio se kao Bojan. Pitao je:

„Da li poznajete Milu iz Zelenike?"

Jedva sam poverovao svojim ušima, ali sam uspeo da odgovorim potvrdno.

„Da, poznajem Milu." Bojanovo otkriće me je ostavilo bez daha.

„Imam pismo od nje za vas." Srce mi je brže zakucalo dok sam uzimao pismo.

Pomenuo je da je Milina ćerka, Maja, verena za njega. Nisam mogao da verujem; to je bilo iznad svih mojih snova. Bojan mi je pružio pismo.

„Hvala ti, Bojane. Molim te, sedi. Nadam se da možeš da ostaneš malo." Bojan je seo, i obojica smo se smestili. Pitao je: „Hoćete li da otvorite pismo?" Moje uzbuđenje bilo je nemoguće sakriti.

„Da, hoću," odgovorio sam. Pažljivo sam otvorio kovertu, a ruke su mi drhtale od iščekivanja. Prvo što sam želeo da vidim bila je fotografija.

Kad sam je ugledao, nisam mogao da ne izustim: „O, Bože." Mila je izgledala zadivljujuće, zrela i elegantna dama u modernom odelu koje joj je davalo izgled advokatice – lepe advokatice koju bih želeo na svojoj strani. Nastavio sam da gledam fotografiju, dok me je preplavio osećaj neverice. Mila je sada izgledala još lepše nego u vreme kada smo bili zajedno. Emocije su me preplavile; suze su mi navrle na oči, a govor mi je postao težak. Milino pismo je počelo:

Dragi Aleksa,
Čuti te ponovo posle toliko godina bilo je kao da sam pronašla deo slagalice za koji sam mislila da je zauvek izgubljen. Uspomene koje smo stvorili, smeh, i snovi koje smo nekada delili – sve se vratilo kao reka koja se oslobađa.

Dobiti tvoje pismo bilo je iznenađenje, ali prelepo iznenađenje. Prošlo je mnogo vremena otkako sam sebi dozvolila da razmišljam o prošlosti. Život nas odvodi u različitim pravcima, zar ne? Ali evo me, sedim i pišem ti, ne znajući ni odakle da počnem. Želela sam ranije da ti se javim, ali nešto me je uvek zadržavalo – možda strah – ili jednostavno saznanje da su nam se životi isuviše udaljili. Ipak, nikada te nisam zaboravila, Aleksa.

Nikada ne bih mogla da zaboravim ljubav koju smo delili niti način na koji si me činio da se osećam svih tih godina. Naša ljubav je bila posebna, nešto retko, i mislim da smo oboje to znali.

Vreme nas menja, kao što uvek i čini. Postala sam starija, možda i mudrija, ali i dalje nosim deo tebe u sebi – onaj deo koji još uvek sanja, nada se i veruje u drugu šansu. Pitam se da li i ti to osećaš. Život ovde je bio putovanje sa svojim usponima i padovima. Bojan, koji ti je predao ovo pismo, sada je deo naše porodice. Verio se sa mojom ćerkom Majom. Možda sam upravo zbog toga napokon pronašla hrabrost da ti se javim. Možda je to životov način da nas ponovo spoji. Nadam se da te ovo pismo zatiče dobro i srećnog. Često sam se pitala šta se dogodilo s tobom. Da li si još uvek onaj isti Aleksa koji je mogao da me nasmeje bez obzira na sve? Ili te je i život promenio?

Znam da ne možemo da se vratimo na ono što smo imali, ali se nadam da možemo da počnemo iznova na način koji bude delovao ispravno. Nadam se da možemo da obnovimo prijateljstvo, a možda i više, ako je suđeno. Hajde da idemo polako, korak po korak, i vidimo kuda nas put vodi. Znaj da sam često mislila na tebe i želela ti sve najbolje. Tako sam zahvalna na ovoj prilici da se ponovo povežemo i nadam se da ću uskoro čuti nešto od tebe.

Tvoja zauvek,

Mila

Kada sam završio s čitanjem, talas emocija me je preplavio. Miline reči bile su više od običnih reči – bile su kao poziv, most preko svih godina koje su nas razdvojile. Pogledao sam Bojana, koji me je tiho posmatrao, i shvatio da ovo nije bio samo slučajan susret. Ovo je bio novi početak, novo poglavlje, prilika da napišemo ponovo priču koju smo davno ostavili nedovršenu. Okrenuo sam se ka Bojanu, osmehujući se kroz suze koje su mi sad već slobodno tekle niz lice.

„Hvala ti, Bojane," prošaputao sam, glasom punim emocija. „Ne znaš koliko mi ovo znači."

I tada me je preplavio osećaj mira – mira koji nisam osetio godinama. Znao sam da šta god da se dogodi dalje, suočiću se s tim otvorenog srca i s novom nadom. Mila i ja smo dobili drugu šansu, i bio sam spreman da je iskoristim najbolje što mogu.

U paketu je bilo još jedno pismo, ovo adresirano na mene i Sendi.

Mila: 29. septembar 2000.

Dragi Aleksa i Sendi,

Vaša pisma su mi donela mnogo radosti. Često mislim na vas i na to kako su se naši životi odvijali različitim putevima. Ljudi često kažu da sudbina može da se promeni, ali možda tada nijedno od nas nije moglo da menja ono što se dogodilo. Iako smo razdvojeni, izgleda kao da su naši životi imali mnogo zajedničkog.

Vi ste daleko u Australiji, a ja sam ovde u Zeleniki, gde sam provela ceo život. Više ne putujem po Evropi, ali još uvek sanjam da ćemo jednog dana popiti kafu u Sidneju.

Nadam se da ste upoznali Bojana, momka moje ćerke Maje. Nadam se da će njihova ljubav izdržati vreme i razdaljinu, i možda će sledeće godine ona doći u Sidnej. Ako se to desi, možda će i meni to biti prilika da vas posetim.

Pominješ da si deda – da li bi mogao da mi pošalješ fotografiju Mejsona i njegove porodice, kao i jednu od Elen? Drago mi je da još uvek pamtiš srpski, jer moj engleski nije baš najbolji.

Sledećeg meseca se moj sin Danko ženi, a do marta 2001. postaću baka. Šteta što živimo tako daleko, volela bih da te vidim ovde. Nenad i ja smo se razveli 1983. godine, posle deset godina braka. Sada je sa ženom koja je 13 godina mlađa. Ja sam uzela dvoje male dece i vratila se kod roditelja. Bile su to teške četiri godine, ali 1987. mi je moj poslodavac pomogao da dobijem stan, što nam je donelo novi početak. Tu sam podigla decu, a kasnije sam stan prodala da bih kupila kuću. Ponovo sam se udala 1993. godine za Mladena, čoveka sa kojim sam bila od 1988. On je 13 godina stariji i napustio je Jugoslaviju 1967. godine da bi otišao u Nemačku, ali se 1997. vratio zbog nas. Moju decu je prihvatio kao svoju i imamo dobar brak.

Volela bih da čujem više o tvom životu, poslu i kako se opuštaš. Kako su te promenile poslednje 22 godine otkako smo se poslednji put videli? Da li si još uvek šarmantan kao nekad?

Nadam se da ćeš mi poslati neke slike. Ima još mnogo toga što bih mogla da ti napišem, ali ostaviću nešto i za drugi put. Znaš, Aleksa, smešno je – verovatno sad spavaš, dok ja ovde mislim na tebe.

Sve najbolje i pozdravi sestru Rosettu i Billa od mene.

Topli pozdravi,

Mila

Šapat onoga što je moglo biti

Miline pisma nisu bila samo poruke; bila su kao prozor u život daleko od mog, a opet čudno povezan sa mnom. Njene reči su prelazile kilometre, vraćajući uspomene na vreme kada su nam srca kucala kao jedno. Čak i posle svih ovih godina, veza koju smo delili nije izbledela, i dok sam čitao njeno pismo, osetio sam kako se stara iskra ponovo pali – osećaj koji sam duboko zakopao, čekajući pravi trenutak da se ponovo rodi.

Milina priča o snazi, njen put i tiha odlučnost govorili su mi mnogo. Osetio sam da je, baš kao i ja, prošla kroz sopstvene borbe i tuge – i izašla iz njih jača. Ideja o „Paralelnoj Slučajnosti" zaista me dotakla; činila se kao ogledalo naših života – odvojenih, a opet na neki način sličnih. Njene reči podsetile su me da život ima čudan način da ponovo spoji ljude, bez obzira koliko daleko bili i koliko vremena prošlo.

Kada je pomenula dolazak u Sidnej i kafu, činilo se kao da nam sudbina nudi šansu – možda da zatvorimo jedno poglavlje, a možda da započnemo novo. Njeno pismo probudilo je osećanja za koja sam mislio da su ostala u prošlosti, i uhvatio sam sebe kako razmišljam šta bi moglo biti sledeće. Za sada, mogu samo da čekam i vidim kuda će nas život odvesti. Da li će to biti samo kafa između starih prijatelja? Ili bi to mogla biti vrata u budućnost koju nismo ni smeli da zamislimo? Samo će vreme pokazati.

Dok sam završavao čitanje, misli su mi bile preplavljene emocijama. Miline reči bile su kao pogled u njen život – njene borbe, nade i sve između. Njene rečenice, iako jednostavne, nosile su težinu svih godina koje su prošle i osećanja o kojima nismo govorili. Ali dok sam ih iznova čitao, tražio sam znakove – male tragove koji bi mi otkrili da li je zaista srećna.

Pomenula je da ima „dobar brak", ali način na koji je to napisala nateralo me je da zastanem. Po meni, kada je neko zaista srećan, to kaže s takvom sigurnošću da nema nikakve sumnje. Njen izbor reči nateralo me je da se zapitam – da li je zaista ispunjena, ili postoji nešto što nije rekla, nešto što se krije između redova?

Nakon tog pisma, poslao sam Mili broj mog kancelarijskog telefona – mesto gde možemo razgovarati otvoreno i reći ono što možda drugi ne žele da čuju. Nakon našeg razgovora, dobio sam još jedno divno pismo od nje, koje nas je dodatno zbližilo. Osećao sam da su naša prava osećanja počela da izranjaju na površinu. Njena pisma postala su mi uteha, način da mi greju srce i ublaže tugu koju sam nosio.

Svako sledeće pismo nas je zbližavalo još više, i počeo sam da verujem da možda sudbina ipak ima plan da nas spoji. „Pošalji mi broj kućnog telefona", zamolila je, i to je delovalo kao poziv da skratimo udaljenost među nama, da ponovo čujemo glasove jedno drugoga.

Želela je da čuje moj glas, isto koliko sam i ja želeo da čujem njen. Kada sam pogledao fotografiju koju mi je poslala, njen lik ostao mi je u mislima – lice žene koja je prošla kroz vreme i daljinu da bi me pronašla. U tom tihom trenutku, postojalo je neizgovoreno obećanje onoga što bi moglo biti, tihi šapat koji je kao da kaže: „Tu sam."

Nedovršena melodija

U tišini naše telefonske bliskosti, među tihim šapatima i deljenim smehom, pronašao sam hrabrost da postavim pitanje koje mi je već dugo tiho gorilo u srcu:

„Postoji li još uvek mesto za one romantične osećaje koje smo nekada delili? Mogu li žeravice onoga što smo imali još uvek tinjati?"

Pauza koja je usledila bila je poput zatišja pred blagom kišom – ispunjena neizvesnošću, ali i beskonačnim mogućnostima.

A onda, kao da su se zvezde poravnale, njen glas, poput melodije, potekao je kroz vezu, noseći reči koje su u sebi imale i ranjivost i nadu.

Nekoliko dana kasnije, odgovor je stigao – ne kroz izgovorene reči, već u obliku pisma. Njegov dolazak bio je kao da je vreme na trenutak zastalo, a dok sam pažljivo razvijao stranice, dočekali su me poznati potezi njenog rukopisa – elegantno pismo koje je kao most spajalo razdaljinu među nama.

Mila: 8. novembar 2000.

Dragi Aleksa,

Čuti tvoj glas kako kaže „Halo, Aleksa pri telefonu" probudilo je nešto u meni. Tvoj glas je uneo nemir u moju dušu i probudio talas emocija – od radosti do tuge. Bilo je to kao da se film ponovo pokreće, sa scenama koje brzo prolaze pred očima. Toliko pitanja mi se vrtelo po glavi: Zašto? Da me je neko tada, u nedelju 8. oktobra, pitao šta nije u redu sa mnom ili šta osećam, ne bih znala da odgovorim.

Ali niko nije pitao, a ja nisam želela da pričam ni sa kim. Tišina je bolela jer su mi misli bile daleko. Znam da postoji samo jedna osoba koja bi razumela bez pitanja – i to si ti. Ono što sam tada želela, i što i dalje želim... o Bože. A onda, 7. novembra, svi ti rukom pisani listovi pali su na mene kao bomba, potresli su moj ponos i moje emocije. Naše vreme, ti i ja, bilo je duboko zakopano u mojoj svesti, sigurno i netaknuto. Niko to nikada ne može da mi oduzme; to je samo moje.

Znaš kako se osećam jer čak ni pisma iz nedelje, 7. aprila 1968. i 23. maja 1969. nisu izbledela – još uvek žive u mom srcu. Živa, toliko živa. Imam samo jednu veliku želju i ne prestajem da molim Boga da mi je ispuni.

Molim za samo jedno sutra s tobom.

U dnevniku koji sam ti pisala – sa toliko ljubavi, čežnje, tuge i suza – oboje smo nesrećni jer smo razdvojeni, ti tamo, a ja ovde, izgubljena u nepoznatom, osuđena zbog svoje lude mladosti. Znam da sam tada želela ono što mi je izmaklo, ono što sam mogla da imam. Sada, sa 48 godina, vidim da si ti bio moj početak, moj Aleksa. Pitam se, mogu li još uvek biti tvoja, a ti moj? To se vidi u mojim mislima i osećanjima. Ali tada nije bilo dozvoljeno, i sada nije dozvoljeno. O, Bože, kada će doći taj trenutak? Napisao si 10. novembra da si mi već jednom uništio život i da to ne želiš ponovo da uradiš. Šta si time mislio?

Molim te, objasni mi to. Kažeš da se osećaš i ponašaš kao da ti je 20. Možda se i ja tako osećam. A šta ako si ti moja sudbina? Kažu da je sudbina zapisana za svakoga, pa i za tebe i mene, ali možda može da se promeni. Za sada je najvažnije to što ja volim Aleksu, i što Aleksa voli Milu.

Zar nije u redu da budemo zajedno, da ostarimo zajedno i da okrećemo stranice naših života?

Zamišljam nas kako sedimo u nekom tihom kutku, moja glava naslonjena na tvoje rame dok okrećemo stranice zajedno. Sa svakom stranicom, poljubim te i gledam u tvoje oči, prepune ljubavi. To želim. Želim to više od svega. Napisala sam da molim Boga za samo jedno sutra s tobom. Jer posle današnjeg, uvek dolazi sutra – i posle njega još jedno sutra. Volim te.

Naš prvi poljubac... još uvek ga osećam. Sećaš li se starog čoveka u crkvi, sa Biblijom u ruci, koji nas je posmatrao? Možda se tada i on sećao svoje mladosti. Drhtala sam, srce mi je snažno udaralo. Kada sam se vratila kući, stala sam pred ogledalo, ubeđena da svi mogu da vide taj poljubac na meni.

Kako sam bila naivna. Sada, imam osećaj da ako bi me ponovo poljubio, mogla bih umreti od sreće – ali neka umrem tako, kao tvoja ljubav, tvoja Mila.

Posle svega što sam ti rekla, da li se još uvek pitaš da li te volim? Da. DA. Da. Da. Da, volim te.

Mila je rekla da želi „samo jedno sutra" sa mnom. Njene reči podsetile su me na priču koju mi je majka davno ispričala:

Žena koja je nadmudrila Smrt

Jedne večeri, dok je sunce zalazilo iza horizonta, slabašna starica sedela je pored vatre, izgubljena u mislima, kada je čula kucanje na vratima. Zvuk je bio težak, odlučan – gotovo zloslutan.

Kada je otvorila vrata, našla se oči u oči sa Smrću. Odeven u senke, stajao je visok i ćutljiv, a njegovo prisustvo ispunilo je malu prostoriju nepogrešivim osećajem konačnosti.

„Došlo je vreme," reče Smrt.

Starica se, iako zatečena, nije tako lako predavala. Ispravila je leđa, pogledala ga pravo u oči i upitala:

„Možeš li da dođeš sutra?"

Smrt je uzdahnuo. „Ne mogu. Ima previše duša koje čekaju. Ako sada odem, možda ću zaboraviti da se vratim."

Jeza joj je prošla telom, ali nije pokazala strah. Smireno je uzela parče krede i velikim slovima napisala na vrata:
„Vrati se sutra."
Smrt je pogledao natpis, oklevao trenutak, a zatim nestao u noći.
I tako, starica je nastavila da živi.
Sledećeg dana, kada je Smrt prolazio pored njene kuće, video je poruku i, držeći se reči, okrenuo se i otišao. Dan kasnije – ista poruka. I opet dan posle toga. Svaki put kada bi došao, iste reči dočekale bi ga:
„Vrati se sutra."
Kažu da starica i dan-danas živi, jer sutra nikada zaista ne dolazi!

Mila je, na neki način, bila kao ta starica koja je nadmudrila Smrt. Tražila je samo jedno sutra, ali je znala da sutra uvek donosi novo. Nije tražila jedan dan – ona je tražila zauvek.

Kada sam završio sa čitanjem tog pisma, talas emocija preplavio me je. Kao da sam dobio pogled u njen život, njene borbe i snove. Osetio sam duboku povezanost s njom, kao da je vreme između nas nestalo, ostavljajući samo vezu koju smo nekada delili.

Draga Mila,

Tvoje prelepo ljubavno pismo dirnulo me je dublje nego što mogu da izrazim. Svaka tvoja reč bila je kao korak unazad kroz vreme, oživljavajući našu zajedničku prošlost. Pismo je bilo ispunjeno emocijama za koje sam mislio da su izbledile, ali dok sam ga čitao, ponovo su se budile, podsećajući me na sve posebne trenutke koje smo delili.

Dok sam čitao tvoje reči, bio sam zapanjen njihovom iskrenošću i lepotom. U svetu u kojem se toliko veza izgubi ili zaboravi, tvoje pismo izdvaja se kao dokaz trajne ljubavi. Pokazalo mi je da prava osećanja ne nestaju – ona mogu da prežive, bez obzira na godine i udaljenost.

Tvoje pismo mi je dalo novi osećaj nade. Podsetilo me je da se sećanja iz prošlosti mogu pretočiti u sadašnjost i čak oblikovati budućnost. Hvala ti što si otvorila srce i što si mi ponovo pokazala snagu ljubavi.

Sa svom svojom ljubavlju i zahvalnošću,
Aleksa

Ponovno Povezivanje Srca: Pitanja i Mogućnosti

Nakon našeg telefonskog razgovora, osećanja su počela da isplivavaju na površinu. Njena pisma su delovala kao lek za moju tugu. Sada kada smo jedno drugom priznali svoja osećanja, počeo sam da postavljam pitanja o njoj i da je podstičem da isto učini sa mnom. Ipak, bili smo razdvojeni 35 godina, i oboje smo se pitali da li smo se promenili ili smo i dalje isti ljudi. Zbog naših godina i vremena koje smo proveli odvojeno, smatrao sam da je važno da se brzo ponovo upoznamo.

Napravio sam listu pitanja koja bi trebalo da postavimo jedno drugom i na koja bismo iskreno odgovorili. Znao sam da bi slanje tih pitanja moglo delovati smelo ili čak previše direktno, ali nismo imali luksuz da se ponovo upoznajemo polako. Morao sam da znam ko smo sada. Jesmo li još uvek oni isti ljudi koji su se zaljubili pre toliko godina? Ili su nas vreme i razdaljina promenili do neprepoznatljivosti?

Naravno, ona nije morala da odgovori ni na jedno od tih pitanja – ali za mene bi izbegavanje odgovora značilo da smo se udaljili ili da više nismo isti ljudi. Zato sam joj poslao mešavinu duhovitih i ozbiljnih pitanja, nadajući se da će mi njeni odgovori reći sve što treba da znam.

Nisam znao da li će odgovoriti, niti kako će se osećati povodom toga, ali sam znao da, da bismo se zaista ponovo povezali, moramo biti iskreni i otvoreni, bez obzira na to koliko to bilo neprijatno. A onda sam čekao, pitajući se da li će nas njeni odgovori zbližiti... ili nežno pokazati da smo postali stranci.

1. Šta misliš o mojoj listi pitanja?
2. Zašto me voliš?
3. Kada si se udala za svog prvog muža, da li si zaista bila zaljubljena u njega? Molim te, budi iskrena.
4. Veruješ li u Boga?
5. Da li uživaš u razgovorima o politici?
6. Šta ili ko te nervira?
7. Zanima me, zašto nikada ne razgovaraš sa mnom na mađarskom jeziku?
8. Da li trenutno voliš svog drugog muža?

9. Da li te interesuje filozofija?
10. Šta ti sada donosi sreću?
11. Osim mene, šta osećaš da ti nedostaje u životu?
12. Zašto ostajem bez daha kada pomislim na tebe?
13. Zašto sada uvek imaš osmeh na licu?
14. Kada možemo da te očekujemo u Australiji?
15. Da li aktivno učiš engleski jezik?
16. Da li imaš planove da prestaneš da pušiš?
17. Kako si reagovala kada sam pomenuo da nisam siguran da mogu da napustim svoju ženu?
18. Koja su tvoja omiljena jela?
19. Možeš li mi reći koliko trenutno imaš kilograma? Iskrenost je cenjena.
20. Šta misliš o gojaznim osobama?
21. Kako gledaš na homoseksualnost?
22. Kakva su tvoja očekivanja u vezi naše budućnosti? Da li je to samo na jedan dan ili na duže?
23. Da li ti moja pitanja deluju dosadno ili naporno?
24. U slučaju da ne mogu da napustim svoju partnerku, šta misliš da će se dogoditi između nas?
25. Kakav je tvoj stav prema intimnosti? Da li ti je često potrebna ili retko?
26. Da li si nekada ti bila ta koja je započela intimnost (napravila prvi korak)?
27. Da li bi želela da budeš sa mnom? Moj odgovor je odlučno – da.
28. Koju grešku bih mogao da napravim, a da ti to nikada ne bi mogla da oprostiš?
29. Ako uspemo da se ponovo spojimo, gde bi volela da živimo?
30. Kako provodiš vreme van posla?
31. Da li osećaš zadovoljstvo na svom trenutnom poslu?
32. Da li uživaš u kuvanju?
33. Da li tvoj muž smatra da si tvrdoglava i da li je to tačno?
34. Zašto sam bio toliko iznenađen kada si rekla da bi ostavila svog muža zbog mene?
35. Koliko televiziju gledaš i kakve emisije voliš?
36. Da li misliš da preterujem sa ovim pitanjima?
37. Šta radiš za zabavu?

38. Da li si doživela sreću ili radosne trenutke od kada smo se razdvojili?
39. Čini mi se da je tvoja ljubav prema meni bezuslovna. Zašto misliš da je to tako?
40. Da li je tvoj muž zadovoljan vašim odnosom? Ako nije, u kojim aspektima je nezadovoljan?
41. Da li si se ikada pre zaljubila u nekoga, i ako nisi, kakav je tvoj stav o tome?

Draga Mila, ovim završavam svoju listu pitanja. Kakvo je tvoje mišljenje o istoj? Smatrao sam da je veoma važno da se ponovo upoznamo nakon izgubljenih 35 godina, zato mi je to sada prioritet.

Milin Odgovor

I dobio sam odgovor kojem sam se nadao:

Dragi Aleksa,

Hvala ti, potpuno se slažem da to treba da uradimo. Evo mojih odgovora:

1. ***Šta misliš o mojoj listi pitanja?***
   Tvoja lista pitanja je veoma sveobuhvatna i promišljena. Pokazuje koliko ti je stalo i koliko želiš da se ponovo povežemo na dubljem nivou.

2. ***Zašto me voliš?***
   Volim te zato što si uvek bio ljubazan, razumevajući i podržavajući. Čak i posle svih ovih godina, moja osećanja prema tebi se nisu promenila. Najviše cenim tvoju sposobnost da me učiniš da se osećam sigurno i cenjeno, bez obzira na udaljenost ili vreme koje je prošlo. Kao da naša veza nije dotaknuta godinama, i to mi daje nadu za našu budućnost.

3. ***Kada si se udala za svog prvog muža, da li si ga zaista volela? Molim te, budi iskrena.***
   Kada sam se udala za svog prvog muža, verovala sam da sam zaljubljena. Ali sada, kada pogledam unazad, više je to bilo traženje sigurnosti nego prava ljubav.

4. ***Da li veruješ u Boga?***
   Verujem u Boga, iako se moje razumevanje vere tokom godina razvijalo.

5. ***Da li voliš da diskutuješ o politici?***
   Diskusije o politici mogu biti zanimljive, ali često vode do žučnih rasprava. Više volim razgovore koji nas zbližavaju nego one koji nas udaljavaju.

6. ***Šta ili ko te najviše nervira?***
   Neiskrenost i nedostatak empatije kod ljudi me najviše nerviraju.

7. ***Zašto nikad ne govoriš sa mnom na mađarskom?***
   Govor na mađarskom mi deluje intimnije, a nekako se osećam prirodnije kada pričamo na srpskom.

8. ***Da li trenutno voliš svog drugog muža?***
   Stalo mi je do njega, ali osećanja nisu ista kao ona koja imam prema tebi. Naš odnos je više postao drugarski nego strastven.

9. ***Da li te zanima filozofija?***
   Da, filozofija me fascinira jer mi pomaže da razumem različite poglede na život.

10. ***Šta te sada čini srećnom?***
    Mali trenuci sa porodicom i prijateljima, i pomisao na ponovno povezivanje s tobom, donose mi sreću.

11. ***Osim mene, šta ti najviše nedostaje u životu?***
    Najviše mi nedostaje istinsko emocionalno povezivanje i razumevanje. Žudim za tim da svoje misli i osećanja podelim sa nekim ko me u potpunosti razume.

12. ***Zašto ostajem bez daha kad pomislim na tebe?***
    Možda zato što je naša veza toliko snažna i ispunjena iščekivanjem i čežnjom. Kao da nas još mnogo toga čeka zajedno.

13. Zašto sada uvek imaš osmeh na licu?
Pomisao na naš mogući susret i lepe uspomene koje delimo stavljaju mi osmeh na lice.

14. Kada možemo da očekujemo tvoj dolazak u Australiju?
Nadam se da ću posetiti Australiju čim okolnosti to dozvole. Jedva čekam da te ponovo vidim.

15. Da li aktivno učiš engleski?
Da, učim. Želim da poboljšam svoj engleski kako bismo bolje komunicirali.

16. Da li planiraš da ostaviš cigarete?
Da, razmišljam o tome zbog zdravlja i opšte dobrobiti.

17. Kako si reagovala kada sam rekao da nisam siguran da mogu da ostavim svoju ženu?
Bolelo je to čuti, ali razumem koliko je situacija složena. Cenim tvoju iskrenost, iako je bilo teško.

18. Koja su tvoja omiljena jela?
Volim tradicionalna mađarska jela, kao i italijansku kuhinju.

19. Možeš li podeliti svoju trenutnu težinu? Iskrenost se ceni.
Trenutno imam 55 kg. Verujem da treba da budem iskrena s tobom.

20. Šta misliš o gojaznim ljudima?
Mislim da treba da se fokusiramo na zdravlje i dobrobit, a ne samo na težinu. Svi zaslužuju poštovanje bez obzira na veličinu.

21. Kako gledaš na homoseksualnost?
Verujem u ljubav i poštovanje prema svim ljudima, bez obzira na njihovu seksualnu orijentaciju.

22. Kakva su tvoja očekivanja za našu budućnost? Da li je to samo jedan dan ili više?
Nadam se dugoj zajedničkoj budućnosti, punoj ljubavi i zajedničkih trenutaka. Sanjam o nečemu istinskom s tobom, gde svaki dan donosi novi početak.

23. Da li ti moja pitanja deluju dosadno ili naporno?
Ni najmanje. Cenim tvoju radoznalost i želju da me bolje upoznaš.

24. Ako ne budem mogao da ostavim svoju partnerku, šta misliš da će biti s nama?
Nadam se da ćemo ipak ostati bliski i održati našu vezu, bez obzira na okolnosti. Naša povezanost je previše dragocena da bismo je izgubili.

25. Kakav ti je odnos prema intimnosti? Da li je često želiš ili retko?
Intimnost mi je važna i često je želim kao način da se duboko povežem. To je suštinski deo bliskosti.

26. Da li si ikada ti bila ta koja je započela intimnost (napravila prvi korak)?
Da, jesam. Verujem u otvoreno izražavanje osećanja i preuzimanje inicijative kada to deluje ispravno.

27. Da li želiš da budeš sa mnom? Moj odgovor je odlučno da.
Da, želela bih da budem s tobom. Moja osećanja su ista kao tvoja.

28. Koja bi tvoja greška bila neoprostiva za mene?
Izdaja poverenja bi mi najteže pala. Poverenje je temelj svake veze, a kada se jednom izgubi, teško se ponovo gradi.

29. Ako uspemo da se ponovo spojimo, gde bi volela da živimo?
Volela bih da živimo tamo gde oboje osećamo udobnost i sreću. Bilo da je to ovde ili u Australiji – dokle god smo zajedno, verujem da ćemo uspeti.

30. Kako provodiš vreme van posla?
Uživam u čitanju, druženju s porodicom i prijateljima i u šetnji sa psom. Te jednostavne stvari mi donose mir.

31. Da li osećaš ispunjenost na svom sadašnjem poslu?
Moj posao ima svojih momenata, ali ne donosi mi potpunu ispunjenost. Više ispunjenja nalazim u ličnim vezama i hobijima.

32. Da li voliš da kuvaš?
Da, volim da kuvam, posebno da isprobavam nove recepte. To mi je kreativan ispušni ventil.

33. Da li tvoj muž misli da si tvrdoglava i da li je u pravu?
Misli da sam ponekad tvrdoglava, i slažem se. Umem da budem veoma uporna kada u nešto verujem.

34. Zašto sam bio toliko iznenađen kada si rekla da bi ostavila svog muža zbog mene?
Možda zato što je to velika odluka koja pokazuje dubinu mojih osećanja prema tebi. Nije to nešto što olako shvatam – ti si mi zaista važan.

35. Koliko televizije gledaš i koje programe voliš?
Gledam umereno, uglavnom dokumentarce. Volim da učim nove stvari i upoznajem različite poglede na svet.

36. Misliš li da preterujem sa ovim pitanjima?
Ne, mislim da su tvoja pitanja važna za naše ponovno povezivanje i bolje razumevanje. Pokazuju tvoju posvećenost da obnovimo naš odnos.

37. Šta radiš za zabavu?
Volim planinarenje, čitanje i druženje s prijateljima. Te aktivnosti mi pomažu da se opustim i da se osećam povezano sa svetom oko sebe.

38. Da li si doživela sreću ili radosne trenutke od kada smo raskinuli?
Da, bilo je radosnih trenutaka, ali uvek je nešto nedostajalo bez tebe. Radost nikada nije bila potpuna.

39. Čini mi se da je tvoja ljubav prema meni bezuslovna. Zašto misliš da je tako?
Zato što je naša veza duboka i iskrena, i prevazilazi vreme i okolnosti. Kao da je ova ljubav stvorena da traje, bez obzira na sve što nam život donese.

40. Da li je tvoj muž zadovoljan vašom vezom? Ako nije, u kojim aspektima je nezadovoljan?
Ima trenutaka nezadovoljstva, uglavnom zbog emocionalne distance među nama. Udaljili smo se na načine koje je teško prevazići.

41. Da li si ikada bila zaljubljena u nekog pre? Ako ne, kakvo je tvoje mišljenje o tome?
Jesam bila zaljubljena ranije, ali ljubav koju osećam prema tebi je drugačija, dublja. Kao da ova ljubav ima dubinu i snagu koju nikad ranije nisam osetila.

S ljubavlju,
Mila

Aleksin Odgovor

Moja najdraža Mila,

Kada sam ti prvi put poslao listu pitanja, bio sam ispunjen brigom i nesigurnošću. Znao sam da su veoma lična i brinuo sam se da ti možda mogu delovati kao zadiranje u privatnost ili da će te preplaviti. Ipak, morao sam da ih postavim jer sam želeo da saznam ko si postala posle svih ovih godina. Tvoji odgovori su mogli potvrditi da si i dalje ona Mila u koju sam se zaljubio, ili otkriti da te je vreme promenilo na načine koje nisam mogao ni da zamislim.

Tvoji odgovori su nadmašili sva moja očekivanja. Nisi samo odgovorila na pitanja – podelila si sebe sa iskrenošću, otvorenošću i spremnošću da se ponovo povežemo, što me duboko dirnulo. Osetio sam tvoju iskrenost u svakoj reči, tvoju želju da premostimo godine i daljinu, i tvoju nadu da možda još uvek imamo zajedničku budućnost.

Sada, kada znam dubinu tvojih osećanja i tvoje promišljene odgovore, osećam se bliže tebi nego ikada. Tvoje reči su izbrisale moje sumnje i ispunile me obnovljenim osećajem svrhe i čežnje. Sigurniji sam nego ikada da naša ljubav može opstati, da je suđeno da se ponovo pronađemo, čak i posle svega.

Razmišljao sam o tome da dođem u Zeleniku sa svoje dvoje dece da te upoznamo. Tvoja ćerka, Maja, bi mogla da ih zabavi, što bi nama omogućilo da provedemo dragocene trenutke zajedno. Nažalost, mogli bismo da ostanemo samo tri nedelje, ali verujem da bi te nedelje mogle biti neverovatno značajne za oboje. Molim te da ovo pažljivo razmotriš i razmisliš šta ćeš reći svom mužu i koliko si ti uopšte udobna s tim planom.

Znam tačno šta želim: to jedno jutro s tobom — i, ako je moguće, još više. Nakon našeg susreta, možemo doneti odluke o našoj zajedničkoj budućnosti.

A sada, ostalo je istorija: idem u Budimpeštu da sretnem svoju davno izgubljenu, ali nikad zaboravljenu ljubav. U ponovnom povezivanju s tobom, Mila, svestan sam da su pitanja koja sam postavio možda izazvala zabrinutost. Mlada devojka koju sam nekad poznavao sada je iskusna korporativna advokatica, dok ja ostajem jednostavno – ja. Namerno sam postavio i neka osetljiva pitanja da bih izazvao iskrene reakcije i shvatio osobu koja si postala tokom svih ovih godina. Pozitivni i srdačni odgovori koje sam dobio doneli su mi ogromnu radost i utehu, oslikavajući predivnu sliku izuzetne žene kakva si danas. S nestrpljenjem očekujem da te ponovo vidim, da zajedno otkrijemo šta nam budućnost donosi.

Tvoj zauvek,

Aleksa

Ponovno rasplamsana ljubav u Budimpešti

April 2001

U srcu Budimpešte, novo poglavlje naše ljubavne priče bilo je na pomolu. Naša osećanja, nekada tako intenzivna, samo su rasla tokom godina i razdaljine koja nas je razdvajala. Moja deca, Mejson i Elen, podsticali su me da iskoristim ovu priliku za sreću, podsećajući me da je život prekratak da bismo propustili ovakve trenutke. Stajao sam na životnoj raskrsnici i shvatio da vreme brzo prolazi. Ignorisati ono što mi srce govori sada značilo bi prihvatiti budućnost bez živih, jarkih boja ljubavi. S godinama i iskustvom, znao sam koliko je važno zgrabiti trenutak, čak i ako to znači suočavanje sa složenim osećanjima i realnostima prošlih izbora.

Na toj prekretnici, odlučio sam da sledim svoje srce. Napravio sam plan – hrabar plan. Budimpešta će biti svedok sledećeg poglavlja naše priče, ispunjenog ljubavlju i hrabrošću. Pozvao sam Mejsona, Elen i moju sestru Rosetu da mi se pridruže, pretvarajući naše putovanje u porodičnu avanturu i lično ponovno povezivanje. Krenuli smo zajedno na ovo putovanje, svaki korak me približavao ženi koja je uvek bila u mom srcu.

Stigao je 5. april 2001. godine, i uzbuđenje je bilo gotovo neizdržljivo. Aerodrom u Budimpešti vrveo je od ljudi, ali ja sam mislio samo na to da vidim Milu. Srce mi je ubrzano kucalo dok sam pretraživao masu, tražeći njeno lice. U jednom trenutku nisam mogao da je pronađem, i panika mi se polako uvlačila u misli. Tada me je Elen nežno dodirnula po ruci i uzbuđeno šapnula:

— „Tamo je, tata!"

Pratio sam njen pogled i konačno je ugledao. Vreme se zaustavilo dok su nam se pogledi sreli preko prepunog terminala. Godine su se istopile, ostavljajući samo čistu radost što je ponovo vidim. Požurio sam ka njoj, koraci su mi bivali sve brži dok nismo stali licem u lice.

U tom trenutku reči nisu bile potrebne. Zagrlili smo se snažno, kao da se plašimo da ćemo se ponovo izgubiti, ceneći trenutak o kojem smo oboje toliko dugo sanjali.

Tokom vožnje od aerodroma, nismo mogli da odvojimo pogled jedno od drugog. Naši pogledi govorili su hiljadu neizgovorenih reči. Smejali smo se i plakali dok smo delili uspomene i delove onoga što smo postali. Svet izvan automobila je bledeo – jedino je bilo važno to što smo ponovo zajedno, uprkos vremenu i razdaljini. Potražili smo privatnost u prijatnom hotelu pored Dunava. Soba, okupana blagim popodnevnim suncem, postala je naše utočište – mesto gde su se prošlost i sadašnjost bez napora spojile.

Kada su se vrata zatvorila, nastupila je tiha spokojnost. Vazduh je bio ispunjen iščekivanjem, pomešanim sa dozom nervoze. Ali duboko u sebi, oboje smo osećali da je to ispravno – kao da nas je sudbina ponovo spojila. Mila je polako prišla prozoru, zlatna svetlost obasjala ju je poput oreola. Okrenula se ka meni, oči su joj sijale od sreće, ljubavi i nevaljale iskrice.

Sa usporenom, namernom gracioznošću počela je da otkopčava bluzu. Svaki pokret bio je bez žurbe, kao da skida godine koje su nas razdvajale. Kada je tkanina skliznula s njenih ramena, otkrivajući njenu lepotu, dah mi je zastao. Stajala je preda mnom – lepša nego što sam je ikada pamtio. Godine su joj samo dodale šarm, dodelile joj gracioznost i snagu koje su me ostavile bez daha. Bio sam nepovratno privučen ka njoj, prešao razdaljinu između nas nesvesno.

Naši pogledi su se sreli, i sve drugo je nestalo. Nežno sam obuhvatio njeno lice rukama, palčevima joj prešao preko obraza. Naš prvi poljubac bio je blag, gotovo neodlučan – nežno ponovno otkrivanje puno slasti. Ali brzo je postao strasniji, izražavajući svu ljubav i čežnju koja se godinama gomilala u nama.

Osećaj je bio preplavljujući, kao da su se naše duše povezale na nivou koji prevazilazi fizičko. Kao da je svaka propuštena prilika, svako neposlato pismo i svaka tiha čežnja vodila ka ovom savršenom trenutku. Ukus njenih usana bio je i poznat i nov, grejao me je celim telom. Pomakli smo se prema krevetu, naši pokreti bili su usklađeni, kao ples vođen godinama snova.

Mekani čaršavi grlili su nas dok smo ležali zajedno, istražujući jedno drugo s nežnošću i pažnjom. Svaki dodir bio je promišljen, svaki milimetar kože podsećao je na ljubav koja nikada nije izbledela.

Dok su se naša tela približavala, oslobađali smo se ne samo odeće već i godina razdvojenosti i tereta koje smo sami nosili. Sve prepreke su nestale, ostavljajući nas potpuno otvorenima i povezanim. U toj sobi, u tom trenutku, postojali smo samo mi. Vodili smo ljubav polako, uživajući u svakom dodiru, svakom dahu. To je bio intiman ples šapnutih obećanja, nežnih pokreta i dubokih osećanja. Naš ritam bio je prirodan i nenapadan, svedočanstvo veze koja nikada zapravo nije bila prekinuta. Vreme se činilo i kao da teče i da stoji – svaki trenutak bio je i kratak i beskonačan.

Iako nismo doživeli fizički vrhunac, iskustvo je prevazišlo fizičko. To je bilo spajanje srca i duša, isceljenje i povratak kući. Dok smo ležali zagrljeni, njena glava naslonjena na moje grudi, ritam naših srca odjekivao je skladom koji smo pronašli. Tiho smo razgovarali, delili priče iz života koje smo proveli odvojeno – radosti i tuge, pobede i žaljenja. Smeh se mešao sa suzama dok smo nadoknađivali izgubljeno vreme i stvarali nove uspomene koje ćemo čuvati.

U toj tišini, setio sam se njenog pisma u kojem je pisala da će, ako padne na ispitu, pokušati ponovo. Nasmejan, tiho sam je pitao:

— „Sad znaš da sam želeo da polažem taj popravni. Jesam li položio?"

Ona je podigla pogled, oči su joj bile tople i pune nežnosti, i tiho odgovorila:

— „Sa odličnim uspehom."

Pronalaženje našeg puta nazad i davno izgubljenog prstena

Dani nakon našeg ponovnog susreta bili su predivan vrtlog zajedničkih avantura i tihih trenutaka. Lutali smo ulicama Budimpešte, držeći se za ruke, ponovo se otkrivajući dok smo istraživali čari grada. Svako iskustvo – bilo veliko ili malo – imalo je dublje značenje jer smo napokon bili zajedno, živeći trenutke o kojima smo ranije samo sanjali.

Usred sve te radosti, otkrili smo i neke bolne istine iz prošlosti.

Saznali smo da su naše majke, svaka na svoj način, pokušavale da nas razdvoje. Milina majka se protivila njenom preseljenju u Australiju, verovatno želeći da jedinu ćerku zadrži blizu sebe. Sakrila je moja pisma Mili, što je objasnilo njeno ćutanje koje me je bacilo u očaj.

Decenije nerazumevanja i bola počele su da se razmotavaju dok smo stajali zajedno. Ovo putovanje nije bilo samo povratak u prošlost; bila je to prilika da se suočimo sa istinom, izlečimo stare rane i ponovo otkrijemo ljubav koja nikada zapravo nije nestala.

Mila je kasnije suočila svoju majku sa izgubljenim pismima i postupcima koji su nas razdvojili.

„Mama, moram da znam – zašto nisi volela Aleksu? Zašto mi nisi dala njegova pisma? Aleksa i ja smo se iskreno voleli, a naši životi su skrenuli s puta zbog onoga što si ti uradila. Imala sam dva neuspešna braka i sama sam podizala decu. Zašto si se mešala?"

Njena majka je oklevala; glas joj je bio ispunjen kajanjem.

„Mislila sam da te štitim. Nisam htela da mi jedina ćerka ode na drugi kraj sveta. Mislila sam da on neće moći da te izdržava – nije imao stalni posao. Plašila sam se da ćeš patiti."

„Ali, mama," Mila je uzvratila, frustracija joj je bila opipljiva, „pogledaj šta sam dobila udajom za tog 'boljeg' čoveka. Sve je to tvoja krivica."

Mila je nastavila da pritiska. „Sećaš li se kad si mi dala Aleksine slike bez pisma?"

„Da," priznala je majka.

„Da li je bilo pisma?"

„Da."

„I šta si uradila s njim?"

„Spalila sam ga."

Milin glas je zadrhtao od neverice. „Kako si mogla? Jesi li ga pročitala?"

„Jesam," priznala je majka.

„Napisao je: 'Ovo ti je poslednja šansa da objasniš pismo svoje majke. Da li je istina da si se viđala s drugim momcima?

Verovao sam da me voliš. Ovo je ludilo; polazim pameti. Evo ti tvoje slike. Ne mogu više da te gledam. Reci mi da to nije istina.'"

Miline oči su se napunile suzama.

„Mama, da sam pročitala to pismo, sve bi bilo drugačije. Uništila si našu ljubav, i to zbog čega? Da me zadržiš blizu? Da kontrolišeš moj život? Nisi imala pravo da doneseš tu odluku umesto mene. Nisi samo uništila moju vezu sa Aleksom – uništila si moj život. Nosim ovaj bol decenijama, a sad očekuješ da to jednostavno zaboravim?

„Ne mogu da ti oprostim – ne sada, možda nikada. Oduzela si mi život koji sam mogla da imam, sreću koju sam zaslužila. Ne očekuj da razumem ili opravdam to što si uradila, jer neću. To što si učinila nije bila ljubav – bila je sebičnost. I to nikada neću zaboraviti."

Njena majka je klimnula glavom, lice joj je bilo ispunjeno kajanjem, svesna štete koju je nanela.

Moja majka, željna da se skrasim s nekim drugim, tiho me udaljavala od snova koje sam delio s Milom. Saznanje o tome izazvalo je u meni pomešana osećanja – donekle zatvaranje starih pitanja, ali i tugu zbog svih izgubljenih godina.

Tokom mog boravka s Milom, skupio sam hrabrost da pokrenem nešto što me progonilo decenijama.

„Znaš li šta se desilo s našim vereničkim prstenom?" upitah, dok mi je srce ubrzano kucalo.

Milino lice poprimilo je izraz radoznalosti s primesom nesigurnosti.

„Ne znam," rekla je polako. „Ono čega se sećam jeste da je tvoja majka došla kod mene i zatražila da ga vratim."

„Šta? Nisam je ja poslao! Nisam s njom ni razgovarao mesecima – bio sam previše povređen. Da li ti je rekla zašto?"

Sa blagim tonom ogorčenja Mila odgovori: „Ne. Samo je rekla: 'Znaš ti zašto'."

Njene reči su me pogodile kao grom. Oči su mi se napunile suzama. Zastao sam da se saberem, dok je Mila nastavila da prepričava bol tog dana.

„Bila sam slomljena," rekla je drhtavim glasom. „Skinula sam prsten s prsta, bacila ga na zemlju i u suzama otrčala u kuću."

Grudi su mi se stegle dok sam zamišljao njenu bol. Privio sam je uz sebe i tiho sebi obećao da više nikada neće tako da se oseća. Zajedno smo počeli da sastavljamo deliće naše prošlosti.

Nismo imali pojma šta se desilo s prstenom, jer je moja majka u međuvremenu preminula. Hteo sam da kupim Mili novi prsten, i ona se složila.

Zamolili smo moju sestričinu da nas odvede u zlataru, ali nas je iznenadila tako što je podigla ruku i pokazala naš verenički prsten star 33 godine. Objasnila nam je da joj je moja majka dala prsten i da je oduvek osećala neku posebnu povezanost s njim, iako nije znala zašto.

Bez oklevanja, vratila mi je prsten. Bili smo presrećni i odlučili da joj se zahvalimo za ulogu koju je imala u očuvanju važnog dela naše prošlosti. Zajedno, Mila i ja izabrali smo prelep prsten – znak zahvalnosti za njenu ulogu u našoj priči. Kada sam joj ga predao, osetio sam duboko ispunjenje. Taj trenutak nije bio samo poklon, već priznanje njene uloge u našem ponovnom spajanju. Time što je izabrala da nosi verenički prsten, nesvesno je sačuvala uspomene koje su bile vezane za njega i omogućila mu da ponovo pronađe put do nas.

Dok smo izlazili iz radnje, srce nam je bilo ispunjeno novim osećajem celovitosti. Krug ljubavi i sudbine bio je zatvoren, i vratili smo se tamo gde smo oduvek pripadali – jedno drugom.

Naše putovanje nazad u Jugoslaviju postalo je više od običnog povratka – pretvorilo se u hodočašće ljubavi, dokaz snage ljudskog duha i potvrdu da prava ljubav može preživeti i najduže iskušenje. Pronađeni prsten bio je više od komada nakita – bio je most između naše prošlosti i budućnosti, opipljivi simbol naše obnovljene posvećenosti da zaštitimo i čuvamo ono što smo zamalo izgubili. U danima koji su usledili, svaki trenutak bio je poklon. Šetajući ruku pod ruku ulicama Zelenike, proživljavali smo stare uspomene dok smo stvarali nove.

Smejali smo se sitnicama, delili priče iz mladosti i maštali o budućnosti koju ćemo sada zajedno graditi. U srcima nam je bilo lakoće – one prave radosti koja dolazi kada se dve duše konačno prepoznaju kao da oduvek pripadaju jedna drugoj.

Prsten na Milinom prstu sijao je tihim sjajem, kao da je znao da je konačno pronašao svoj pravi dom. Nije to bio samo prsten; bio je to simbol ljubavi koja je opstala uprkos svemu – ljubavi koja je dokazala da su naši životi oduvek bili namenjeni da se isprepletu. Nijedna daljina ni vreme nisu mogli istinski da nas razdvoje.

Sa novim osećajem svrhe, počeli smo da planiramo svoju budućnost – budućnost koja je sada bila naša. Razgovarali smo o tome gde bismo želeli da živimo, o mestima koja želimo da posetimo i o životu koji ćemo graditi jedno pored drugog. Imali smo osećaj da nam je sudbina dala drugu šansu i bili smo odlučni da je iskoristimo. Svaki korak na našem putu doveo nas je do ovog trenutka. Svi napori, nesporazumi, godine razdvojenosti i tuge – sve je to bilo deo šireg plana koji nas je ponovo spojio, jače nego ikada. Osećao sam se istinski blagosloveno što je Mila ponovo u mom životu, i zavetovao sam se da ću ceniti svaki trenutak koji imamo od tog dana nadalje.

Kada smo se vratili svakodnevici, duh naše avanture ostao je s nama. Prsten, sada ponovo na Milinom prstu gde i pripada, postao je stalni podsetnik na moć ljubavi i misteriozne puteve sudbine. Stajao je kao dokaz da, bez obzira na to koliko vremena prođe, prava ljubav uvek pronađe put. Naša priča nije bila završena; na mnogo načina, tek je počinjala. Znali smo da će biti novih izazova, ali smo znali i da zajedno možemo sve da prebrodimo. Sa isprepletenim rukama i punim srcima, zakoračili smo u budućnost spremni da prihvatimo sve što život nosi. Prsten koji je toliko dugo bio izgubljen više nije bio samo predmet; postao je svetionik nade i obnove, simbol naše neraskidive veze i obećanje o prelepoj budućnosti. Koračali smo dalje noseći sa sobom spoznaju da su neke stvari jednostavno suđene – i da prava ljubav nikada ne bledi.

Kako se naše vreme zajedno bližilo kraju, suočili smo se s teškim odlukama o budućnosti. Otvoreno smo razgovarali o životima koje smo izgradili odvojeno i o mogućnosti da počnemo ispočetka – zajedno. Reč „razvod" – teška i složena – ušla je u naše razgovore. Milino pravno znanje pomoglo nam je da se krećemo kroz te misli, dok sam ja prolazio kroz lično preispitivanje i vodio neke teške razgovore.

Jedne večeri rekao sam Mili da ne znam šta da kažem Sandi, niti da li mogu da je ostavim. Mila mi je tada postavila pitanje koje mi je promenilo sve:

„Koga više voliš – Sandru ili sebe?"

To pitanje me je potpuno zaustavilo. Nateralo me je da shvatim da stavljanje sopstvene sreće na prvo mesto nije sebično – već nužno. Mila me je podstakla da duboko razmislim o tome šta zaista želim, izvan očekivanja drugih. U tom trenutku, pronašao sam snagu da stavim svoju sreću u centar svojih odluka.

Shvatio sam da ljubav nije stvar biranja jednog puta nad drugim. Ljubav je ostati veran svom srcu i pronaći istinsku radost. Nekoliko nedelja nakon povratka kući, osetio sam preplavljujuću potrebu da izrazim koliko mi je naše ponovno spajanje značilo. Seo sam da napišem Mili pismo, nadajući se da ću uhvatiti magiju našeg vremena zajedno i duboku ljubav koja je ponovo zapaljena.

Aleksa: Dan kada su se naši snovi ostvarili

Draga Mila,

Ne mogu da prestanem da mislim na 5. april 2001. – dan kada su se naši snovi konačno ostvarili. Odlazeći s aerodroma dok si bila pored mene, srce mi je lupalo kao nikada pre. U početku te nisam video u gomili i panika je počela da raste u meni. Ali onda te je Elen pokazala, i u trenutku kada su nam se pogledi sreli, sve drugo je nestalo. Zagrliti te bilo je kao san koji se ostvario – mešavina radosti, olakšanja i ljubavi toliko snažne da je rečima nemoguće opisati. Tokom vožnje, neprestano smo se gledali, kao da su nam oči govorile sve ono što nije moralo da se izgovori. Kao da smo želeli da se uverimo da ovo nije samo san, da smo posle svih tih godina zaista ponovo zajedno.

Nikada neću zaboraviti naš prvi susret u Eurazsia Kft Rojal Segedinu, u sobi 117, oko 17:15. Oboje smo bili nervozni, ali u vazduhu se osećala uzbuđenost i iščekivanje. Sećam se kako si prišla prozoru, a svetlost je stvarala nežan oreol oko tebe. Kada si pustila da ti košulja sklizne, zastao mi je dah. Bila si lepša nego u bilo kom sećanju koje sam nosio u sebi. Kada si mi prišla, činilo se kao da je vreme stalo.

Naš prvi poljubac bio je kao magija – slađi od meda, ispunjen svom onom ljubavlju i čežnjom koju smo godinama nosili u sebi.

Biti s tobom te noći bilo je nešto što se rečima ne može opisati; bilo je nežno, strasno i duboko povezano. Iako nisi doživela onaj završni trenutak, za mene je to i dalje bilo predivno i značajno iskustvo – duboka povezanost koja prevazilazi fizičko. Setio sam se tvog pisma u kojem si govorila o tome kako bi ponovo polagala ispit ako bi pala. Sad, posle ovog neverovatnog susreta, pitam se – da li sam položio ispit vremena i razdvojenosti? Jesmo li uspeli da povratimo ljubav koja je oduvek bila naša? Svaki trenutak koji smo podelili čuvam u srcu i s toliko nade i uzbuđenja gledam u budućnost. Ti si uvek bila, i zauvek ćeš biti, ljubav mog života.

Sa svom svojom ljubavlju,

Malecki

Ahic Hotel, Zelenika – April 2001

Po povratku iz Budimpešte i dirljivom ponovnom susretu s Milom, organizovao sam večeru u ekskluzivnom restoranu sa svojom sestrom Rosettom, mojom decom, Milom i njenom porodicom. Bio je to moj prvi povratak u Zeleniku – i bila je to večer za pamćenje. Ceo događaj je snimljen na video, a ono što sledi je opis onoga što danas vidim na toj snimci.

Na ovom nesvakidašnjem okupljanju, gde je svaki gost nosio svoje misli, tajne i strahove, prisutni su bili:

- Mila i ja
- Njen prvi muž, Nenad
- Tamara, mlada žena koja je nekada pobegla s Milinim mužem, a sada joj je najbliža prijateljica i zna za naš komplikovani odnos – ako se to može tako nazvati
- Milin drugi muž, Mladen. Zanimljivo je razmišljati o njegovim sumnjama i strepnjama, jer zna da sam ja bila prva ljubav njegove lepe supruge
- Milina ćerka, Maja, koja deluje nezadovoljno jer se njen dragi već preselio u Australiju

- Milin sekretar, Toni – moj „saučesnik," koji će kasnije odigrati značajnu ulogu u vraćanju Milinog poverenja u moju ljubav. Bio je u pratnji svoje supruge, doktorke, i njihove šarmantne male ćerke sa šarenim meksičkim šeširom
- Moja sestra Rosetta i moja deca, Mason i Elen, koji su razumeli zašto sam tu

Dok gledam snimak koji sam napravio, posmatram Milina leđa dok razgovara s Majom i Tamarom. Bilo je to vreme kada smo svi pušili i pili, dok se oko nas čuo žamor od kojeg je bilo nemoguće razumeti ijedan razgovor. Jasno mi je da ne pričaju o meni, a Maja, Milina ćerka, očigledno ne zna za njenu aferu sa mnom. Večera je već naručena, a zbog količine hrane neki su već posluženi i zauzeti jelom, potpuno nesvesni šta se sve oko njih događa.

Sedim na jednom kraju dugog stola, marljivo snimajući. Vidim Nenadovu potiljak, a levo od njega sede Mila, Jana, Rosetta i moja ćerka Elen. Sa desne strane su Toni i njegova porodica, pa Mladen, koji neprestano puši. Njegovo lice je bez osmeha. Ipak, iako se sve ovo događa, razvio sam neku vrstu simpatije prema njemu. Možda bismo, u nekoj drugoj situaciji, postali prijatelji – da nije bilo moje prave namere – da vratim svoju ljubav sa njegovom ženom. U ovoj fazi, on možda samo sumnja ili strahuje od onoga što bi moglo da se dogodi. U tom trenutku, na snimku hvatam kadar kada se Mila okreće prema Nenadu s cigaretom u ruci, ali ne čujem njihov razgovor.

Milino ponašanje ne odaje ništa sumnjivo, bar koliko mogu da procenim. Iznenada se okreće ka meni i kaže:

„Aleksa, možeš li da nam naručiš kafu?"

Odgovaram: „Naravno, ali spremi se na besanu noć."

U međuvremenu, Mladen nastavlja da puši i netremice prati atmosferu, lice mu i dalje bez osmeha. Nešto se dešava na drugoj strani stola. Mila i njen muž stoje jedno pored drugog – izgleda da je Mila nešto ispustila i ide do toaleta. On se vraća na svoje mesto, a Mila se ubrzo pridružuje nazad. Nenad salutira Rosettinom mužu, Bilu, koji nažalost nije mogao da dođe.

Mila ustaje da isprati Maju do toaleta i idu zajedno. Dok nastavim da snimam, mislim da Mladen razgovara s mojom sestrom. U tom trenutku, Mila podiže ruku ka svojim lepim usnama i šalje mi poljubac. Nadam se da njen muž to nije primetio, pošto sam bio iza kamere.

Kako se veče bliži kraju, gledam kako Mladen, Mila i Maja ulaze u auto i odlaze kući. Mladen deluje zadovoljan, verovatno misleći da je sve gotovo. Ali kako se osećamo Mila i ja? Znam da će oni deliti isti krevet – što obično podrazumeva poljubac za laku noć. Možda se on tome raduje, možda se nada još nečemu. Ali šta će mu Mila reći? „Ne večeras, dragi, boli me glava?"

Možda će on pomisliti: „Već danima te boli glava – možda treba da ideš kod doktora," ili možda, „Da li još uvek voliš svoju prvu ljubav?"

Aleksa: Pismo za Milu i Mladena

Po povratku u Sidnej, osetio sam potrebu da napišem pismo Mili i Mladenu. Nije bilo lako, ali evo šta sam sastavio:

Dragi Mladene, Mila i Majo,

Molim vas da mi oprostite što vam se nisam ranije javio, ali mi je trebalo vremena da se priviknem na promenu vremena zbog džet lega.

Po povratku sam dobio pismo od advokata u vezi povrede kada je neko pao u mojoj radnji. Traži 750.000 dolara. Imam osiguranje. Neće dobiti ništa jer je lagao. Bio sam bolestan celu nedelju i leđa me još bole. Srećom, prsti me ne bole, pa mogu da vam zahvalim na gostoprimstvu. Učinili ste sve što ste mogli za nas, i svi smo se tamo lepo osećali. Hvala vam i na taksi uslugama. Nažalost, vreme je bilo prekratko za mene, ali znam da je najteže bilo vama, Mladene. Ali sve je to sada prošlost. Iako mi svi nedostajete, zbog udaljenosti proći će mnogo godina pre nego što vas ponovo mogu posetiti. Ako ikada budete imali priliku, dobrodošli ste kod nas. Sada je zima, ali preko dana nije hladno. Noću temperatura padne na 2 stepena.

Sandy je srećna što sam se vratio jer je prošlo mnogo vremena za nju. Nadam se da ste svi dobro i zdravo. Mladene, nadam se da sada imaš više posla u svojoj firmi. Ovde situacija nije sjajna.

Majo, ti već znaš da sam poklone predao Bojanu, ali još nije stigao da ih pogleda.

A što se tebe tiče, Mila, nažalost sam zaboravio da ti kupim šolju za kafu kao što sam obećao, ali pokušaću da ti pronađem neku lepu za Božić – iako mislim da sam isto obećao i tebi, Mladene.

Uživali smo u Švedskoj; bili smo čak na Severnom polu. Rosetta je još tamo, vraća se 29. juna.

Mejson i Elen su dobro i šalju pozdrave.

Za sada vas sve srdačno pozdravljam i želim vam sve najbolje u životu.

Aleksa, Sendi, Mejson i Elen

Za moj rođendan dobio sam prelepu muzičku čestitku od Mile. Reči koje je napisala duboko su me dirnule. Možda ne odgovaram klasičnoj slici muževnosti, ali ova čestitka je zaista otopila moje srce:

Srce je moje
Veliko za oboje
Ako si i ti
Sam bez ljubavi
Srce moje je
Veliko za oboje
Ako si i ti
Kao i ja
Sam bez ljubavi

Ta jednostavna, ali duboka poruka podsetila me je koliko su ljubav i bliskost univerzalne potrebe koje nadilaze sve stereotipe. Miline reči su dotakle samu suštinu mog bića i podsetile me na našu zajedničku čežnju i vezu koja je rasla uprkos godinama i razdaljini. Ova čestitka nije bila samo rođendanska poruka – bila je potvrda ljubavi koju i dalje nosimo jedno za drugo, ljubavi koja je dovoljno velika da popuni praznine koje bi usamljenost mogla ostaviti.

Vera i Moje Sopstvene Odluke

Prošlo je neko vreme od tih događaja, i sada se zatičem kako razmišljam o sopstvenim postupcima. Rođen sam kao katolik, ali godinama ne idem u crkvu, jer sam po pitanju postojanja Boga na klackalici.

Moja rana iskustva sa crkvom nisu bila idealna i nisu mi pružila priliku da mnogo naučim o Bogu.

Sedamdesetih godina prošlog veka, dvoje Jehovinih svedoka pokucalo je na moja vrata i pitalo me da li verujem u Boga.

Iako sam bio u iskušenju da pitam: „Ko je Jehova?", suzdržao sam se.

Ponudili su mi da mi pomognu u proučavanju Biblije. Moja majka je verovala u Boga, ali je imala rezerve prema predstavnicima Katoličke crkve. Video sam to kao priliku da naučim nešto o Bogu i upustio se u jednogodišnje proučavanje Biblije.

Priče su me zaintrigirale. Tokom te godine razvio sam duboko poštovanje prema Jehovinim svedocima, više nego prema bilo kojoj drugoj verskoj grupi.

Uprkos šalama na njihov račun, izuzetno sam ih poštovao. Zapravo, imam veliko poštovanje prema svim religijama, verujući da je svako ko veruje u Boga – dobar čovek.

Nedavno sam odlučio da dodatno istražim ovu temu. Otkrijem da „u proseku u 26 zemalja koje su ispitivane, 40% kaže da veruje u Boga kako je opisan u svetim spisima, 20% veruje u višu silu, ali ne kako je opisana u svetim spisima, još 21% ne veruje ni u Boga ni u višu silu, dok 19% nije sigurno ili ne želi da kaže." Pad u verovanju me iznenadio, jer sam isto pitanje postavio pre otprilike deset godina, i tada je procenat bio znatno viši.

To me podsetilo na moja biblijska proučavanja, gde smo govorili o proročanstvima o kraju sveta. Jedan od znakova koji se pominje u Bibliji jeste da će ljudi početi da gube veru u Boga. Gledajući ove statistike, ne mogu da se ne zapitam – koliko je još vremena ostalo pre nego što se ta katastrofa dogodi? Nisam zabrinut; procenat vernika je i dalje jak.

Kroz ovu refleksiju, nalazim se na raskršću, razmišljajući o veri, ljudskoj prirodi i tome šta znači tražiti istinu u svetu koji se menja. Iako još uvek imam sumnje u božansko, ostajem otvoren za razumevanje i poštovanje različitih verovanja koja oblikuju naš svet, nalazeći utehu u ideji da vera, u mnogim oblicima, i dalje vodi mnoge od nas.

I dalje sam na klackalici kada je vera u pitanju. Odlučio sam da ne postanem Jehovin svedok, iako se slažem sa mnogim Božjim učenjima. Postoje delovi Božjih dela koje i dalje teško razumem. Kada razmišljam o svom životu i tome koliko se poklapa sa onim što sam naučio, pitam se da li sam trebalo da ostanem sa svojom prvom ženom, čak i nakon što me je ostavila tri puta, zaljubila se u drugog čoveka i rodila njegovo dete. Jesam li ja kriv što sam krenuo dalje? Početi život sa Sendi činilo se neophodnim – morao sam da preživim i da se brinem o svojoj deci.

Nakon što sam posetio Milu 1978. godine, video koliko je srećna i shvatio da joj ne mogu pružiti bolji život, znao sam da moram ponovo da pronađem ljubav. Iako sam zavoleo Sendi i ostao sa njom 26 godina, na kraju sam shvatio da nisam zaista srećan, i morao sam nešto da promenim.

Jedan obrt sudbine doveo me je do mesta gde sam sada. Kada se osvrnem, teško je upirati prstom ili okriviti bilo koga za to kako su se stvari odvijale.

Kada o svemu razmislim, bile su dve osobe u središtu svega: naše majke. One su donosile odluke u naše ime iz dobre namere. Ali da li to naše sopstvene izbore čini ispravnima, čak i ako su bili iz najbolje namere? Kako iko može znati šta je prava odluka u trenutku kada je donosi? Razmišljajući o svom životu, mislim o tome kako su te odluke oblikovale sve što je usledilo.

Na kraju, svi smo mi samo ljudi koji pokušavaju da daju sve od sebe. Ako mogu da dam neki savet roditeljima, bio bi sledeći: pustite decu da sama donose svoje odluke, čak i ako pogreše. Budite uz njih kad im zatrebate i ponudite rame za plakanje kad nešto pođe po zlu.

Razmišljanja, Otkrovenja i Obnova

Sećanje na moj brak od 26 godina

Kada sam prvi put upoznao Sendi, mislio sam da sam se duboko zaljubio. Ali nakon povratka kući sa putovanja sa mojom majkom i sestrom, osetio sam težinu u srcu koju nisam mogao da ignorišem. Znao sam da moram da razgovaram sa Sendi o onome što se dogodilo, iako nije imala pojma o mojoj prošlosti sa Milom. Poljubac koji smo prvi put podelili nije imao istu dubinu i značenje kao oni koje sam pamtio s Milom.

Sa mešavinom nervoze i odlučnosti, započeo sam razgovor o našem odnosu i o tome gde stojimo. Bilo je teško pronaći prave reči, ali uspeo sam da izrazim osećaj da me Sendi možda nije volela onako kako sam se nadao. Na moje iznenađenje, priznala je da je to istina.

Počela je da deli svoju priču – priču o svojoj prvoj ljubavi, čoveku po imenu Dejvid, koga je upoznala na odmoru na Novom Zelandu. Zaljubili su se i verili, ali nekoliko nedelja kasnije, dobila je srceparajuće pismo u kojem je pisalo da se Dejvid oženio drugom. Slušajući o Sendinoj prošlosti donelo mi je neku utehu, iako su naše situacije bile različite. To mi je dalo hrabrost da predložim da možda i nama nedostaje nešto suštinsko: prava, iskrena ljubav.

Tada sam joj ispričao svoju priču, podelivši svaki detalj. Sendina reakcija bila je mirnija nego što sam očekivao i nakon našeg razgovora, morali smo da donesemo tešku odluku. Odlučili smo da započnemo proces razvoda. Morali smo da prođemo kroz obaveznu dvanaesto mesečnu razdvojenost, što je značilo da moram da napustim dom koji smo delili. Da bismo ostali u dobrim odnosima, pustio sam Sendi da ostane u kući dok se ne proda, dok sam ja tražio mesto za sebe. Smislio sam ideju – sagradiću mali prostor iza radnje koju smo Sendi i ja zajedno posedovali. To će biti moj mali kutak, utočište koje sam u šali nazvao „Ljubavno Gnezdo."

Moj poverenik u Zelenici

Tokom mog putovanja u Zeleniku kako bih se ponovo povezao s Milom, upoznao sam njenog vernog sekretara Tonija. Pokazao se kao neočekivan i saosećajan saveznik. Ubrzo smo počeli da se dopisujemo mejlom.

Aleksa, Toniju

Dragi Toni,
Hvala ti što razumeš moju situaciju s Milom. Teško je – želeti da provedeš život s nekim, a moći da se viđaš samo povremeno i još k tome u tajnosti. Mila deluje jača od mene; retko se žali, ali znam da je i njoj teško. U petak uveče sam razgovarao sa svojom ženom i rekao joj da želim razvod.
Naš brak je godinama bio nesrećan. Bila je iznenađena, ali nakon 26 godina svakodnevnih problema, vreme je da se nešto promeni. Toni, i dalje mi je potrebna tvoja pomoć da pripaziš na Milu. Ona mi ne kaže uvek kada nešto nije u redu jer ne želi da me brine. Ali kada ne znam ništa, brinem još više. Ako primetiš bilo šta, molim te, obavesti me.
Suočavamo se sa problemom – Mila želi da proda kuću, ali njen muž Mladen se ne slaže. Mila, kao pravnica, poznaje zakone, ali situacija je ipak teška. Ako imaš neki savet ili ideju, podeli to s njom. Takođe čekamo da njena ćerka dobije vizu. Plan je da dođu kod mene u Australiju koliko god viza dozvoli. Obično je to samo tri meseca, ali ako bude potrebno, ja ću se vratiti s njima na još tri meseca. Tako ćemo moći da provedemo više vremena zajedno dok čekam da se moj razvod završi.
Brinem za Milu. Nije imala mnogo vremena da piše, i ne znam zašto. Uči da koristi laptop, ali Mladen joj preti samoubistvom, što je veoma uznemirujuće.
Molim te, Toni, kad god imaš vremena, piši mi ako bilo šta primetiš ili čuješ. Mila pokušava da me zaštiti od bola, ali meni je važno da znam šta se dešava da bih mogao da joj pomognem. Ako mogu bilo šta da učinim za tebe zauzvrat, rado ću to uraditi. Dao si mi nadu i sreću, i veoma sam ti zahvalan. Nedostajete mi svi mnogo. Ako ne uspem da dovedem Milu ovde u Australiju, vratiću se čim budem mogao.
Kako ide farma kunića? Ako mogu nekako da pomognem, samo reci. Više nego ikad mi je potrebna tvoja podrška i savet. Molim te, pazi na Milu i javi mi ako mogu bilo kako da pomognem.
Srdačan pozdrav svima,
Aleksa

Otkrivenja i gubitak poverenja

Baš kao što sam želeo jasnoću sa Sendi, želeo sam i da moj ponovni kontakt sa Milom bude iskren. Međutim, napravio sam malu nevolju. Na tom nedavnom putovanju vratio sam Mili njen dnevnik – zbirku uspomena, uključujući priče koje sam u šali nazivao svojim „Kazanova momentima." Mislio sam da će Mila to shvatiti sa dozom humora, verujući da će razumeti da su to bile samo razigrane priče. Ali shvatio sam da kao muškarac nisam ni blizu da shvatim kako se žena može osećati. Ljudi često kažu da muškarci nikada ne mogu potpuno da razumeju žene. Prihvatio sam da možda razumevanje nije ni cilj – ponekad je prihvatanje misterije najviše dokle možemo da stignemo. A sada sam zaljubljen u ženu koja je i advokat – težak protivnik u svakoj raspravi! Da stvari budu još komplikovanije, dnevnik pun mojih ličnih misli sada me proganja. Postoje zapisi koje bih voleo da nikad nisam napisao, kao ovaj od nedelje, 6. jula 1969.

Moja draga,

Moram da priznam, napravio sam malu grešku, iako nije bila namerna. Sinoć nisam mogao da odolim i otišao sam sam na igranku. Sedeo sam u uglu i posmatrao parove kako se njišu uz muziku, kada me je jedan mladić slučajno udario i počeo da se izvinjava. Kasnije se vratio za moj sto i pozvao me da se pridružim njegovom društvu, upoznavši me sa svima, uključujući i nekoliko devojaka. Primetili su da sam ceo veče sedeo sam i pokušali da me spoje sa nekima od njih, ali nisam bio zainteresovan. Moju pažnju je potpuno zaokupila jedna devojka. Bila je najlepša na igranci – možda i u celom Orindžu.

Dok sam je posmatrao, mladići su joj prilazili jedan za drugim, ali ni sa jednim nije otišla. Onda su nam se pogledi sreli, i u tom trenutku sam osetio iskru samopouzdanja. Nasmešila se, i taj mali gest mi je dao hrabrost da priđem. Znaš, draga, stidljiv sam kada je u pitanju odbijanje, pa uvek pokušavam prvo očima da pitam. Ako pristane, priđem joj. Ako ne, samo prođem kao da se ništa nije dogodilo. Nakon onoga što je delovalo kao večnost, pristala je da pleše sa mnom. Naš prvi ples je bio živahan i pun energije, ali drugi – spor i intiman – zaista nas je zbližio. Blago mi je stegla ruke, i moram da priznam, prijalo mi je – bilo je utešno. Držao sam je blizu, uživajući u toplini i povezanosti.

Zove se Kasi – ima 18 godina, živi u Orindžu i radi u birou za zapošljavanje. Dok je muzika svirala, zamolio sam je za još jedan ples, i nasmešila se, pristavši bez oklevanja. Proveli smo ostatak večeri zajedno, izgubljeni u razgovoru i smehu. Kada je igranka konačno završila, rekla je da je trebalo da ide kući sa drugaricom i njenim dečkom. Nisam želeo da veče odmah završi, pa sam joj ponudio da je odvezem kući. Na moje iznenađenje i radost, prihvatila je. Dok smo se vozili tihim ulicama, otkrili smo da živimo u istoj ulici, samo nekoliko kuća udaljeni.

Sedeli smo još neko vreme u kolima ispred njene kuće, pričali pod zvezdanim nebom, delili smeh i suptilne poglede koji su nagoveštavali nešto više. Kasi je rekla da joj je bilo veoma lepo, a ja sam odgovorio: „I meni. Možda ovo ponovimo nekad?" Rekla je: „Volela bih to."

Pozdravili smo se, i dok sam je gledao kako ulazi u kuću, nisam mogao da ne osetim leptiriće u stomaku zbog onoga što možda sledi.

Ipak, čak i uz svu čaroliju te noći, misli o tebi su mi bile u glavi, podsećajući me gde mi srce zaista pripada. Draga, znam da ćeš biti uznemirena kada ovo pročitaš, ali nakon napornog dana, poželeo sam malo nežnosti. Uživao sam u vremenu sa njom, ali kada sam zatvorio oči, video sam tebe. Muzika, gitare, njena nežnost – sve me je podsećalo na tebe. Da te ne poznajem, možda bih se i zaljubio u nju.

Ali moraš da mi veruješ kada ti kažem da je moje srce puno ljubavi za tebe. Obećavam da ću ti biti iskren o svemu što radim.

To je sve za sada – pisaću opet kada se nešto značajno desi.

Uz puno ljubavi i mnogo poljubaca,

Tvoj (ne baš potpuno veran) Aleksa

Neshvaćena ljubav

Osamnaestog maja 2001. obuzeo me je nelagodan osećaj, predosećaj da će se nešto strašno dogoditi. Tokom naše posete, vratio sam Mili dnevnik, verujući da je iskrenost najbolji put. Ali sada se pitam – da li bi bilo bolje da sam je poštedeo bola i sakrio određene stranice?

Da li smo mogli da nastavimo, držeći se radosti naše ljubavi, bez ove nepodnošljive tuge? Tog jutra dobio sam prelepu fotografiju Mile i njene najbolje prijateljice, uz kratku poruku:

„Slika će ti doneti više sreće nego pismo, i
danas ćemo razgovarati.
Srdačan pozdrav, Mila."

Te dve reči – *„Srdačan pozdrav"* – sledile su me. Previše dobro sam poznavao Milu da bih ignorisao ton između redova. Nešto nije bilo u redu, iako nisam znao koliko duboko ide. U 8 sati uveče zazvonio je telefon. Srce mi je potonulo. Podigao sam slušalicu, pripremajući se, ali ništa me nije moglo pripremiti za njen glas – dalek, hladan i neprepoznatljiv.

„Imala sam danas malo slobodnog vremena i počela da čitam dnevnik," započela je. *„Otkrila sam da si mi bio neveran dok smo još bili vereni. Fizički mi je pozlilo, i jednostavno ne mogu da ti oprostim. Nastavi dalje – želim ti srećan život, ali bez mene."*

Njene reči su odjeknule kao grom iz vedra neba. Zapanjen, jedva sam uspeo da prošapćem:

„Samo mi reci da me više ne voliš i prihvatiću tvoju odluku."

Bez trenutka oklevanja, odgovorila je:

„Ne volim te više."

Njene završne reči pale su sa razornom konačnošću, ostavljajući me slomljenog i izgubljenog. Sedeo sam, zureći u prazno, dok me je njeno odbacivanje pritiskalo kao nepodnošljiv teret. Kajanje me je obuzelo, stežući mi grudi dok nisam mogao da dišem.

Dnevnik je vratio uspomene na moj život pre Mile, uspomene koje sam odlučio da opišem sa više stila nego tačnosti. Ali kako da joj dokažem da ono što veruje nije istina? Znao sam da nema načina da se popravi šteta koju je njeno pogrešno shvatanje izazvalo – bar ne još.

Bio sam spreman na mnoge stvari, ali ne i na ovo. Ne na hladnoću u njenom glasu, glasu koji je nekada bio pun topline i ljubavi. Kao da je deo moje duše istrgnut, ostavljajući prazninu za koju sam znao da nikada neće biti ispunjena.

U tom trenutku sam shvatio razarajuću cenu iskrenosti. Pokušajem da budem iskren – ili barem onoliko iskren koliko sam mislio da mogu – otkrio sam ranu toliko duboku da nije mogla da se zaleči. Istina – ili poluistina? – koštala me je jedine osobe koja mi je značila sve.

Cela priča mog života i mojih izbora je mnogo složenija od reči u tom dnevniku. Ali ta priča, i istina iza nje, doći će kasnije.

Traženje pomoći od Tonija – maj 2001.

Nakon što je Mila pročitala moje stare zapise iz dnevnika i nakon njenog razornog telefonskog poziva, osećao sam se očajno, znajući da se sve promenilo i da me Mila više ne voli. Nemajući kome drugom da se poverim, pisao sam Toniju.

Aleksa, Toniju: 19. maj 2001.

Dragi Toni,

Nisam mogao da spavam celu noć; imao sam osećaj kao da ne mogu da dišem. Mrzim što te opterećujem ovim, ali nemam nikoga drugog kome mogu da se obratim. Sećaš se kako si bio siguran da će sve biti u redu? Sada vidiš da mi je srce slomljeno. U svojim pismima si mi govorio da ne žurim, ali mislim da nisam. Nažalost, to sada više nije važno. Misliš li da me stvarno više ne voli?

Svatko je mogao da vidi koliko smo bili srećni – čak si i ti poslednjih dana rekao da sve izgleda dobro. Šta se desilo? Kada mi je rekla da me ne voli, bilo je kao da pokušavam da zadržim divlju životinju – voliš je, ali na kraju moraš da je pustiš, čak i ako ne želi da ode. Tako se to osećalo, Toni. Osećam se izgubljeno i molim te da saznaš šta se zapravo dogodilo. Dve stvari mi posebno leže na srcu. Prvo, spomenula je da je dobila neke medicinske rezultate, i plašim se da me ne želi pored sebe ako je bolesna. Milina majka i ćerka su mi jednom rekle da je imala polno prenosivu bolest i da je nešto odstranila pre nekoliko godina. Nikada to nisam spomenuo, čekao sam da mi sama kaže kad bude spremna.

Kada sam je pitao da li je bila bolesna ili imala operaciju u poslednjih 30 godina, pomenula je samo carski rez. Nisam insistirao, ali sada bih voleo da jesam. Volim je i želim da provedem život s njom, čak i ako to bude samo kratko vreme.

Drugi problem je dnevnik. Glupo sam mislio da je ispravno da započnemo život zajedno bez tajni, pa sam joj ga dao.
Ali ono što sam napisao u Australiji, kada sam bio besan nakon pisma od njene majke, nije bilo istina. Pisao sam gluposti o tome kako sam bio s drugim ženama. Nikada nisam mislio da će to videti, ali sam joj ipak predao dnevnik bez razmišljanja. Mislio sam da ćemo ga čitati zajedno, pa ću joj objasniti šta je istina a šta nije. Ali sada je prekasno. Oprostila mi je što sam se oženio, ali ovo ne može da oprosti. Još gore, izgubila je veru u pravu ljubav i želi da bude sama. To me razdire. Toni, ako misliš da tvoja supruga može da pomogne, molim te da je zamoliš da razgovara s Milom. Napisao sam pismo za Milu; ako odbije da ga primi, molim te da tvoja supruga sačuva pismo za nju, u slučaju da se predomisli. Ne znam šta drugo da radim, Toni. Mila uzima nekoliko dana slobodno, i nadam se da će mi oprostiti ili bar dozvoliti da objasnim. To je sve što tražim – šansu da objasnim. Molim te, ako dobiješ ovo pismo danas, javi mi ako imaš neke dobre vesti.

Često se pitam kako me je Toni tada podnosio. Kada se osvrnem na svoje ponašanje iz prošlosti, zapanjen sam koliko sam morao delovati napadno i nestrpljivo. Ali sve je to bilo pokretano mojom ogromnom ljubavlju i očajničkom željom da započnem novi život sa svojom voljenom Milom. Uprkos mojim manama, iskreno cenim Tonijevo strpljenje i podršku, naročito sada dok se i dalje borim za Milin povratak. Ali stvari se sada popravljaju. I ovog puta, pomislio sam da Toniju izmamim osmeh jednom malom pričom.

Aleksa, Toniju: 22. maj 2001.

Dragi Toni,
Nadam se da će te ovo pismo oraspoložiti i da se moje prethodno nije izgubilo u poštanskom bezdanu! Danas ću ti ispričati jednu pričicu.
Zamisli ovo: jugoslovenska bomba sleti u Australiju da se uda za jednog Australijanca. Smeste se u Sidneju, blaženo nesvesni jezičke barijere koja ih čeka. E sad, kad dođe do kupovine – tu počinje zabava. Jednog lepog dana, naša junakinja zatreba malo šunke od mesara. Ali, nažalost, oseća se kao riba na suvom – potpuno izgubljena u prevodu. U trenutku očaja, podigne suknju i pokaže nogu zbunjenom mesaru.
„Hoćete šunku?" – jedva promuca on.

> „Da, da, šunka!" – uzvikne ona, i odjuri kući sa šunkom u ruci.
>
> Preskočimo sad na sledeću nedelju – opet kod mesara, ovog puta poželela pileće grudi. Ali kako sad da objasni tu svoju živinsku želju? Bez razmišljanja, podigne bluzu i pokaže grudi zapanjenom mesaru.
>
> „Pileće grudi?" – uspe da izusti on, skoro ispustivši sekiru.
>
> „Da, da, i pileće grudi!" – cvrkuće ona, i hop, kući sa plenom.
>
> A sada dolazimo do sage o kobasici.
>
> Zamisli ovo: naša dama, puna odlučnosti i sa spiskom za kupovinu, opet se zaputi kod mesara. Ali dok stoji pred pultom, shvati – kako, pobogu, da zatraži kobasicu, a da ne mora opet da nešto pokazuje? U naletu genijalnosti (ili možda očaja), brže-bolje otrči kući.
>
> Zašto takav nagli povratak? Pa, druže, recimo samo da njen muž drži ključ rešenja ovog jezičkog problema. (Ko bi rekao? Muž govori engleski!)

I eto ti, Toni, priče o jezičkim gafovima i bračnim pojačanjima. Nadam se da ti je izmamila osmeh! Dok sam pisao ovaj mejl, pokušavao sam malo da razvedrim atmosferu i izmamim ti osmeh. Poslednjih nekoliko dana bili su teški, a humor mi se činio kao najbolji lek za podizanje raspoloženja. Osim toga, želeo sam da podsetim i tebe – i sebe – da čak i u trenucima slomljenog srca i neizvesnosti, uvek ima mesta za smeh.

To nam svima ponekad treba, zar ne? Bila je to vožnja na emocionalnom rolerkosteru, i iako nisam znao šta me čeka, čuvao sam nadu i želeo da se Mila predomisli.

„Kraj sveta"

Moj lični dnevnik iskupljenja i razmišljanja

18. maj 2001. je dan koji će zauvek ostati urezan u mom sećanju kao „Kraj sveta." Tog dana, uz nekoliko neopreznih reči o prevari, slomio sam Milino srce na milion delova. Čak i sada mogu da osetim njen bol – stvaran je, neporeciv i nepodnošljiv.

Moja osećanja su kao oluja – krivica i kajanje se obrušavaju na mene u neumornim talasima. Da bih se izborio s tim, počeo sam sve da zapisujem u dnevnik koji sam nazvao „Kraj sveta." To nije samo zbirka misli – to je moja duša prosuta po stranici. To je hronika kako se moj život, naš život, raspao u jednom strašnom trenutku. Kada otvorim dnevnik, miris papira, težina olovke u ruci i zvuk mastila koje grebe po stranici nekako me prizemljuju. Postao je moje utočište, mesto gde se suočavam s haosom u sebi. Svaki zapis hvata trenutak sirovih emocija, dok pokušavam da sve razumem i pronađem neki način da krenem dalje.

Milin bol ostaje u mom umu, oštar i stalan. Vidim njeno lice u sećanjima – njen osmeh sada zamenjen suzama. Pisanje mi pomaže da to obradim, iako ne mogu da vratim vreme. Kao da izvlačim emocije iz grudi i prosipam ih po stranici, u nadi da ću pronaći jasnoću, mir, ili bar malu meru iskupljenja. Kraj naše veze delovao je kao implozija sveta koji smo zajedno gradili. To nije bio običan raskid – to je bio kolaps nečeg svetog. Moje bezumne reči bile su varnica, seizmički potres koji je razorio sve što smo negovali.

Ovaj dnevnik je moj način da pokušam da razumem posledice. Svaka stranica je korak kroz ruševine, pokušaj da razumem bol koji oboje osećamo. Nije lako – nekih dana reči dolaze sporo, opterećene kajanjem. Ali nastavljam da pišem jer je to jedini način koji poznajem da odam počast onome što smo imali i onome što sam izgubio.

Znam da moje reči ne mogu izlečiti Milin bol, ali one su moj mali dar – način da se suočim sa svojim greškama i priznam dubinu njenog bola. Pisanje mi je pokazalo da čak i u najmračnijim trenucima, postoji nešto što se može dobiti – rast, razmišljanje i možda čak nada.

Dok okrećem stranice „Kraja sveta", podsećam se na jedno: čak i posle uništenja, postoji šansa za obnavljanje. Ruševine naše ljubavi možda nikada neće biti iste, ali možda iz tog pepela može izrasti nešto novo. Ovaj dnevnik nije samo zapis onoga što sam izgubio; on je odraz snage ljudskog duha. On je dokaz da čak i u posle katastrofe, postoji tračak svetlosti, podsetnik da imamo kapacitet da rastemo, da se izlečimo i da pokušamo ponovo.

Aleks: 25. maj 2001.

Draga Mila,
Prošlo je osam dana od tog srceparajućeg trenutka, a moje misli su i dalje usmerene na tvoje blagostanje. Konačno sam skupio hrabrost da ti ponovo pišem, iako ne znam da li će ove reči ikada stići do tebe. Pisanje mi je oduvek pomagalo da se izborim sa teškim trenucima. Ovaj dan će zauvek ostati u mom sećanju kao dan kada si mi rekla da tvoje srce više ne oseća isto što i moje.
Gledajući unazad, shvatam da su moje reči možda ostavile utisak da sam sebičan. Voleo bih da sam više govorio o našoj zajedničkoj budućnosti – o prelepom životu koji smo mogli imati. Naše duše su bile duboko povezane, delile su radost i tugu. Tog dana sam otišao sa nepodnošljivim bolom, plačući kao bespomoćno dete.
Sandy, moja bivša, to je videla. Njena zabrinutost bila je očigledna, jer još nisam iselio. Uprkos pokušajima da zadržim suze, nisam mogao da ih zaustavim. Posle pola sata plakanja i par gutljaja viskija – moja tolerancija je, nažalost, smešno niska – priznao sam Sandy da sam se ponovo duboko zaljubio u tebe i da sam te tako izgubio. Mogu samo da zamislim kako je i njoj srce bilo slomljeno; ona je izgubila mene, dok sam ja izgubio tebe.
Iako sam sebi obećao da joj neću reći, nisam mogao dalje da živim u laži. Reći joj istinu olakšalo mi je savest, ali donelo nove izazove.
U danima koji su usledili, duboko sam razmišljao i osetio težinu svojih grešaka. Trebalo bi da znaš da sam hodao mračnim i usamljenim putem ovih dana. U jednom trenutku, čak sam razmišljao o onome što se ne sme ni pomisliti.
Ali pomisao na tvoju ljubav i uverenje da je tvoja odluka doneta iz opravdanih razloga povukli su me nazad.

Mučio sam se s bolešću, oslanjajući se na tablete za spavanje i lekove protiv bolova kako bih otupio bol, ali nisu delovali. Moje telo ih je odbacilo i shvatio sam da moram da prestanem.

Tokom ovog perioda nisam osećao bes prema tebi. Umesto toga, svoja osećanja sam usmerio ka molbi za tvoj oproštaj.

Moji dani su sada ispunjeni poslom od jutra do večeri, iscrpljujući se u nadi da ću pronaći malo mira.

Uprkos svemu, čekam tvoj povratak iz Vrnjačke Banje, čeznem za pozivom ili porukom.

Odlučio sam da ti više ne pišem. Tvoje blagostanje ostaje moja stalna briga.

Čak sam zamolio tvog sekretara, Tonija, da pazi na tebe i ponudi pomoć ako je potrebno. Usamljenost i čežnja ispunjavaju moje dane. Bol u mom srcu je stalni podsetnik koliko mi nedostaješ – bol koji samo ti možeš da ublažiš.

Svaki dan tiho se nadam da će zazvoniti telefon, samo da čujem tvoj glas. Nosim tvoju fotografiju svuda sa sobom. To je mali, ali snažan podsetnik na moju nepokolebljivu nadu da se stvari možda ipak mogu promeniti.

Pre dve noći sanjao sam nas zajedno. U snu, tvoj muž je šetao Benjija i rekao mi da ga vodi kući. Ti si sedela u obližnjem autu. Kada sam prišao, iz kola je izašla moja majka. Rekao sam joj za nas, a njena radost bila je jednaka mojoj.

Verujem da su sada obe naše majke shvatile svoje greške.

Vreme je da i ti oprostiš. Oprost ne leči samo prošlost – on osvetljava put napred.

Svetlija budućnost nas čeka, Mila, ako si spremna da je vidiš.

Menjajući našu sudbinu i tražeći pomoć

U dnevniku koji zovem *Kraj sveta,* otvorio sam srce, beležeći tobogan emocija koje sam proživljavao. Te sirove ispovesti ostaju skrivene od Milinih očiju. Umesto da se zadržavam samo na rečima ispisanim na tim stranicama, izabrao sam drugi put – onaj koji me je doveo do dubokog saznanja. Morao sam da odlučim: hoću li se utapati u kajanju ili ustati i boriti se za ono što zaista ima vrednost – za našu ljubav?

Mila, nesvesna toga, ostala je daleko od mastilom natopljenih stranica mog srca. Doneo sam ovu odluku jer sam shvatio da samo kajanje neće popraviti ono što smo izgubili.

Umesto toga, odlučio sam da krenem iznova – da moji postupci, a ne reči, pokažu moju promenu.

Dnevnik možda ostaje zatvoren za nju, ali moji postupci biće otvorena knjiga. Oni će ispričati priču o čoveku koji se suočio sa svojim greškama, naučio iz njih i pronašao novi smisao.

Taj smisao je neraskidivo povezan s Milom – prisustvom u mom životu koje više nisam spreman da pustim.

Reči zapisane u *Kraju sveta* bile su pokretač promene, gurajući me iz samosažaljenja u svetlost akcije. Naše sudbine su isprepletane i odlučan sam da ih usmerim ka budućnosti u kojoj naša ljubav ne samo da opstaje – već cveta.

Prava ljubav zahteva više od reči; traži postupke koji odražavaju dubinu posvećenosti. Svaki korak koji preduzimam vodi ka obnavljanju onoga što smo imali, ojačan lekcijama iz mojih prošlih grešaka. Našu sudbinu ne određuje prošlost – već izbori koje pravimo danas. A danas biram da se borim – za Milu, za našu ljubav i za budućnost koju još uvek možemo zajedno da stvorimo.

Doneo sam iskrenu odluku da pustim samosažaljenje i borim se za našu ljubav, verujući duboko da je naša sudbina da traje zauvek. Razočaranje koje sam nekada osećao sada je zamenilo osećanje smisla, i sada naše nedavne borbe vidim kao prilike za rast – kao male prepreke na putu ka nečemu većem. Sada uviđam kako su nezrelost i ljubomora zamaglili moj sud u prošlosti. Ali te greške su me oblikovale u nekoga ko je spreman da sačuva ono što zaista vredi.

Složio sam plan da pokažem Mili dubinu svoje promene i nepokolebljivu posvećenost našoj zajedničkoj budućnosti. Toni, Milin poverljivi sekretar, postao je neočekivani saveznik. Uz njegov uvid i podršku, počeo sam da nalazim načine da premostim emocionalni jaz između nas. Od pažljivih gestova do trenutaka tihe refleksije, svaki korak je mala cigla u temeljima "srećnog kraja" koji se nadam da ćemo ponovo izgraditi. Ovo putovanje je više od reči – radi se o tome da joj pokažem, kroz dela, da se za našu ljubav vredi boriti. Verujem da zajedno možemo da se izdignemo iznad bola prošlosti i stvorimo nešto još lepše: budućnost u kojoj naša ljubav ne samo da opstaje – već blista.

Aleksa, Toniju: 27. maj 2001.

Dragi Toni,
Hvala ti na jučerašnjem mejlu. Nakon što sam ga pročitao, odmah sam otišao kući, legao i zaspao. Probudio sam se rano, u 6:30 ujutru, i krenuo u kancelariju. Iako se sada osećam malo bolje, znam da ne mogu samo da sedim i razmišljam – moram da preduzmem nešto. Stres zbog svega ozbiljno me je iscrpeo, i sada se po prvi put suočavam s problemima s leđima. Ne mogu da radim fizički posao, ali neću dozvoliti da me to zaustavi. Pišem ti jer ti, Toni, istinski razumeš moju situaciju s Milom. Ne mogu da podnesem pomisao da je izgubim, i znam da moram da se borim za nju, bez obzira na sve. Napravio sam greške – više nego što želim da priznam – ali odlučan sam da sve ispravim. Mila je prošla kroz mnogo toga, i želim da joj pokažem da sam još uvek onaj čovek koji se zaljubio u nju pre svih tih godina. Želim da vidi da sam sazreo, da sam naučio iz svojih grešaka i da sam spreman da se posvetim budućnosti s njom. Treba mi još samo jedna šansa da joj dokažem da se za našu ljubav vredi boriti.
Treba mi tvoj savet, tvoje mišljenje i tvoja podrška. Video si koliko Mila i ja značimo jedno drugom i znaš koliko mi je stalo do nje. Molim te, pomozi mi da shvatim šta joj sada treba, kako mogu da doprem do nje i šta mogu da učinim da joj pokažem da su moja osećanja iskrena i nepokolebljiva.
Počeo sam da pravim male korake ka ponovnom sticanju njenog poverenja. U prošlosti sam s njom razgovarao blago, ali sada znam da dela govore više od reči. Ipak, treba mi tvoja pomoć da pronađem pravi put.
Očajan sam, Toni. Spreman sam da uradim sve što je potrebno da ovo ispravim. Ljubav poput naše se retko dešava i ne želim da provedem ostatak života pitajući se „šta bi bilo kad bi bilo." Molim te, ako imaš bilo kakav savet ili uvid, podeli ga sa mnom. Pomozi mi da pronađem način da ponovo osvojim Milino srce.
Sa zahvalnošću i nadom,
Aleksa

Razmišljanje o svojim greškama i traženje tvoje podrške
Dragi Toni,
Mnogo toga mi je na pameti i imam osećaj da sam napravio pravi haos sa Milom i Mladenom. Ali posebno me zanima tvoje mišljenje o Nenadu i ostalima koji su umešani. Tvoja podrška mi znači sve na svetu, ali takođe želim da znam šta su oni rekli i uradili kako bih bolje razumeo situaciju.

Na taj način mogu da uporedim svoju perspektivu sa tvojom i donesem promišljenije odluke.

Nisam siguran da li sam ti to već rekao, ali više ne idem kod psihijatra. Kada je reč o Mili i meni, zaista verujem da smo srodne duše. Naša povezanost je tako prirodna, kao nešto bez čega ne mogu da živim. Volim je koliko i samog sebe – ljubav zasnovana na jednakosti i poštovanju. Razlike među nama potiču iz činjenice da smo odrasli u različitim zemljama i okruženjima, ali nas te razlike ne razdvajaju. Naprotiv, one obogaćuju našu vezu.

Našli smo se na istom putu, ali u nekim stvarima ja vodim, a u drugima ona. Taj balans nas podstiče da rastemo zajedno, čineći naš odnos jačim. Znam da sam i ja bio tvrdoglav kao što je ona sada. Mislio sam da sve znam i da sve mogu da rešim sam. U početku me nije bilo briga za tuđe mišljenje i odbijao sam da slušam savete. Sada shvatam koliko sam grešio i naučio sam iz tih grešaka. U tom smislu, možda sam sada korak ispred Mile, ali verujem da će i ona uvideti da traženje mišljenja i pomoći od drugih može doneti veću mudrost.

Što se tiče prstena, to jeste lepa vest, ali takođe pokazuje još jednu Milinu osobinu – njenu duboku vezanost za uspomene. Znaš i sam da je čuvala čak i račune iz mesta koja smo zajedno posećivali. I ja sam čuvao svaki račun; to su prelepe uspomene koje držim blizu srca.

A zašto bi neko rekao: „Čovek bez nade nije čovek" – mislim da je to način da se vrata ostave otvorena, za svaki slučaj. Možda je to i iz straha da se ne uništi tuđi život jer bi ta krivica bila preteška za nositi. Ali mislim da je to više od toga – to je podsetnik da je nada ključna da bismo nastavili dalje, čak i u najmračnijim vremenima.

Ono što se dogodilo između Mile i mene bilo je novo za oboje. Nikada pre nisam bio istinski zaljubljen, iako sam često mislio da jesam. Sada znam da je ono što mi imamo prava ljubav. Ovo iskustvo je prvo takvo za oboje, i kada se sve raspalo – raspao sam se i ja.

Ali obećavam ti, OVO SE VIŠE NEĆE PONOVITI. Naučio sam lekciju i sada sam odlučan da stvari uradim kako treba.

Toni, molim te za tvoju pomoć, na bilo koji način na koji možeš da mi je pružiš. Rešen sam da ponovo osvojim Milu i pokažem joj čoveka kakav sam postao – čoveka koji je spreman da se bori za našu zajedničku budućnost.

Srdačno,
Aleksa

Aleksa, Toniju: 31. maj 2001.

Dragi Toni,
Doneo sam iskrenu odluku da živim u nadi, čak i ako potraje ceo moj život, jer dokle god ima nade – ima i života. Iako znam da ta nada možda nije stvarna, ona me drži u životu, i zbog toga je ne mogu smatrati štetnom. Mila je pogrešila, ali razumem da nije mogla drugačije. Ona me voli, i znam to duboko u sebi, čak i ako sebi ne može da oprosti što mi je verovala kad je poverovala da sam je izdao.
Zamisli samo koliko glupim mora da me smatra. Za nju, osoba koja laže – i vara; osoba koja vara – i krade; a ako je sebična, možda može i da ubije. Ako je stvarno verovala da sam takva osoba, zar ne bi mislio da bih uništio te stranice? Ili je možda mislila da sam hteo da je namerno povredim – što je potpuno neosnovano. Nije shvatila da sam joj verovao kada sam joj dao dnevnik, a da ga prethodno nisam ni pročitao. Kada smo tek počeli da se dopisujemo, tražila je fotokopije nekih loših stranica. Tada sam ih uklonio, ali kada sam stigao, rekao sam joj istinu – rekao sam šta sam učinio i da zaslužuje da pročita sve što sam tada napisao.
Kada me nešto povredi, imam tendenciju da preuveličavam, ali zdrav razum me uvek spreči da postupim nerazumno. Iako me duboko boli što sam je povredio i sebi stvorio probleme, ne kajem se jer verujem u istinu, bez obzira na cenu.
Verujem da će jednog dana to videti i zahvaliti mi se. A jednog dana, Mila će zahvaliti i tebi, Toni, za sve ono što si radio iza kulisa. Sećam se da sam hteo da joj pošaljem cveće iz Švedske preko Interflore, ali nije bilo moguće dostaviti na njenu lokaciju.
Sada bih voleo da joj šaljem cveće na posao svake nedelje. Ako cveće uvek bude na njenom stolu, neće me zaboraviti. Želim to da organizujem ako je moguće. Ako autorizacija ne uspe, možeš li da odeš do najbolje cvećare u blizini i pitaš kako bih mogao da im plaćam nedeljno? Možda mogu da im uplaćujem novac direktno na račun iz ovde.
Misliš li da bi primanje cveća moglo da joj stvori neprijatnosti? Može li se to uraditi diskretno? Ako da, molim te kupi cveće koje voli. Hvala ti za sve, Toni. Tvoja podrška mi znači više nego što mogu da izrazim. Danas ću biti kasno u kancelariji, tako da nema žurbe.
Srdačan pozdrav,
Aleksa

Aleksa, Mili

Draga moja,
Pišem ti ponovo, ne samo da te obavestim kako sam, već i da ti pokažem da te slušam. U četvrtak idem kod psihijatra da potražim pomoć koja mi je potrebna. Takođe planiram da prestanem da pušim, da ostavim alkohol i da radim na tome da postanem zdraviji. Znam da neće biti lako, ali želim da ispravim greške koje sam napravio u životu. Naneo sam mnogo bola – ne samo tebi, već i Sendi i mojoj prvoj ženi. Teret svega toga teško mi pada i nije mi lako da sebi oprostim. Ti, s druge strane, nisi učinila ništa loše. Ništa od ovoga nije tvoja krivica. Verujem da i tebi treba podrška.
Znam da me moliš da se vratim životu koji sam imao ranije, ali taj život nije bio srećan, i ne mogu mu se vratiti. Trenutno sve što želim jeste da ispravim stvari i da ti pomognem da imaš srećan život koji zaslužuješ. I dalje verujem da sreća za oboje može postojati samo ako smo zajedno.
Voleo bih da bolje razumem šta si mislila u poslednjem pismu, „Odgovor na tvoja pitanja". Kada budeš imala vremena i snage, voleo bih da mi pišeš. Znam da želiš da mi pomogneš, i ja osećam isto prema tebi – želim da ti pomognem. Reci mi kako mogu to da uradim. Da li ti moja pisma donose utehu ili bol?
Voleo bih da nastavimo da se dopisujemo i razgovaramo kad god ti možeš. Možeš me pozvati kad god poželiš. Neću te često zvati jer znam koliko si zauzeta, ali ću ti pisati redovno da znaš kako sam – a i ja želim da znam kako si ti. Ako nemaš vremena, možeš zamoliti Tonija da mi prenese poruku. To bi mi mnogo značilo.
Brinem se i za tebe. Puno pušiš i ne jedeš redovno. Želeo bih da se i ti više brineš o sebi. Doći će dan kada će između nas sve biti u redu – verujem u to. Obećao sam ti da ću biti veran tvom telu i tvojoj duši, i to obećanje nameravam da ispunim.
Sećam se da si i ti meni dala isto obećanje. Koliko će vremena proći – nije važno. Sudbina će odlučiti.
Molim te, podseti me na rođendane svih – znaš da mi pamćenje ovih dana nije najbolje. Ako možeš, napiši mi datume rođenja tvoje porodice. Nadam se da još uvek nosiš naš prsten.
Hvala ti za jučerašnji poziv. Ljubim te.
Zauvek tvoj,
Malecki

Koraci Ka Nama

Novo Poglavlje u Ljubavi

Ne mogu da se nateram da odustanem. Baciti peškir sada za mene bi značilo kraj. Početi iznova u ovim godinama, pokušati da ponovo pronađem ljubav – to jednostavno nije opcija koju mogu da prihvatim. Moram da nastavim da se borim za Milu, za nas. Duboko u sebi verujem da mogu sve da preokrenem. Svaka gesta, svaki trenutak nade i svaki moj korak deo su ovog puta. Možda Mila to još ne vidi, ali znam da i ona nešto oseća. Vremenom i upornošću pokazaću joj da ono što imamo vredi čuvati.

Nakon nedelja neizvesnosti, put ka osvajanju Milinog srca polako je postajao jasniji. Cveće koje je Toni slao u moje ime omekšalo je njeno srce, a naš kratak telefonski razgovor dao mi je tračak nade. Ipak, znao sam da reči same po sebi nisu dovoljne – morao sam da ogolim dušu i pokažem joj da ljubav koju smo delili vredi svake borbe. Pisanje Mili postalo je moje utočište, način da izrazim sve što nisam umeo da izgovorim. Ovo pismo bilo je moj pokušaj da premostim emotivni jaz između nas i podsetim je na vezu koja nas je održala toliko godina, čak i u tišini.

> Draga moja Mila,
> Znam da sam ti obećao da ću ti, ako ne budeš mogla biti srećna sa mnom, poželeti sreću u životu i ostaviti te na miru. I držao sam se tog obećanja ranije. Sećam se 1978. godine, kada sam te posetio sa Sendi. Čak i tada sam još uvek bio zaljubljen u tebe, ali videti te srećnu i uspešnu omogućilo mi je da krenem dalje. Prihvatio sam tada da za nas nema budućnosti.
> Ali sada je drugačije. Sada vidim budućnost za nas dvoje i verujem da, kada si rekla da me više ne voliš, to nije bila istina – to je govorila bol nakon što si pročitala dnevnik. Ako grešim u tome, onda ti od srca želim sve najbolje, ali ne mogu da se ne nadam da naša ljubav još uvek ima šansu. Verujem u sudbinu, Mila, i verujem da je naša sudbina – nas dvoje zajedno. Verujem u ljubav koju smo delili i verujem u pisma koja si mi pisala – pisma koja govore o vezi koju ništa ne može prekinuti.

Ti i ja znamo da smo rođeni kao jedna duša. Ako se sada rastanemo, da li zaista misliš da možeš da živiš bez mene? Ja ne mogu ni da zamislim. Proteklih 30 godina bilo je lakše jer nismo znali ono što sada znamo. Ali ja sam uvek nosio osećanja prema tebi. Bezbroj puta sam sanjao kako se vraćam u Zeleniku da te tražim, samo da bih se probudio sa bolom u srcu. Pokušavao bih ponovo da zaspim, očajan da te nastavim tražiti u snovima. Jednom si mi napisala:
„Znaš, dragi moj, ti nisi samo sačuvao naš dnevnik, moje slike – ti si uradio mnogo više od toga – sačuvao si mene u svom srcu i sačuvao NAS 32 godine. Ljubim te u ime ljubavi. Zahvalna sam tebi i Bogu jer nas je i On sačuvao."
Mila, ja sam se sada probudio, i želim da se i ti probudiš. Moj zadatak nije samo da ispravim greške koje sam napravio, već i da to učinim bez toga da ti nanesem još više bola. Uzeću sve polako i pustiću vreme da pomogne da se rane zaleče. Ovaj prošli mesec mi je delovao kao brzi voz. Ostao sam u njemu, ali me je brzina potpuno dezorijentisala, i znam da je to uticalo na moje ponašanje. U isto vreme znam da si se i ti borila sa sopstvenim problemima, a ja nisam učinio dovoljno da ti pomognem. Bilo je nesporazuma između nas, i poruke koje smo razmenjivali nisu donele jasnoću – samo su dodale još zabune.
Nikada se zaista nismo posvađali, Mila, i bila bi šteta da jedan nesporazum baci senku na sve što smo izgradili. U stvari, to čak i nije bila svađa – bila je to pogrešna komunikacija. Moj srpski nije savršen i znam da sam mnogo puta koristio pogrešne reči, ali nadam se da mi to možeš oprostiti. Znam da osećaš isti bol kao i ja. Možda misliš da ti ne treba moja pomoć, ali meni tvoja treba. Možda želiš da budem jak, ali moja snaga dolazi od tebe. Moj život zavisi od toga da budemo zajedno. Molim te, hajde da otvorimo vrata komunikacije da bismo mogli da pomognemo jedno drugom.
32 godine sreća nije bila na našoj strani. Ali šta ćemo sada uraditi sa mogućnostima koje imamo? Znam da mi ne bi lagala niti davala prazna obećanja o vernosti i ljubavi. Jednom si molila Boga da me zadrži ako se ikada predomislim. I, Mila, predomislio sam se. Ne mogu da prestanem da te volim i ne mogu da te zaboravim. Pisanje ovog pisma donelo mi je utehu i radost, čak i pre nego što si ga pročitala. Oprostiti nije lako – to znam – ali nadam se da će vreme pomoći oboma da ga pronađemo.

Obećavam da ću učiniti sve da postanem bolji čovek, da se izlečim i da potražim pomoć koja mi je potrebna. Iako ti kažeš da si dobro, teško mi je da poverujem. Znam da je bol koji sam ti naneo bio ogroman.
Nadam se da ćeš mi dati priliku da pomognem na bilo koji način. Ako tvojoj ćerki ili njenom momku ikada nešto zatreba, biću tu za njih. Želim da njihovi životi budu srećni, čak i ako naši nisu ispali onako kako smo sanjali.
Nadam se da te moja pisma ne uznemiruju. Moja jedina namera je da te podsetim da bi bila tragedija da naša ljubavna priča ne dobije srećan kraj. Volim te, Mila. Oduvek sam te voleo. I ipak, stalno se pitam zašto nisam uspeo da te zadržim, zašto nisam uspeo da sačuvam tvoju ljubav, zašto naša ljubav nije izdržala ono što ljubavi drugih jesu.
Zašto si me ostavila? Zašto, zašto...? Mogao bih napisati hiljadu zašto, i opet ne bih pronašao odgovor.
Tvoj zauvek,
Aleksa

Draga moja Mila,
Dok sam pisao ovo pismo, morao sam da stanem, preplavljen talasom tuge. U tom trenutku nisam mogao da ne pomislim na sve godine bola koje smo oboje podneli. Zašto smo morali da prođemo kroz toliko patnje? Zašto smo bili toliko nesrećni, i zašto je ta nesreća uticala na sve oko nas? Stalno se pitam zašto smo se toliko mučili, zašto smo sebi i drugima nanosili toliko bola – sve u ime ljubavi. Sada kada imamo priliku za sreću, pitam se: da li je sav taj bol nekako bio neophodan da bi nas doveo do ovog trenutka, do ove budućnosti koja je još uvek dostižna? Ta pitanja su me progonila, baš kao što znam da su i tebe. Ali danas sam konačno pronašao odgovor. Kada smo se prvi put sreli, bila je to ljubav na prvi pogled. Ti i ja nismo znali zašto se volimo; nismo ni poznavali jedno drugo. Jednostavno smo se voleli. Nismo tada razumeli da smo dve polovine iste duše. Tada sam verovao svojoj majci i mislio da je normalno da je slušam. Kada sam ti vratio tvoje slike, ti se nisi borila za mene zbog svoje tvrdoglave i ponosne prirode – osobina koje sada toliko volim kod tebe. Zašto sam te ostavio? Verovao sam našim majkama. Nisam tada shvatao da si ti moja srodna duša. Tražio sam te više od 30 godina, uvek se nadajući da ću te ponovo pronaći. Kada si mi pre sedam meseci rekla da me voliš, bio sam otprilike 80% siguran da si ti moja srodna duša.

Kada smo vodili ljubav poslednji put, voleo sam te dublje nego ikada ranije. Nikada nisam osetio takvu želju da poljubim svaki deo tvog tela. Bilo je prelepo, i želeo sam da se tako osećam zauvek. Tada sam postao 99% siguran. A onda, kada si mi rekla da me ne voliš, bol je bio neopisiv.

Zamisli da sam ti ja rekao: „Bilo je lepo, ali te ne volim." Tada sam postao 100% siguran – ti si moja srodna duša. Voleo sam i ranije, ali nikada nisam želeo da umrem zbog nekoga. Sa tobom sam shvatio da bez tebe – umirem. Moje srce je kod tebe, i ono kuca za oboje. Reci mi, da li moje srce još kuca? Toliko je slabo bez tebe. Tek sada shvatam da kada je reč o tebi, nemam ponos, nemam snagu da živim bez tebe.

Zašto sam te sada izgubio? Nisam siguran. Ne verujem da ne možeš da oprostiš ono što je napisano u dnevniku. Moja prošlost me je oblikovala u čoveka kakav sam danas – potpunog čoveka. Sada te volim jer te zaista poznajem, i volim sve na tebi. Već sam ti rekao – mogao bih da sedim u tvojoj kancelariji ceo dan, samo da te gledam kako radiš, govoriš, smeješ se ili hodaš. Volim sve na tebi: kako izgledaš bez odeće, kako me voliš, kako se ophodiš prema drugima, svaki tvoj izraz, tvoje usne, tvoje oči. Nema ničega na tebi što ne volim.

Da govorim srpski bolje, možda bih sve ovo uspeo jasnije da objasnim, ali ti poznaješ moje srce. Kao što sam ti već pisao – ja sam se sada probudio. Vreme je da se i ti probudiš. Ostavi iza sebe ponos i tvrdoglavost i prihvati da smo ti i ja predodređeni da živimo zajedno.

13. februara 2001. napisala si:

„Slažem se s tobom da mnogi ljudi prođu kroz život a da nikada zaista ne osete ljubav, i ne mogu da ne osećam duboku tugu zbog njih. Kao da im promiče najlepše iskustvo koje život može da ponudi. Vole i biti voljen zauzvrat – nema ničeg boljeg. Oboje znamo koliko je važno da ljubav bude uzvraćena. Bez toga, ljubav ne može da opstane; ne može da izdrži životne izazove. Prava ljubav mora biti obostrana, negovana od oba srca koja su uključena, inače vene."

Ove reči su podsetnik na ljubav koju delimo i na vezu koja nas je održala povezanima sve ove godine. Mila, pružena nam je još jedna šansa. Nemojmo je ispustiti.

Zauvek tvoj,

Aleksa

29. marta si napisala:
„Molila sam Boga za samo jedan dan s tobom, a onda neka me nema, neka umrem. Sada želim mnogo, mnogo dana i godina s tobom i da umrem s tobom. Ljubim te."
Bog je čuo tvoju molitvu i dao ti ono što si tražila. I ja sam molio za isto, Mila.
Jednom si me pitala zašto te volim. Tada sam zastao i rekao: „Zato što me ti voliš." Iako je to istina, to nije ceo razlog. Pravi razlog je taj što ti imaš moju dušu.
Dao sam ti svoju dušu, svoje telo i ovo moje ludo srce. Ono što osećam prema tebi nije bolest – to je ljubav.
Nijedan doktor, ma koliko bio vešt, ne bi mogao da me izleči od toga. Možda bi mogao da postavi dijagnozu, ali nikada ne bi pronašao pravu terapiju.

Sada, kao pravnika, pitam te: da li misliš da postoji neko na svetu ko bi poverovao da se ovakva ljubav može samo tako napustiti? A ti to tražiš od mene.
Niko ne bi poverovao ako bi rekla da me ne voliš ili da ne možeš da mi oprostiš. Obećala si mi da ćeš me, ako se ikada predomislim, držati kao pijavica. Obećao sam ti da se neću predomisliti, i ti si meni obećala isto. Znaš da ne mogu da prestanem da te volim i da ne mogu da te zaboravim. A sada, misliš li da bih ikada mogao da prestanem? Ne mogu. Ako bude trebalo još 32 godine, izdržaću sve. Volim te sada i zauvek.
Zauvek tvoj,
tvoj strpljivi Malecki

Aleksa: 1. jun 2001.

Moja najdraža Mila,
Danas je petak, 1. jun, i pišem ti rano ujutru. Zamišljam da još uvek spavaš, možda sanjaš o nama. Kada stigneš na posao, Toni će ti predati ovo pismo. Mnogo sam razmišljao, i osećam da je vreme da promenim ton mojih pisama. Nadam se da ti se poslednje dopalo i da te ništa što sam napisao nije uznemirilo. Više ne želim da se fokusiram na prošlost – mislim da smo napredovali u lečenju naših srca. Moja nada je da ćeš me danas pozvati da razgovaramo.

Čuti tvoj glas bi bilo najbolje moguće „lečenje" za moje srce. Kao i uvek, biću ovde tokom tvojih radnih sati, ali me možeš dobiti i kod kuće na mobilni. Slobodno mi šalji poruke. Ne brini – neću ti odgovoriti ako si kod kuće, pa ne moraš da se osećaš neprijatno pred Mladenom. Još uvek se borim sa bolom u leđima, krećem se sporo kao puž, ali želim da nastavimo tamo gde smo stali. Da se ponovo upoznajemo, kao nekada. Pošto za sada uglavnom ja pišem, podeliću više o sebi – ko sam, kako razmišljam i čemu se nadam u životu. Nadam se da ćeš mi oprostiti greške na srpskom; još uvek učim, ali odlučan sam da se poboljšam zbog tebe.

Ceo svoj život imam jednu želju: da budem najbolji čovek koji mogu biti – ne samo za sebe, već i za sve oko mene. Verujem da tako mogu živeti bolji život, i da će i oni oko mene imati bolji život zbog toga.

Oduvek sam osećao da smo ti i ja neverovatno slični, gotovo kao dve polovine jedne duše. Iako smo odrasli na različitim kontinentima, naši putevi su u mnogim stvarima išli paralelno. Kada sam bio mlađi, bio sam tvrdoglav i sujetan, ubeđen da sve znam. S vremenom sam shvatio da sam se udaljio od puta kojim sam zaista želeo da idem. Tada sam naučio jednu važnu istinu: dve glave uvek znaju više od jedne.

Dobro jutro, moja slatka Mila. Ti si moja, a ja sam tvoj. Ja verujem u tebe, i ti veruješ u mene. Najvažnije je što verujemo u našu ljubav, i to me čini ponosnim. Da znaš, sada sam dobro i uveren sam da ću biti u redu. Sinoć sam ispunio obećanje i spavao dobro bez ikakvih tableta. Sada je podne ovde, upravo sam se vratio iz Plavih planina. Snimao sam put tamo i nazad, da kada budeš gledala, imaš osećaj kao da smo bili zajedno. Pogledao sam poreklo imena „Plave planine" za tebe: prvobitno su se zvale „Karmarten brda" i „Lansdaun brda" po guverneru Filipu, ali su kasnije dobile naziv po plavičastoj izmaglici koju stvaraju ulja iz eukaliptusa. Iako smo fizički daleko, u mislima smo uvek zajedno, zar ne? Nadam se da ćeš i ti imati lep dan – nemoj da se previše iscrpljuješ i pokušaj da smanjiš pušenje. I ja sam smanjio broj cigareta, ali još nisam potpuno prestao. Nikada nećemo sasvim prestati, ali možemo da se držimo dogovora o samo par cigareta dnevno. Znaš da smo ludi, ali ludi jedno za drugim.

Sada želim da podelim nešto lično što mi je na pameti. Bol u leđima me je usporio i podsetio koliko je važno da vodim računa o sebi – naročito sada kada planiramo da nastavimo ovo zajedničko putovanje. Ovo me podseća na jedno vreme u mom životu kada sam se suočio sa sličnim izazovom.

Godinama ranije, kada sam imao oko 45 godina, našao sam se u nezgodnoj situaciji. Moj posao instruktora vožnje zahtevao je sedenje tokom celog dana, a ishrana mi nije bila najzdravija. Doručak je bio u redu, ali ručak je obično bio dva sendviča sa šunkom i ananasom, kolač sa kremom i čaša soka od narandže. Moja majka je tada bila u poseti iz Zelenike, i njeno mađarsko kuvanje bilo je neodoljivo. Pre nego što sam se okrenuo, moja uobičajena težina od 69 kg porasla je na 85 kg, i jedva sam sebe prepoznavao.

Jednog dana sam primetio da će TV antena na mojoj kući pasti.

Kada sam pokušao da je popravim, shvatio sam da ne mogu da se popnem više od nekoliko stepenika na merdevinama, a da mi noge ne zadrhte. Uplašen, otišao sam kod lekara, koji me stavio na strogu dijetu. Posle tri meseca, holesterol mi je i dalje bio visok, a toliko sam smršao da sam izgledao krhko i nezdravo – to me je uplašilo, i počeo sam da se bojim najgoreg. U očaju, smislio sam svoj sistem. Izbacio sam šećer iz kafe i zamenio ga medom, dodao orahe uz doručak i počeo da jedem voćnu salatu sa muslijem, orasima i jogurtom za ručak. Polako ali sigurno, zdravlje mi se poboljšalo. Godinu dana kasnije, bio sam ponovo u formi i mogao sam samopouzdano da se popnem na krov kuće. Kada se osvrnem, shvatam da su me te promene naučile strpljenju i upornosti. Mali koraci se vremenom sabiraju, zar ne? Baš kao i sa zdravljem, posvećen sam tome da ispravim stvari između nas, korak po korak.

O, bože, ovo pismo je postalo poduže, pa ću sada da završim. Danas je bio prelep dan – sunčano i 25°C tokom dana, sa hladnih 1°C noću. Imam još nešto posla sada, ali ako imaš trenutak, voleo bih da čujem nešto od tebe. Oboje nam je potrebna naša terapija – jedno drugo.

Večiti poljupci, tvoj Aleksa

P.S. Ne zaboravi da pozdraviš Tonija, Tamaru i Maju od mene, i da poljubiš Fabijana. A što se tiče tvog starog – pa, recimo samo da nismo baš „kliknuli"! Ali hej, život je pun iznenađenja, zar ne?

Aleksa, Toniju: 21. jun 2001.

Dragi Toni,
Da znaš, Mila me voli. U jednom od svojih pisama, napisala je ovo u vezi sa dolaskom u Australiju sa svojom ćerkom i pitala me šta mislim o tome:

„Ljubavi i sreće nikad ne može biti ni previše ni premalo. Način na koji se mi volimo, verujem da se niko drugi na ovom svetu ne voli tako, čak ni Maja. Toliko toga smo prošli zajedno, sa svim usponima i padovima koje nam je život bacio na put, a naša ljubav je samo ojačala. Ispred nas je budućnost puna nade, puna snova i želja koje oboje duboko negujemo. Jedva čekam da nastavim ovo putovanje sa tobom.
Poljupci." Dobio sam email, a moja prelepa advokatica sedi u kancelariji sa osmehom na licu. To su dobre vesti za mene.
Teško je ne brinuti, jer ni tablete ne pomažu. Sedim na ivici stolice, buljim u kompjuter i čekam. Samo čekam i pišem još pisama. Samo joj nemoj reći, ali ti bolje znaš šta je dozvoljeno, a šta nije.
Srdačni pozdravi od Alekse

Mila mi je konačno oprostila i postigla dogovor sa svojim mužem da otkupi njegov deo kuće, kako bi on mogao da se iseli. Verovala je da će to smanjiti sumnju u stvarni razlog njihovog razvoda. Ipak, nikada mi nije rekla šta mu je tačno rekla kao razlog razlaza. Ponudio sam joj finansijsku pomoć da bi mu isplatila njegov deo, i prihvatila je moju podršku. Ovaj mejl od Mile stigao je kao odgovor na kašnjenje u prenosu novca.

Moj najdraži,
Upravo sam razgovarala sa bankom, i novac još nije stigao. Htela sam da ti javim – nisam nestrpljiva, jer znam da će stići na vreme, baš kad bude trebalo. Jedva čekam taj trenutak, jer će biti kao da se budim iz jednog vrlo neprijatnog sna. Kada taj dan dođe, on više neće biti ovde. O Bože, jedva da mogu da verujem, ali očajnički želim da doživim taj dan. Neka mu je srećan put, neka bude srećan, neka bude zdrav – ali neka svoju sreću deli sa nekim drugim. I taj neko drugi može biti čak i Klaudija Šifer, ako to više nisam ja. Ja ću deliti sreću, ljubav i sve ono što dolazi uz te dve najlepše stvari na svetu – sa TOBOM, dragi moj. Najlepši i najsrećniji dani za nas, za tebe i mene, tek dolaze. I oni će doći kada budemo zajedno. Tek tada ćemo ti i ja biti POTPUNO SREĆNI.
Poljupci, Mila

„Mila, hoćeš li da se udaš za mene?"
Avgust 2002.

Posle nekoliko dugih meseci, skupio sam hrabrost da te ponovo zaprosim. Izazov je bio ogroman – više od 20.000 kilometara nas je razdvajalo – ali ljubav ne poznaje daljinu. Snimio sam video iz srca, otvorivši dušu dok sam klečao na jednom kolenu, sa suzama ljubavi koje su mi sijale u očima. Ovo nije bila samo prosidba; bila je to potvrda dubine mojih osećanja, moje nepokolebljive posvećenosti onoj koja mi drži srce.

Uz pomoć Tonija, mog vernog poverenika, taj trenutak je postao nezaboravan. Organizovao je iznenadno okupljanje kod sebe, ispunjeno toplinom i ljubavlju. Kada je Mila ušla, dočekao ju je zadivljujući aranžman od 35 crvenih ruža, svaki cvet simbol jedne godine koje smo proveli razdvojeni. Mogu samo da zamislim lavinu emocija koju je tada osetila – radost, ljubav, možda i trunku neverice.

Da bi sve bilo još posebnije, dao sam Toniju ovo pismo da ga Mila pročita pre nego što pusti video.

Moja srodna dušo,

Danas je 17. avgust – datum zauvek urezan u mom srcu, najsrećniji dan naše mladosti. Želim da ovaj dan ostane svetionik radosti do kraja naših života. Pošto ne mogu da budem sa tobom, zamolio sam Tonija da zabeleži ovaj trenutak na video snimku kako bismo ga zauvek mogli čuvati.

Kada sam ti napisao da si ti moja srodna duša, ti si mi odgovorila:

„Ima li lepšeg saznanja od toga? Ne, nema. Srećna sam i ponosna zbog tebe."

Mila, ja osećam isto. Bila je to ljubav na prvi pogled, a o našem prvom poljupcu si napisala:

„Još uvek osećam naš prvi poljubac. Način na koji si me poljubio, taj poljubac je još uvek na mojim usnama."

Ni tada nismo znali da će ta ljubav postati sidro naših života, ljubav koja traje ceo život i dalje.

Jednom si mi napisala:

"Dragi moj, stojim u redu tvojih žena i ponovo čekam. Za razliku od prošlog puta, sada mi je namera da uspem.

Ali da bih uspela, trebam tebe. Bez tebe to bi bio samo san. Biću iskrena; ovog puta si moj. Da, dobro si pročitao – moj i samo moj. Volim te i ti to znaš."

Jednom sam ti rekao da si ti najvažnija osoba u mom životu, a ti si odgovorila:

"To znači kao vazduh koji udišeš, kao krv koja ti teče venama, kao sam život. To si ti za mene. Živim s tobom i osećam da bez tebe ne bih mogla da živim. Želim da živim; želim da živim s tobom, ruku pod ruku, i... šta još želim? Nedavno sam ti pisala da sam želela i molila Boga za samo jedan dan s tobom, a sada želim mnogo, mnogo dana i godina s tobom, i da umrem s tobom. Volim te."

Mila, ove reči su urezane u moju dušu jer i JA OSEĆAM ISTO. Za srećan brak, ljubav nije samo važna – ona je sam temelj. Pre trideset tri godine, dvoje mladih sanjara su se verili. Sećaš se? To smo bili mi. U tom radosnom aprilu 2001. pronašli smo naš prsten. Iako te nisam pitao, ti si ga uzela bez reči, i oboje smo znali šta to znači. Da, Mila, ponovo smo se verili.

Ne smemo da propustimo ovu priliku – možda nam je poslednja. Predugo smo čekali, trpeli i živeli u snovima. Sada je vreme da se pogledamo u oči i kažemo:

"VOLIM TE, ŽELIM TE, I TREBAM TE."

Život bez tebe je nezamisliv. Ruku pod ruku, hajde da nastavimo do kraja naših života i ispunimo snove koje u srcu nosimo tako dugo. Još uvek smo mladi jer smo u srcu sačuvali iskrenost i istinu naše mladalačke ljubavi.

Sada, ljubavi moja, uključi video.

Toni joj je pustio video, dozvolivši joj da vidi kako se moja iskrena prosidba odvija. Dok je gledala, moje emocije su rasle, znajući da je sve što osećam – svaka reč, svaka suza – sada pred njenim očima.

Drhteći od uzbuđenja, okrenuo sam njen broj.

"Mila, hoćeš li da se udaš za mene?" pitao sam, glasom punim nade.

"Kako da kažem ne na tako slatku prosidbu?" odgovorila je.

„Znači, to je da?"

„Da, to je da," potvrdila je.

Reč „da" nikada nije zvučala lepše mojim ušima. U tom trenutku, naša srca su se ponovo spojila, vezana još jednom ljubavlju koja prevazilazi vreme i udaljenost. Sav trud koji sam uložio da je ponovo osvojim napokon se isplatio. Po drugi put u životu, bili smo vereni. Nakon više od dvanaest mučnih meseci razdvojenosti, shvatili smo da više ne možemo da izdržimo. Zato smo doneli odluku – da krenemo na dvonedeljni odmor, romantično putovanje kako bismo ponovo zapalili plamen naše ljubavi.

Ukrcao sam se na let za Budimpeštu, gde sam se s radošću ponovo sreo sa Milom i njenom najboljom prijateljicom Tamarom. Zajedno smo krenuli na put za Tunis. Tamara nam se pridružila kao deo pažljivo smišljenog plana. Ona i Mila su svojim muževima rekle da idu na žensko putovanje – priča osmišljena da otkloni sumnju i da Mlin muž ostane u neznanju o našem obnovljenom odnosu.

U tom prelepom okruženju, okruženi zlatnim peskom i azurnim Sredozemljem, ponovo smo rasplamsali strast i ljubav koja je oduvek bila temelj naše veze. Svaki zajednički trenutak – šetnja ruku pod ruku, posmatranje zalazaka sunca i smeh kao u mladosti – zbližavao nas je još više. Tunis je postao ne samo destinacija, već i slavlje ljubavi koju smo se borili da povratimo.

Neraskidive veze, Tunis – septembar 2002.

U toplom zagrljaju septembarskog sunca Tunisa, započelo je putovanje iz snova u hotelu El Mouradi, gde se blistavo Sredozemno more susrelo s toplinom istinskog prijateljstva. Mila i njena najbliža prijateljica Tamara – nekada vezane složenostima života, sada nerazdvojne – krenule su na avanturu koja će zauvek ostati u njihovim srcima. Svako jutro započinjalo je ukusnim doručkom, savršenim uvodom u čuda dana koji je pred nama. Sredozemno more, sa svojim blagim talasima, dočekalo nas je kao stari prijatelj, pozivajući nas da se izgubimo na njegovim peščanim obalama. Osoblje hotela davalo je sve od sebe kako bi svaki trenutak bio prožet udobnošću i pažnjom.

Dani su nam bili ispunjeni pažljivo planiranim aktivnostima, od kojih je svaka bila jarka potez četkicom na platnu naših uspomena.

Kako bi sunce tonulo ispod horizonta, noći su oživljavale čarolijom – koncertima, plesnim predstavama i filmovima koji su svaku večer pretvarali u slavlje radosti i smeha. Vrhunac našeg putovanja bila je dvodnevna avantura u srce Sahare. Prešli smo zlatne dine jašući kamile, dok se nepregledna pustinja prostirala pred nama. Kada je sunce zašlo nad peskom, njegov vatreni sjaj obasjao je pustinju toplom, zadivljujućom svetlošću. Te noći smo spavali pod nebom prepunim zvezda, osećajući kao da je sam univerzum zastao da posmatra našu avanturu. Naš duh istraživača poveo nas je na safari skrivenim stazama, otkrivajući šapate istorije. Koračali smo istim mestima gde su snimani legendarni filmovi poput Ratova zvezda i Engleskog pacijenta, svaki korak nas je dublje povezivao sa ovom mističnom zemljom.

Sledećeg jutra, Tamara je primetila paraglajding iznad Sredozemnog mora u blizini našeg hotela i predložila da probamo. Meni se baš i nije išlo, ali ona nije odustajala, izazivajući nas da pokušamo. Na kraju smo Mila i ja popustili. Kasnije sam pronašao video sa tog nezaboravnog dana.

Nakon divne noći, sreli smo se sa animatorima hotela, koji su nas pitali da li se lepo provodimo i morali su da nas pitaju za našu priču. Bili smo srećni da podelimo priču o našoj ljubavi – i sada, našoj aferi.

18. septembra 2002. svanulo je predivno vedro jutro, a Tamara nas je podsetila: „Hajde danas." Nismo baš bili oduševljeni, ali smo ipak odlučili da idemo. Tamara je zgrabila kameru i počela da snima u stilu intervjua, obraćajući se Mili:

„Mila, reci svima koji će gledati ovo, na šta se to spremate! Niko nam neće verovati."

Mila je, sa velikim i prelepim osmehom, odgovorila: „Sedimo u hladu palme, spremamo se za paraglajding i čekamo ekipu da nas odvedu na čamac." Dodala je: „Rekli su nam da će nam se svideti, ali ja se plašim. Ipak, moram da probam."

Primetili smo da se čamac zvao HABIB'S PARACHUTE, i uskoro su nas počeli pripremati, sa pojasevima i svom opremom.

Ja sam bio prvi koji je išao. Tamara, koja je još snimala, viknula je: „Alekse, koja ti je poslednja volja i testament?" Meni to nije bilo smešno, ali njoj jeste.

Na čamcu su me devojke ponovo izazvale da idem prvi. Moram priznati – uživao sam i ponovio bih to. Ipak, da sam znao šta sledi, možda bih se predomislio. Zatim je došao red na Tamaru. Popela se i sletela uz prve reči: „Bilo je tako dobro."

Mila je pitala: „Kako je bilo?"

„Super," odgovorila je Tamara.

Mila je postavila mnogo pitanja o tome kako je bilo, ali imala je loš predosećaj i rekla:

„S mojom srećom, nešto će poći po zlu."

Kada je došao red na Milu, pojavio se prvi znak problema. Mila je brinula da ne izgubi svoje skupe naočare i zatražila da joj pozajmim lančić za naočare. Drugi znak je bio kada je padobran pao u vodu i morali su ponovo da ga podignu. Trebalo im je vremena, ali su ga na kraju pripremili, i Mila je poletela. Za sada, sve je bilo u redu.

Još uvek sam mogao da vidim veliki osmeh na njenom licu dok se dizala. Gledajući je, mogao sam da čujem samo jak zvuk motora čamca.

Odjednom – tišina.

To je bila jeziva, neprirodna tišina, kao da je svet zastao da udahne. Ukipio sam se, srce mi je ubrzano kucalo dok se strah uvlačio u moje grudi.

„Šta se dogodilo?" promrmljao sam, moj glas jedva čujan u naletu panike.

Tamarin glas je zadrhtao dok je vikala: „Uradite nešto!" Njen strah je bio opipljiv, oštar i hitan, probijajući se kroz tišinu. Grozničavo sam tražio pogledom nebo. Mile nije bilo. Ruke su mi drhtale dok sam zaustavljao snimanje, nesposoban da shvatim šta se upravo dogodilo.

A onda smo je ugledali.

Oko 50 metara dalje, izronila je, a voda je blistala oko nje kao polomljeno staklo. Osetio sam ogromno olakšanje, kao talas koji me je preplavio, ali sa primesom straha.

Mila – moja Mila – bila je u vodi, i iako je imala prsluk za spasavanje, poznavao sam je. Volela je vodu, ali nikad nije ronila. Pomisao na njen strah bila je gotovo nepodnošljiva.

„Da li je dobro?" upitala je Tamara drhtavim glasom.

„Mislim da jeste," odgovorio sam, iako je moj glas odavao nesigurnost.

Spasilac je skočio u vodu, sekao talase snažnim zamasima. Video sam Milu, nepomičnu u početku, kao da joj je um još pokušavao da shvati šta se desilo. Zatim je, polako, počela da pliva.

Nije plivala ka nama, već je delovala izgubljeno, dezorijentisano. Bilo je to kao da posmatram san – prelep, zastrašujući san u kojem se granica između stvarnosti i noćne more briše.

Posada se mučila sa motorom čamca dok sam izražavao svoju zabrinutost.

„Ne brinite," rekao je jedan od njih. „Pozvali smo pomoć. Pogledaj, evo ga."

Spasilac je stigao do nje, i iako nisam mogao da čujem šta pričaju, zamišljao sam ga kako je teši, izvlačeći je iz ponora šoka. Kroz zum objektiv kamere video sam njeno lice – bledo, ali živo. Mila, koja je uvek plesala uz ivicu vode, ali nikada nije ulazila duboko, upravo se suočila sa svojim najvećim strahom.

Kada su je doveli bliže, konačno smo čuli njen glas:

„O moj Bože." To je bila mešavina olakšanja i neverice.

Dok je plivala, viknula je:

„Bilo je strašno."

„Šta je bilo strašno?" pitala je Tamara.

„Izgubiti kontrolu i pasti!" odgovorila je Mila, smejući se, ali još potresena.

„Da li si brzo padala?" insistirala je Tamara.

„Mislila sam da ću umreti," rekla je Mila, glas joj je podrhtavao. „Nisam imala vremena da razmišljam, ali se sećam svoje majke, svog sina, čak i Fabijana. Ne znam zašto!"

„Mislile smo da te nema više," rekla je Tamara, napola se smejući, napola plačući.

Mila je opsovala na srpskom: „Pi*ku im materinu!" (Znala sam da će mi se nešto dogoditi!) Borila se da se popne u čamac, njeni pokreti bili su teški od iscrpljenosti i adrenalina. Tamara joj je pomogla, njihov smeh se mešao sa slanim vazduhom, čudna uteha za haos tog trenutka.

A ja? I dalje sam držao kameru, snimajući sve. Mila, bez daha, okrenula se prema meni i promrmljala na srpskom:

„Pa mamu im jebem mađarsku! Ja to neću platiti! Ja ne plaćam paraglajding!"

Te večeri, Mila je delila svoje iskustvo s drugima, rekavši: „Danas sam skoro umrla." Njen ton je bio lagan, ali oči su odavale preostali strah.

Kasnije me je pogledala s pitanjem koje je visilo u vazduhu:

„Zašto nisi skočio da me spasiš?"

Njene reči su me pogodile kao udarac u grudi. Bio je to trenutak koji je tražio veliku romantičnu gestu, a ipak, ja sam ostao gde jesam.

„Ne paničim lako," objasnio sam pažljivo birajući reči. „Ostao sam miran jer sam video da spasilac već pliva prema tebi. Da sam skočio, stvorio bih još veću pometnju. Posada je morala da se fokusira na tebe, a da sam ja paničio, sve bi bilo još gore."

Ne znam da li mi je poverovala. Ali te noći, nisam imao sreće.

To bi bio dramatičan, romantičan skok – za priču. Ali bi takođe bio i glup, i kad se osvrnem, znam da sam doneo ispravnu odluku. Mila je preživela, a na kraju, to je sve što je važno.

Lepota Tunisa ostala je u našim srcima dok smo se vraćali u Budimpeštu, gde je šarm grada postavio scenu za veče puno romantike. Na moj zahtev, ciganski muzičari su serenadom ulepšali trenutak za Milu, njihove melodije ispreplele su priču o ljubavi dok su pevali o mojim plavim očima, dok sam ja gledao u njene prelepe smeđe. Taj trenutak bio je čista magija, naslikan najčarobnijim bojama naše ljubavi.

Za one kod kuće, Tunis je bio samo „žensko putovanje" – razigrana priča da bi Miliin muž ostao nesumnjičav. Ali za nas, to je bilo mnogo više od avanture; bilo je to putovanje srca, priča koju samo mi možemo istinski da razumemo i čuvamo.

Ono što je ostalo jesu odjeci smeha, uzbuđenje otkrića i toplina veze stvorene kroz romansu i prijateljstvo. Tunis nije bio samo destinacija; bio je to poglavlje u našoj ljubavnoj priči koje će zauvek imati posebno mesto u našim srcima.

Miline e-poruke: Sačuvane i dragocene

Nakon tog putovanja, komunicirali smo skoro svakodnevno putem e-maila. Sve sam ih sačuvao kako bih mogao da ih iznova čitam dok ne budemo zajedno – a najverovatnije i dugo nakon toga. Dragi čitaoče, želeo bih da ih podelim s tobom.

> Mislim na tebe
>
> Dobro veče, najdraži moj. Neko ko često misli na tebe želi da zna šta trenutno radiš. Da li si se spremio za spavanje? Ako jesi, taj neko bi voleo da zna kako izgleda tvoja rutina pred spavanje. Šta radiš upravo u ovom trenutku? Zaista bih volela da znam. Ali kako, kad sam tako daleko, a opet tako blizu? Da, dobro si pročitao – JA SAM U TVOM SRCU.
>
> Moj radni dan se završava, hvala Bogu, ali samo u kancelariji. Znaš da nastavljam da radim i kod kuće. Danas planiram da odem kod frizera da sredim kosu. Bar mogu da budem uredna, čak i ako ne mogu da budem lepa. A znaš šta još mogu da budem, dragi moj? Mogu da budem elegantna. Eto, to mogu.
>
> Treba da znaš da sam juče, uz pomoć svoje ćerke, skuvala 67 litara soka od paradajza za dugu i hladnu zimu. Znam da ovo nije dovoljno reči od mene za tebe, dragi moj, ali pred nama su još mnogi dani. Zar ne?
>
> Laku noć, ljubavi moja. Ljubim te.
>
> P.S. Saznala sam nešto što sam već znala – da sam ja tvoja Mila i da me voliš. Divna spoznaja.

Primanje ovakvih e-mailova uvek mi je ulepšavalo dan. Horoskopi koje mi je Mila slala bili su iznenađujuće tačni i činilo se da savršeno opisuju sve što nam se.

23. avgust 2002, 20:58

Vodolija
Raspet si na više strana. Koliko dugo ćeš moći da izdržiš ovako zavisi isključivo od tvoje izdržljivosti. Mlađe i zdravije Vodolije se dobro snalaze, dok se ostali mogu ozbiljno umoriti. Slaba tačka tela je SRCE. Budi oprezan s njim i sa živcima. Ljubim te.

23. avgust 2002, 21:19

Znam, i ne znam kako znam, ali znam, da si ti, dragi moj, više zainteresovan za moj horoskop nego za svoj. Takođe znam da nisam u krivu. Zato, evo mog horoskopa za danas:
Bik
Razmišljaš o dalekim zemljama ili poslovima vezanim za udaljena mesta. Mašta ti radi punom parom. Prvo moraš da stvoriš odgovarajuće temelje kako bi ostvario ideje koje sada mnogima deluju ludo. Ako si u romantičnoj vezi, nesiguran si u to šta druga osoba želi. Želiš da se ona izrazi, što je gotovo nemoguće.
To je sve za danas. Ljubim te.

Miline e-poruke su mi uvek izmamile osmeh na lice, čak i kada je bila zauzeta. U ovoj je podelila delić svog užurbanog dana i borbu s tehnologijom – nešto što mi je i te kako poznato. Uprkos haosu, pronašla je trenutke da razmisli o lepoti ljubavi, inspirisana našim prijateljima Tanjom i njenim partnerom. Te male, iskrene poruke držale su nas povezanim i podsećale na ljubav koju smo delili, čak i na daljinu.

27. avgust 2002, 20:58

Da li bi moj dragi voleo da vidi Australiju na mojim leđima???? I ja imam Australiju, ne samo ti, dragi moj. Hoćeš da se menjamo? LJUBIM TE. Oh, neću ti reći ko je gde i s kim spavao. Moraćeš da se zadovoljiš odgovorom da nisam spavala s Matićem. Tanja je spavala s Matićem. Ha, ha. Opet te ljubim.

Mila ima jedinstven beleg na leđima u obliku Australije, u tamnocrvenoj nijansi koja podseća na australijsku pustinju. U ovom mejlu se našalila na tu temu i duhovito mi ponudila zamenu. Njen smisao za humor i vedrina uvek bi mi ulepšali dan. Takođe me zadirkivala oko rasporeda spavanja naših prijatelja, što je našim razgovorima davalo zabavan i živ duh. Ovi trenuci smeha i povezanosti činili su našu vezu na daljinu posebnom.

27. avgust 2002 – 21:32

> Pa neću ti reći. Zar nisi pažljivo pročitao moje pismo? Zar nisi zadovoljio svoju radoznalost čitajući ga? Dragi moj, tvoja "nestašna" draga ti želi lepo i mirno veče, zasluženo posle napornog dana. Ne želim da sanjaš kako vodimo ljubav iz jednog jednostavnog razloga – ne bi mogao da se odmoriš! Šta sada misliš o meni? Volela bih da znam. LJUBIM TE. Ćao.

27. avgust 2002 – 21:43

> Ne u moje ime. ZALJUBLJENA SAM.

Ova jednostavna, a snažna poruka od Mile govorila je više od hiljadu reči. Bila je to njena izjava ljubavi, potvrda dubine njenih osećanja. Upravo u tim trenucima, kada su reči bile malobrojne, a osećanja ogromna, podsećao sam se na tu prelepu povezanost koju smo delili. Njena ljubav bila je poput svetionika, vodilja kroz sve izazove daljine, ispunjavajući moje srce toplinom i radošću.

30. avgust 2002 – 15:53

> U osam sati imam dug i naporan sastanak. Kada završim, javiću ti se. Tvoje pismo koje si mi poslao je divno. A slike, pa, i one su lepe. Samo da znaš, i ja mislim da sam slatka. O Bože, kada je to bilo? Koliko sam imala godina? Ljubim te.

2. septembar 2002 – 21:39

Dragi moj, današnji dan bio je ispunjen raznim obavezama, ali pošto znam koliko čekaš makar nekoliko redova od mene, pišem ti. Ne znam kada ću moći da ti napišem dugačko pismo. Trebalo bi da uzmem odmor. Rastrzana sam između toga da uzmem odmor kako bih ti pisala i da uzmem odmor kako bih bila s tobom. Šta da izaberem? Bez sumnje – uzeti odmor da budem s tobom, da te imam. Šta misliš, jesam li donela pravu odluku? Šta bi ti izabrao?
Jesi li imao naporan dan? Ni ja danas neću odmarati – unuk Fabijan dolazi oko tri popodne. Ali to će biti drugačiji umor. Znaš, tvoji unuci liče na tebe, verovatno zato što je Mejson isti kao što si ti bio u mlađim danima. Dragi moj, šta sada radiš? Volela bih da mogu da provirim. Još je rano za spavanje, ali nije za odmor. Sada ti želim laku noć, lepe snove, i pokušaj da ne misliš previše na mene, jer se bojim da, ako to radiš, dugo nećeš moći da zaspiš. LJUBIM samo TEBE.

5. septembar 2002 – 18:38

Dragi moj, ako imaš vremena, ako možeš i želiš da me čuješ, POZOVI me. Čekaću tvoj poziv. Čekaću jer sam te čekala toliko godina, 34 godine, i ČEKALA SAM. Više nije važno koliko sam čekala, važno je da si ti, čak i sada, MOJ. Znaš, dragi moj, u mom poslu često se kaže: UBICA SE UVEK VRAĆA NA MESTO ZLOČINA. Ljubim te.

10. septembar 2002 – 20:47

Pitaš me da li mislim na tebe. Da ti dam tri šanse da pogodiš? I ako ne pogodiš, da ti pomognem? Pa, ne mislim na tebe... Čujem tvoj smeh, i želim da se smeješ. Želim da te nasmejem. Kada se smeješ, mnogo si mi slađi, mnogo lepši, više mi se sviđaš, još si mi draži, i imam osećaj da te više volim i više ljubim, mnogo više. Osmeh na tvom licu, radost u tvom srcu – šta više poželeti? Uživaj u muzici, uživaj u dobroj pesmi, ne sa bolom u srcu, ne sa prazninom u srcu, ne sa tugom u duši. U tvom srcu, u tvojoj duši, nalazi se sva moja ljubav. Sva ljubav ovog sveta. I zato, raduj se, dragi moj, raduj se. Raduj se životu.

Raduj se svakom sutra, jer svako sutra je NAŠE SUTRA. Raduj se, naš život, naš zajednički život, je pred nama. Ljubim te, ljubim te, ljubim te, i samo te ljubim.

12. septembar 2002 – 15:17

Dragi moj, evo me na poslu i samo sam htela da ti kažem da se smrzavam. Nisam znala da će jutro biti tako hladno, pa sam se obukla prilično lagano. Jutros su mi nedostajali rukavi, a Bože, čak i duge gaće. To je sve – nisam loše spavala. Kako ti protiče dan, dragi moj? Radi, ali i odmori. Tako da sam, pre svih zadataka, sela da te obradujem pisanjem. LJUBIM TE.

18. septembar 2002 – 17:25

MOJ DRAGI, u tvom srcu ne sme biti praznine. U tvom srcu ima mesta samo za ljubav. Slažem se da nas je u poslednje vreme bilo manje, ali zašto? Dragi moj, to je moje radno vreme – rekao si da to razumeš. Mislim da je bolje da imamo manje vremena zajedno nego da ga nemamo uopšte. Ne daj Bože. Na kraju krajeva, naša sudbina je u našim rukama. Sada moram da prestanem da pišem. LJUBIM TE.

18. septembar 2002 – 20:13

Ljubim te, i bilo mi je jasno već kad sam pročitala pismo, a posebno kad sam ti odgovorila. Sada se možda pitaš zašto si dobio pismo sa takvim sadržajem. Pa, to je jednostavno bio trenutak u kojem sam bila. Važno je da se ni ti ne ljutiš. U 11:30 idem na sud u B.T., pa zatim u Opštinu. Vraćam se posle u kancelariju. Nadam se da sada odmaraš, dragi moj, i da si večerao. Odlazim, opet žurim. Uvek žurim, ali nikad bez misli na tebe. Još jednom te ljubim. Ćao.

20. septembar 2002 – 18:14

Dragi moj, želim da vidim osmeh na tvom licu. Želim da podigneš čašu i popiješ nešto jako jer je došao kraj – kraj moje muke i tvoje. Kraj naših muka. Toliko sam umorna od svega, posebno od njega.

Bio je pravi terorista prema meni. A tvrdi da me jedva može preboleti, da me je voleo, da za njega nema druge, jer će u svakoj drugoj ženi tražiti mene. Gluposti – nešto u šta ni moj unuk ne bi poverovao.

Ali sada je sve to prošlost. Noćas sam više bila budna nego što sam spavala. Srce mi je zadavalo probleme, imala sam osećaj da kuca negde drugde, a ne tamo gde treba. Kao da mi je bilo u grlu, kao da će me sopstveno srce izdati, ugušiti. Noć užasa i straha. Ali dosta o tome – o svemu ćemo pričati telefonom. Gotovo je, i to je najvažnije. Kako si ti, dragi moj? Jesi li pojeo svoju voćnu salatu? Šta si imao za večeru? Ja sam SITA. Hehe. Ljubim te.

26. septembar 2002 – 19:46

Idem u opštinski sud u Zeleniki. Jutros oko 8 sati razgovarala sam sa sudijom koja je moj predmet uzela po hitnom postupku. Zove se Buda Eva. Poziv ćemo dobiti početkom oktobra, i na istom ročištu biće sproveden postupak mirenja. Ako pomirenje ne uspe, kako zakon nalaže, to će biti zvanično zabeleženo i započeće razvod. Presuda će biti konačna istog dana. Obavestiću te o datumu čim ga saznam. Sada moram da idem. Ljubim te.

30. septembar 2002 – 19:12

Dobro veče, dragi moj. Ne znam da li znaš, ali matematika mi baš i nije jača strana. Prošlo je 87 dana – ili možda više? – otkako smo razdvojeni, ne našom voljom. Da je do nas, ne bismo bili razdvojeni ni jedan jedini dan. Zar ne? Upravo sam se vratila sa suda, gde sam zastupala okrivljeno pravno lice i vozača kao optuženog. Posle DOBRE odbrane, postupak će biti obustavljen. Zadovoljna sam, a vozač je posebno zadovoljan. Uštedela sam značajnu novčanu kaznu, koja je mogla biti od 10.000 do 50.000 dinara. A za vozača kazna je mogla biti od 1.500 do 10.000 dinara. Sada moram da prestanem da pišem. LJUBIM TE, DRAGI MOJ.

7. oktobar 2002 – 18:08

Dragi moj,
Srećna sam – email radi! Dobila sam svoja pisma, konačno, posle toliko dana. Presrećna sam što ih imam na svom stolu. Tako smo slatki zajedno, i zašto ne bismo bili? Mladi, lepi i duboko zaljubljeni jedno u drugo. Sećaš li se ko je od nas bio više zaljubljen? Ko je bio jači? Ko je bio strasniji? Mislim da sam to bila ja. A ti? Šta ti misliš? Dragi moj gospodine Család, imam snage da te ljubim, ljubim i ljubim. A sada me zove direktor. Moram da se javim jer on je moj šef. Ljubim te, dragi moj.

9. oktobar 2002 – 17:26

Dragi moj, pročitala sam tvoje pismo i, nakon opravdane kritike, odmah ti odgovaram. Pokušavam da se setim šta sam radila i pitam se da li si dobio moju poruku, moj odgovor. Po tvom emailu vidim da nije zabeležena. Pa gde je onda nestala moja poruka? Juče, kada je tvoja poruka stigla, ja sam odmarala – bilo je oko 16 časova ovde – i probudila me. Eto, to sam radila, dragi moj. Nadam se da si dobro i da se ponašaš lepo, da si već odavno pojeo svoju voćnu salatu i da si skoro spreman za večeru, dok ja još nisam ni doručkovala. Ljubim te.

15. oktobar 2002 – 21:22

Toliko pošte, toliko mejlova sam danas dobila od tebe, dragi moj, i osećam se stvarno dobro. Kako bi ti rekao – radost i ljubav u srcu i oko srca. Lepo je tako se osećati. Muzika koju slušam dira me u srce. Kako bi deca rekla – emocije mi gore. Ja, baka prelepog Fabijana – kakva drskost! Posebno sam danas srećna jer sam saznala zašto sam rođena 5. maja 1952. godine, tako davno. Kakav star datum, za arhivu. Samo datum, dragi moj, samo datum. E, sad moram da prestanem da pišem. LJUBIM TE.

18. oktobar 2002. – 21:09

Dragi moj, upravo krećem za Suboticu. Imam ročište na Trgovinskom sudu. Javiću ti se kad se vratim. Napolju je grozno vreme; jaka kiša pada, dan više liči na noć. Verovatno ću imati vozača, ali ako ne, voziću sama. Kao što znaš, obožavam da vozim i da budem za volanom. Jednostavno rečeno, obožavam vožnju. Sad moram da idem. Ljubim te.

24. oktobar 2002. – 20:59

Dragi moj, kako si danas? Da li slaviš? Jesi li pijan od sreće? Jesi li... srećan? Mislim da oboje imamo razlog da budemo pijani od sreće, od ljubavi. Još nisam popila ništa da nazdravim dolazećim danima. Popiću viski na kraju radnog dana. Da znaš, moj bivši muž me pozvao na piće – na kafu i piće – ali sam odbila. Bio je pristojan i korektan na ročištu. Bio je izričit da ne želi pomirenje. Pitanje mu je postavljeno nakon mog JASNOG odgovora, a moj odgovor je bio NE, nema pomirenja. Bilo je zanimljivo i to što smo zajedno bili u kolima, i on je otišao u prodavnicu i kupio viski i Campari i dao mi ih uz reči: „Ovo je za uspešno obavljen posao." Moj odgovor je bio: „Hvala, vidim da si i ti doprineo tom uspehu." Sada imam neke obaveze. Ljubim te.

25. oktobar 2002. – 18:26

Dragi moj, iako imam puno posla, danas je dobar dan. Danas je mnogo bolji nego juče. Osećam se dobro, opušteno; više nema tog tereta koji se zvao BIVŠI. Osećam se kao da mogu da poletim kao ptica. I znaš kuda idem – pravo ka tebi. Pravo u naše gnezdo. Jedva čekam. Kao što znamo, svemu dođe kraj, pa tako i našem čekanju i našoj razdvojenosti. Hvala Bogu. A sada, ljubim te.

5. novembar 2002. – 23:34

Dragi moj, sve sam dobila u životu: pisma od tebe lično. Iskreno mogu da kažem da sam SREĆNA. I stvarno jesam. A zamisli samo koliko ću biti srećna kada ti i ja budemo zajedno. Jedva čekam to vreme, i ono će doći. Tamara je pravi prijatelj.

Luda je kao vihor. Drago mi je što je tog dana pomislila na nas. Drago mi je što ti se javila. Pogodila je, i čestitka i tekst su bili savršeno odabrani. Pošta danas opet nije stigla. Nadam se da će stići sutra. Želim da verujem da hoće. Znao si tačno da sam zauzeta. Ne mogu dugo bez mene. A ni ti, dragi moj, nisi ništa bolji. Ni ti ne možeš bez mene? Ili ne možeš dugo bez mene? Bojim se da te je danas možda bilo previše mene. Ljubim te.

Planovi da budemo zajedno

Postajali smo sve bliži i bliži. Mila je prikupila svu dokumentaciju za svoju vizu. Ispod su njeni mejlovi koji opisuju najnovija dešavanja:

8. novembar 2002. – 20:45

Dragi moj, jako bih volela da čujem tvoj glas. Zato me nazovi čim dobiješ ovaj mejl. Možeš pozvati i fiksni telefon. Jesi li zaboravio taj broj? Lepo si odgovorio na moj jučerašnji mejl. U početku nisam razumela, ali samo na trenutak, jer me je reč „NIŠTA" zbunila i nisam mogla da se setim na šta se odnosiš. Ti si pravi mangup; savršeno si savladao ovaj TUĐI jezik. Eh, kada bih ja mogla da govorim engleski kao što ti govoriš srpski, bila bih vrlo zadovoljna. Nadam se da ću vremenom naučiti. Nisam baš glupa...
Tvoja poruka jutros bila je predivna. Kako si znao da mi treba toplina? Da li ti je godišnje doba tamo kod tebe reklo da je ovde hladno? Da, dragi moj, i meni nedostaje ta toplina, ali to mogu da rešim tako što ću uključiti grejanje ili obući više garderobe, što baš i ne volim – zimsku garderobu. A problem je jesen. Ali te pitam, kako da rešim problem ONE druge vrste topline, koja mi baš nedostaje i koja mi TREBA? Kako? Reci mi kako? Da li da čekam proleće i leto ovde da bih bila topla?
Je li to stvarno to? Mogu li? Razmišljam i pitam se naglas. Znam da ćeš me razumeti. Znam da razumeš. Znam da znaš.

18. novembar 2002. – 23:04

Dragi moj, upravo sam primila pismo koje si poslao poštom, tako da ne moraš da brineš. Sva tri dokumenta su kod mene: dve izjave i dokument od tvog finansijera. Popodne idem u Suboticu kod sudskog tumača da prevedem dokumenta sa srpskog na engleski. Mislim da ću prevod imati do četvrtka, 21. ovog meseca.
Ljubim te.

21. novembar 2002. – 17:58

Dragi moj, vic koji si poslao je sjajan – savršen je. S obzirom na to koliko smo novca potrošili i koliko planiramo još da trošimo, mislim da imam dobar razlog da ti svaki dan podgrevam isti ručak. Verujem da bi se sada složio sa tim, zar ne? Mislim da te čujem kako glasno razmišljaš: „Pa, draga moja, baš to i želim."
Crvena jabuka je prelepa, mada ne volim crve u jabukama, ali ovaj je simpatičan i ima veoma lep glas. Sviđaju mi se i reči.
Jesi li siguran, dragi moj, da ću moći da koristim tvoju Visa karticu ovde? Pričaćemo još o tome da bih bolje razumela. A sada, pošto će uskoro biti osam sati, moram da prestanem da pišem. Pre nego što završim, moram ti reći nešto, a to je… da te jutros ljubim.

8. decembar 2002. – 19:43

Dragi moj, baš kao što si i predvideo, svi i sve su me čekali. Rekli su: „Dosta ti je odmora, i pet dana bez nas te je odmorilo i osvežilo – sada nazad na posao." Istina je da sam se od njih odmorila na Kopaoniku, ali je bilo kratko. Oni, ali ne svi, umaraju me godinama – tačno 26 godina. Mnogo, zar ne?
Ali oni ne znaju ono što ja znam, a to je da me zaista neće još dugo gledati. Izdržaću ovih poslednjih nekoliko meseci. Moram da idem, dragi.
Ljubim te.

8. decembar 2002. – 23:33

Dragi moj, ne bi verovao – pismo je toliko dugo putovalo i bilo željno iščekivano, ali je konačno stiglo. Danas nisam uspela da overim kopiju pasoša, ali ću to uraditi sutra. To znači da ću ti ga sutra poslati poštom. Videćemo koliko će mu trebati da stigne – gužva je zbog predstojećih praznika. Želim ti miran san i laku noć.
Ljubim te.

9. decembar 2002. – 19:06

Primila sam pismo sa našim porukama i već sam ga pročitala. Dragi moj, ponedeljak je i imam mnogo posla. Sad se spremam da idem u Opštinu, a zatim u Policiju u Zeleniki. Šteta što je sneg prestao da pada, ali tvoja draga će uživati u snegu na Kopaoniku od 12. do 17. decembra na seminaru.
Ljubim te.

14. januar 2003. – 17:45

Tako rane i dobre vesti su me obradovale. Mislila sam da ih neću dobiti. Tako se činilo tebi, pa onda i meni. Ali bolje ovako. Nemam nikakva pitanja za tebe jer si sve tako lepo objasnio. Znaš da ću biti pažljiva kada je budem koristila. Kada podignem novac ili platim karticom, znaćeš. Naravno, pomalo sam luda.
Mislim da si ti, dragi moj, nešto zaboravio, a to je da ovo pismo nije prvo koje je stiglo u naše gnezdo. A šta je sa novogodišnjom čestitkom? Ili grešim?
Molim te da mi ponovo pošalješ pismo od juče, odgovor na moj mejl. Izgleda da sam ga izgubila. Nemoj da se ljutiš; i oni spretniji od mene greše. Treba da počnem da radim, ali čim sam stigla, pišem pismo svom voljenom. Možda bih trebala da dam otkaz.
Ljubim te.

25. januar 2003. – 01:02

Dok ti spavaš, ja te ljubim. Dragi moj, jedan je sat posle ponoći, nedelja. Završila sam pismo – tri gusto kucane strane. I znaš šta? Još uvek mogu da pomeram prste. O čemu sanjaš, dragi moj? Da li sam ti došla u san? Nije ni važno ako nisam; treba samo da napravim nekoliko koraka i tu sam, kod tebe. Nisam više tako daleko od tebe kao što sam nekada bila. Da li si srećan zbog moje blizine? Ili možda nisi? Da li ti moja VRLO bliska prisutnost ponekad smeta? Jesi li ikada poželeo da nisam tako blizu? Hajde, reci mi, neću se ljutiti. Imaš priliku. Nemoj je propustiti. Život te je naučio da se propuštene prilike ne mogu nadoknaditi.

A, bogami, ni ja. Idem, dragi moj, da se istuširam i pokušam da zaspim. Možda mi večeras i pođe za rukom. Ako ne, vratiću se tamo gde sad idem. Još ima ljudi kojima dugujem pismo. Ne želim da te probudim. Pokušaću da budem tiha. Možda i to umem. Laku noć, dragi moj. Spavaj lepo.

Ljubim te.

Toni, kao Milin sekretar, naravno da je bio potpuno upoznat sa planovima da mi se Mila pridruži u Australiji. Bio sam mu veoma zahvalan na njegovoj velikodušnoj podršci.

Toni, Aleksi

Dragi Aleksa,
Upravo sam se vratio od Mile jer smo dobili još jednu ponudu za putovanje. Jedini problem je što datumi još nisu utvrđeni dok ne stignu vize, ali ne brini – sve će biti u redu. Bila je sjajno raspoložena i rekla mi je da je juče išla kod zubara. Planira i posetu očnom lekaru i terapeutu. Rekla mi je da želi da se oseća potpuno osveženo i obnovljeno za veliki trenutak koji dolazi.
Smejući se, rekla je da nije radila test na sidu jer je već zaražena virusom i da joj lekar ne treba da to potvrdi.
Bio sam u čudu koliko je to mirno izgovorila, ali kada sam je zbunjeno pogledao, prasnula je u smeh i rekla: „Virus se zove Aleksa Család i ne postoji lek za njega. To je onaj koji se ne može iskoreniti."
Toliko se smejala da su joj suze išle niz lice. Onda sam odlučio da dodatno razveselim atmosferu i ispričao joj jedan vic:
Jedan mali zeka šeta šumom, pevuši nešto sebi u bradu, kad odjednom lisica iskoči, obori ga i siluje. Zeka ustane, otresa lišće sa sebe i pita lisicu: „Reci mi, Lisice, imaš li papire koji dokazuju da nisi HIV pozitivna?"
„Naravno da imam", samouvereno odgovori lisica.
„E pa, sad ih možeš pocepati", kaže zeka i pobegne.
Opet smo se oboje nasmejali. Važno je da je dobro raspoložena. S nestrpljenjem očekuje put – a verujem, još više – dolazak.
Sad te ostavljam da se pitaš da li ćeš ikada uspeti da izlečiš Milu od „Aleksa virusa."
Pozdrav, Toni

Trijumf ljubavi: Ponovno ujedinjenje uz pomoć D.I.M.I.A.

Naša priča je dokaz snage ljubavi – slavlje jedinstva, istrajnosti i pobede nad životnim izazovima. Kako se približavao datum našeg venčanja, suočili smo se sa još jednom preprekom. Ovoga puta nije se radilo samo o popunjavanju pravne dokumentacije; radilo se o tome da ispričamo priču o našoj ljubavi na način koji će druge uveriti u njenu autentičnost.

Putovanje koje je spojilo naše živote sada je postalo srž naše prijave Ministarstvu za imigraciju, multikulturalna i domorodačka pitanja (D.I.M.I.A.). Svaka reč koju smo napisali odražavala je kako je ljubav pobedila vreme, razdaljinu i bezbrojne izazove, povezujući dve duše neraskidivom vezom. Kada smo predali svoju prijavu, osećaj iščekivanja bio je ogroman – mešavina uzbuđenja, nade i nervoze. Sećanja na ranije borbe, poput Bojanove i Majine muke, stalno su nas podsećala da put do sreće retko kada ide glatko.

Mila i ja smo bolje nego većina razumeli koliko će pažljivo australijska vlada ispitati našu vezu, tražeći znake iskrenosti i autentičnosti. Znali smo da proces neće biti lak. D.I.M.I.A. neće samo videti ljubavnu priču jednog para; oni će tražiti dokaze – opipljive dokaze da je ono što imamo stvarno, a ne samo reči na papiru. Lekcije koje smo naučili iz iskustva Bojana i Maje dale su nam odlučnost da se ovom izazovu suočimo otvoreno.

Naša ljubav je već izdržala toliko toga, i ovo je bio samo još jedan test – prilika da pokažemo svetu, i sebi, da je veza koju delimo istinska i nesalomiva. Zajedno smo se držali uverenja da će naša priča, izgrađena na temeljima ljubavi, strpljenja i istrajnosti, zasijati i otvoriti put za novo poglavlje u našem životu.

Izjava za D.I.M.I.A.

Od: **Aleksa Család**

Istorija moje veze sa Milom

Godine 1965. u Zeleniki, bivšoj Jugoslaviji, imao sam 18 godina i svirao bas gitaru u bendu koji se zvao „Eternal Flames" na subotnjem plesu. Tokom pauze prišao sam podijumu, a moja prijateljica i komšinica Vera upoznala me je s Milom. Odmah smo osetili privlačnost. Nedugo nakon što smo se upoznali, počeo sam da je pratim iz škole do kuće.

Bio sam nervozan, ali ubrzo smo se našli u prelepom gradskom parku, popularnom mestu za zaljubljene. Park je dug oko dva kilometra, i dok smo šetali, očajnički sam želeo da je poljubim. Trebalo mi je jako dugo da skupim hrabrost čak i da je uhvatim za ruku. Pred kraj parka, shvatio sam da ako je uskoro ne poljubim, možda izgubim šansu. Konačno sam smogao hrabrost; stali smo i poljubio sam je. Imao sam osećaj da je ceo svet nestao. Od tog trenutka pa sve do kuće, ljubili smo se bez prestanka, ne primećujući nikog oko nas. Još uvek se sećam tog slatkog poljupca.

Od tog dana bili smo nerazdvojni sve dok nisam bio regrutovan u Jugoslovensku vojsku na 18 meseci. Tokom tog vremena održavali smo monogamnu vezu. Prilažem fotografije Mile koje mi je poslala i svoju fotografiju u vojnoj uniformi koju sam njoj poslao.

Nekoliko meseci nakon mog povratka, doneli smo važnu odluku: ja ću emigrirati u Australiju kako bih stvorio dom, dok će Mila završiti školu i ostvariti svoj san da postane advokatica.

Dana 3. aprila 1968. otputovao sam u Italiju, gde sam podneo zahtev za imigraciju u Australiju. Dok sam bio u Italiji, moja majka je organizovala našu veridbu 17. avgusta 1968. godine i stavila verenički prsten na Milin prst. Srećan sam što mogu reći da je taj prsten, koji je bio izgubljen 35 godina, sada ponovo na njenoj ruci.

Stigao sam u Australiju 28. decembra 1968. Već posle dve nedelje počeo sam da radim i od tada nisam prestao. Mila je obećala da će voditi dnevnik 12 meseci i poslati mi ga. U aprilu 1969. primio sam dnevnik. Čitao sam ga i iznova i iznova godinama. Taj dnevnik, koji je preživeo 33 godine, dva braka i dvoje dece, bio mi je veoma dragocen. Planirali smo da ga jednog dana čitamo zajedno. Kad god bih se osećao loše, uzimao sam dnevnik i nalazio utehu u ljubavi ispisanoj na njegovim stranicama. Često sam imao osećaj da ne zaslužujem Milu, ali nisam je mogao zaboraviti. Znao sam da je niko ne može voleti više nego ja. Taj dnevnik igrao je veliku ulogu u našim životima – i spojio nas, ali nas je i zamalo razdvojio.

Nekoliko meseci kasnije, dobio sam pismo od Miline majke u kojem je tvrdila da mi je Mila bila neverna i savetovala me da nastavim dalje. Isprva nisam hteo da poverujem, ali mi je moja majka potvrdila da je to istina. Poslao sam nekoliko pisama Mili, ali nisam dobio odgovor. Krajem 1969, ispunjen emocionalnim bolom i osećajem usamljenosti, oženio sam svoju prvu suprugu u trenutku slabosti, nesvestan pogrešnih postupaka naših majki. Mila je, takođe, čekala oko četiri godine pre nego što je izgubila nadu i udala se.

Oboje smo imali po dvoje dece – sina i ćerku – i prošli kroz dva neuspešna braka.

Pet godina nakon što se moj prvi brak završio, oženio sam se po drugi put. Dana 20. maja 1978. godine, tokom medenog meseca u Jugoslaviji, sreo sam Milu i njenu porodicu. Ljubav prema njoj je još uvek postojala, a osetio sam da i ona oseća isto, ali Mila je upravo rodila svoje drugo dete, Maju. Oboje smo pretpostavljali da je onaj drugi srećan u svom životu. Zbog tih pretpostavki, nijedno od nas nije priznalo svoja prava osećanja niti smo razgovarali o razlozima našeg prekida.

Trideset tri godine kasnije, živeći u nesrećnom braku, počeo sam da imam noćne more – stalno sam tražio Milu, ali je nikada nisam pronalazio. Došao sam do tačke kada sam morao da odlučim da li ću nastaviti da živim život pun kajanja ili da sledim svoje srce. Poslao sam pismo na njenu poslednju poznatu adresu, ali na prvo pismo nisam dobio odgovor. Kada je počelo bombardovanje Jugoslavije, veoma sam se zabrinuo i poslao drugo pismo. Ovoga puta, dobio sam odgovor.

U drugoj polovini 2000. godine, u moju radnju je ušao mladić i pitao me da li poznajem devojku po imenu Mila iz Jugoslavije. Dao mi je pismo od Mile. U njemu mi je pisala o svom životu i zamolila me da pomognem mladiću da se snađe u Australiji, jer je on bio dečko njene ćerke i nije želela da se istorija ponovi. Uz pismo je priložila i svoju fotografiju. Srce mi je skoro stalo kada sam je video posle 33 godine – i dalje je bila prelepa sa 50 godina. Nekoliko dana kasnije, pozvala me je, i oboje smo shvatili da smo i dalje duboko zaljubljeni jedno u drugo. Od tog dana, svakodnevno smo bili u kontaktu putem pisama, poruka, mejlova i telefonskih poziva.

Dana 3. aprila 2001. godine, moje dvoje odrasle dece, moja sestra i ja proveli smo 25 predivnih dana u Jugoslaviji. Većinu tog vremena proveo sam s Milom. Tokom ove posete, prvi put smo bili intimni i konačno se suočili s istinom o našem raskidu.

Pitao sam Milu šta se dogodilo s našim vereničkim prstenom, i rekla mi je da ju je moja majka zamolila da ga vrati. To nisam znao. Nismo imali pojma šta se dogodilo s prstenom, jer je moja majka u međuvremenu preminula. Ponudio sam Mili da joj kupim novi prsten, i ona je pristala. Zamolili smo moju sestričinu da nas odvede u zlataru, ali nas je iznenadila podigavši ruku i pokazujući naš verenički prsten od pre 33 godine. Bili smo preplavljeni nevericom i radošću. Moja sestričina je objasnila da joj je moja majka dala prsten i da je oduvek osećala posebnu povezanost s njim, ne znajući zašto. Bez razmišljanja, vratila mi je prsten.

Po povratku u Australiju, podneo sam zahtev za razvod, nadajući se drugoj šansi za sreću u 54. godini. Međutim, stvari nisu išle kako sam planirao. Dana 18. maja, osetio sam ogromnu nelagodu. Poslao sam dnevnik natrag Mili kako bi mogla da pročita o mom životu u Italiji i Australiji. Tog jutra sam primio mejl sa fotografijom nje i njene najbolje prijateljice koje su slavile u restoranu.

U poruci je pisalo da je pročitala dnevnik i da mi ne može oprostiti što sam bio neveran dok smo bili vereni. U dnevniku sam napisao izmišljene priče o svojoj prošlosti, s namerom da testiram njena osećanja u budućnosti, ali sam upao u sopstvenu zamku – poverovala je u svaku reč. Bio sam skrhan i pomišljao sam da odustanem.

Ali posle nekog vremena, shvatio sam da ne mogu da se predam. Uz pomoć Milinog sekretara Tonija, počeo sam da popravljam štetu koju sam naneo. Moj trud se isplatio, i sada smo ponovo na putu ka sreći.

Napravili smo planove da se venčamo što je pre moguće. Uzimajući u obzir vreme obrade naše prijave, odredili smo datum za 3. april 2003. – 35. godišnjicu naše razdvojenosti.

Pošto smo dugo bili razdvojeni, vratiću se u Jugoslaviju dok se njena prijava ne obradi, kako bismo proveli to vreme zajedno. Planiramo da iskoristimo to vreme kako bi Mila poboljšala svoj engleski i kako bismo uživali jedno u drugom. Kada Prospective Spouse (verenički) viza bude odobrena, vratićemo se zajedno u Australiju i konačno imati naše davno zasluženo venčanje.

Zaključak

Hvala vam što ste razmotrili našu priču. Mila i ja smo duboko posvećeni jedno drugom i radujemo se zajedničkoj budućnosti. Bez obzira na ishod naše prijave, odlučni smo da ostanemo zajedno do kraja života – to je naša sudbina.

S poštovanjem,

Aleksa Család

Čekanje na odluku D.I.M.I.A.-e

Kako je vreme prolazilo, dani su se pretvarali u nedelje, a teret neizvesnosti postajao je sve teži. Svaki prolazni trenutak činilo se kao večnost, a ishod je delovao kao daleki san. U tim teskobnim trenucima, misli su mi se vraćale na put koji me doveo ovde.

U sećanju su mi se smenjivale slike poput scena iz filma – magija odmora u Tunisu, svi obrti i prepreke kroz Mađarsku i Jugoslaviju, lični rast koji je došao iz suočavanja s tolikim izazovima.

I duboka ljubav koja je procvetala uprkos svim preprekama. A onda, kako su dani prolazili, približavao se značajan datum – 3. april 2003. – 35. godišnjica naše razdvojenosti.

Dan koji je nekada označavao početak našeg putovanja sada je trebalo da označi početak novog poglavlja u našim životima. Simbolika tog trenutka nije mi promakla.

Presudan trenutak nastupio je kada je stiglo pismo iz D.I.M.I.A.-e – mala koverta koja je nosila težinu svih naših nada i snova. Ruke su mi drhtale dok sam je otvarao, oči su mi brzo preletele reči koje su trebale da odluče našu budućnost.

Pismo je potvrdilo ono za šta smo se molili – naša ljubavna priča je prepoznata, i Mila je dobila odobrenje da mi se pridruži u Australiji. Talas emocija preplavio nas je – radost, olakšanje i dubok osećaj ostvarenja.

Put koji je započeo s tolikom neizvesnošću dostigao je vrhunac jednim pismom koje je potvrdilo našu ljubav, naše jedinstvo i našu snagu. Naša srca su se osećala lakšim, ukorenjena u sigurnost naše zajedničke budućnosti.

Moj najsrećniji dan

Dana 26. marta 2003, najsrećnijeg dana u mom životu, Mila je konačno kročila na australijsko tlo. Naše ponovno okupljanje bilo je slavlje ljubavi koja je pobedila sve prepreke. Dve duše, razdvojene okolnostima, ali povezane neraskidivom vezom, stajale su zajedno kao dokaz snage ljudskog duha.

Nekoliko dana kasnije, 3. aprila 2003, na 35. godišnjicu naše razdvojenosti, Mila i ja smo se venčali, stojeći zajedno na tlu Australije. U zagrljaju jedno drugog, videli smo ljubav koja je postajala jača kroz sve izazove – ljubav zasnovanu na odlučnosti i predodređenu da traje.

Naš dan venčanja bio je više od lične pobede; bio je istinski prikaz snage ljudskog srca. Za proslavu smo izabrali prelep hotel u Plavim planinama, priredili večeru, veselu zabavu i doručak narednog jutra za sve naše goste – sve o našem trošku.

Okruženi prijateljima i porodicom, zavetovali smo se da ćemo se voleti i čuvati, znajući da naš savez predstavlja moć ljubavi da prevaziđe sve prepreke.

Naše medeni mesec u prelepoj Viktoriji bio je kao početak nečeg magičnog – druge šanse za sreću.

Bio je to početak novog života zajedno, ispunjenog nadom i obećanjem. Ali čak i tada, postojale su pukotine koje sam odlučio da ignorišem.

Šta se desilo posle …

Snimak venčanja – polovina je slučajno izbrisana, uključujući i trenutak kada smo razmenili zavete. Elenino tiho upozorenje da nešto nije u redu, da Mila nije mogla da me pogleda u oči dok smo izgovarali obećanja. I ono pitanje koje je ostalo da visi u vazduhu – zašto Maja, Milina ćerka, i njen muž nisu prisustvovali našem venčanju, odbačeno uz neodređeno: *„Pitaću kasnije."*

U tom trenutku, rekao sam sebi da ništa od toga nije važno. Bili smo srećni. To je sve što se računa.

Šest meseci kasnije, imali smo našu prvu pravu svađu.

Ljudi kažu da nikada ne treba da dozvoliš da sunce zađe dok traje rasprava. Ali mi smo to radili. Svaki put. Rasprave su se protezale duboko u noć, nerešene, dok nas iscrpljenost ne bi naterala na tišinu. Verovao sam da će Mila do jutra razmisliti o svemu, shvatiti da možda nije bila u pravu – ali sam takođe znao da to nikada neće priznati. Njena ponos to nije dopuštao.

Ipak, među nama nikada nije bilo potrebe za izvinjenjima. Uvek smo se razumeli i bez reči. Podsetilo me je to na onu rečenicu iz *Love Story*:

„Ljubav znači nikada ne reći da ti je žao."

Ali ljubav nije samo izbegavanje izvinjenja – *već i sposobnost da ih kažeš kada je važno.*

I tako je, bez izuzetka, dolazilo jutro, a doručak bi bio na stolu. Svetao osmeh.

„Dobro jutro, dragi. Jesi li lepo spavao?"

U početku sam to doživljavao kao njen način da ide dalje. Da će s vremenom prošlost izbledeti. Ali onda je došla noć kada sam odbio da se pretvaram.

Frustriran posle posebno žučne rasprave, prespavao sam u gostinskoj sobi.

Sledećeg jutra, doručak je opet bio na stolu. Mila me dočekala sa istom uvežbanom toplinom.

„Dobro jutro, dragi. Jesi li lepo spavao?"

Oklevao sam. „Jesam, draga."

Te večeri, nakon tuširanja, poljubio sam je za laku noć i krenuo ka našoj spavaćoj sobi.

Milin glas bio je smiren, ali konačan.

„Izvini, dragi. Gde si ti to pošao?"

Zastao sam. „U krevet," rekao sam.

Nasmejala se – blago, nečitljivo. Ali njen pogled nije skretao.

„U redu. Ali ono," pokazala je prema glavnoj spavaćoj sobi, „je sada moja soba. Tvoja je tamo."

Način na koji je to rekla – nije bio predlog.

Bio je to ultimatum. Mila se nikada neće izviniti. Nikada priznati grešku. Čak ni meni.

I u tom trenutku, shvatio sam nešto što ranije nisam.

Ovo nije bilo samo o spavaćoj sobi.

Ovo je bilo o kontroli.

I gubio sam više od mesta za spavanje.

Gubio sam *nas*.

Epilog

Nevidljivo nasleđe

„Ono što je duboko voljeno nikada nije zaista izgubljeno."

Kada razmišljam o čudnim putevima koje život može da uzme, jedna priča mi uvek padne na pamet – priča koja deluje kao čista slučajnost, a ipak, možda, nešto više: **nevidljivo nasleđe.**

Mila je bila moja prva ljubav – i ja sam bio njena.

Za mene, ona je bila moja prva prava ljubav, iako nije bila moja prva devojka. Za nju, moje mesto u njenom srcu bilo je mnogo dublje, što se čak može videti u njenim dnevničkim zapisima – njena ljubav prema meni bila je snažna i čista.

Nakon što smo se rastali, Mila se udala za drugog čoveka i dobila dvoje dece: sina i ćerku.

Ali život, na svoj misteriozan način, nije tu zaustavio priču.

Sada mi deluje čudno da njen sin nije odrastao sa ličnošću svog oca – već sa mojom. Gotovo kao da je Mila, svesno ili nesvesno, pokušala da stvori moju prisutnost u svojoj porodici, a ne prisustvo čoveka za koga se udala.

Naučnici danas znaju da **epigenetika** – način na koji emocionalna iskustva mogu suptilno uticati na buduće generacije – može igrati ulogu u oblikovanju ponašanja. Čak i bez zajedničke krvi, snažne emocionalne veze mogu ostaviti odjeke koji tiho putuju kroz vreme.

I sada, pojavila se nova generacija.

Njen unuk – Fabijan – na toliko načina živi život koji odražava onaj o kojem sam ja nekada sanjao. U Fabijanovim godinama, bio sam zaljubljen u film, pisao scenarije i radio sa Super 8 kamerama. Imao sam snove o kreativnosti, pričanju priča i filmu – upravo putem kojim Fabijan danas korača.

Priče poput ove nisu sasvim nepoznate. Širom sveta postoje slučajevi unuka koji nesvesno nastavljaju snove predaka koje nikada nisu upoznali.

Karl Jung, čuveni psiholog, to je nazvao **kolektivno nesvesno** – ideja da određeni obrasci, snovi, pa čak i nedovršene nade, mogu tiho da prelaze kroz generacije.

Kao da je san koji je delovao izgubljeno, ipak pronašao put nazad – ne kroz mene, već kroz njega.

Nastavak, nepokidan vremenom.

Čak je i sama Mila primetila sličnost.

Tokom jedne svađe sa sinom, u trenutku besa, rekla mu je:

„**Isti si kao moj muž – ili tvoj očuh!**"

Ali istina je bila dublja – ono što je zaista videla nije bio nijedan od njih. Bio sam to ja, koji i dalje živim na načine koje nijedno od nas nije moglo da predvidi.

Ponekad život tiho povezuje priče kroz generacije, gde izgubljeni snovi ne nestaju – oni samo čekaju nekog drugog da ih ponese dalje.

Možda baš to izgleda kao prava serendipity:

Ljubav koja, iako razdvojena vremenom i udaljenošću, ipak pronađe način da se nastavi.

Autorova refleksija: Snovi izvan vremena

Kada pogledam unazad kroz godine, sada shvatam da najjače stvari koje ostavljamo iza sebe nisu uvek od kamena, papira ili čak sećanja. Ponekad, ono što nastavlja da živi posle nas jesu snovi koje smo nosili u srcu. Oni putuju tiho – kroz ljude koje dotaknemo, ljubav koju damo i nade koje posadimo, a da toga nismo ni svesni.

Možda sudbina ima svoj tihi način da prenese te snove dalje, ne kroz krvne veze, već kroz srca koja su se jednom dotakla.

Vidim to sada – ne kao nešto što sam isplanirao, već kao nešto što je sam život napisao za mene:

Nit koja je povezala prvu ljubav, izgubljeno vreme i san koji je odbio da nestane.

Život nekada zamišljen, sada se nastavlja u tuđim rukama.

Možda je to prava magija serendipity-ja.

I možda... ništa što je zaista voljeno nikada nije zaista izgubljeno.

Zauvek u rečima: Pismo ljubavi i čežnje

Moj dragi Aleksa,

Nadam se da te ovo pismo zatiče dobro, baš kao što ja uživam u mirnoj večeri. Nadam se da će ti doneti malo svetla u noći dok ga budeš čitao. Jučerašnji dan je iza nas i nemam želju da se zadržavam na njemu – što je prošlo, prošlo je. Kako sebi često govorim ovih dana: "Sreća dolazi iz spoznaje da ništa ne traje zauvek i da se sve menja." U toj istini nalazim nadu za nas, šansu za bolje dane. Kako dani naše razdvojenosti postaju uspomene, a današnji izazovi blede, znam da će naš trenutak doći. Verujem da čak ni smrt ne može prekinuti vezu koju delimo. Moja osećanja prema tebi nikada nisu oslabila.

Sutra je već ovde, tik iza današnjeg dana, donoseći svoju čaroliju. Uskoro ću biti slobodna da budem tvoja – istinski i zauvek. Verujem da je sudbina na našoj strani, da nam daje zdravlje i vreme da podelimo naše živote. Ljubav, bliskost i sreća već su naši; čuvali smo ih u srcima kroz sve oluje. Volim te duboko.

Da li se još uvek pitaš zašto si rođen? Ljubavi moja, rođen si da budeš deo mog života – jedinstven i nezamenljiv. Niko drugi ne može zauzeti tvoje mesto. Ti si moje blago, zauvek.

Zašto ti pismo koje sam napisala 14. decembra 2000. toliko znači? Da li ti je omiljeno? Nekako izgleda još lepše na engleskom. Planiraš li da prevedeš sva pisma koja sam ti napisala? Tvoja posvećenost me nasmeje. Zamišljam te sada, možda kako mi i sam pišeš pismo, naše misli isprepletane preko daljine. O čemu si sanjao sinoć? Volela bih da to čujem. I konačno, postoji nešto što već dugo želim da ti kažem:

"Uvek si bio moj san. Sada si moja stvarnost, moje sve, moja jedina ljubav."

Svim srcem i zauvek tvoja,

Mila

Dodaci

Dodatak 1: Rečima moje ćerke

Autorova napomena:

Kada sam napisao „Borba za moju porodicu", podelio sam priču onako kako sam je doživeo. Ali i moja ćerka ju je doživela – iznutra, sa svojom istinom.

Kasnije je napisala svoju verziju, mojim glasom, onako kako je ona to videla.

Odlučio sam da ne prepravljam knjigu da bih je uklopio, ali takođe nisam mogao da je izostavim.

Zato je ovde – druga verzija istog trenutka, ispričana od strane osobe koja ga se jednako duboko seća.

Borba za moju porodicu

Odlučan da pronađem svoju decu, vozio sam četiri sata do Orindža, gradića u Novom Južnom Velsu, nadajući se da se Meril vratila u roditeljski dom. Kao što sam i očekivao, doček njenih roditelja nije bio srdačan, ali sam ipak uspeo da saznam da boravi na staroj farmi nedaleko od grada – farmi za koju sam mogao samo da pretpostavim da pripada nekom prijatelju ili članu porodice koga nisam poznavao. Naravno, posle četiri sata vožnje, bilo je olakšanje znati gde se nalaze.

Udaljenost u tom periodu bila je izazov, i fizički i emotivno. Posećivanje jednom mesečno bilo je teško i meni i deci. Morao sam da nastavim da radim kako bih izdržavao i sebe i njih dok se ne razjasni situacija s Meril i njenim stalnim seljenjem.

Imali smo sreće da nekoliko meseci uspevamo da ih viđamo na staroj farmi, sve dok opet nije odlučila da se preseli na nepoznatu lokaciju bez ikakvog obaveštavanja. Tako sam se ponovo zaputio ka neprijatnom domu njenih roditelja.

Dok sam prilazio prilazu kući, video sam Elen kako se igra u dvorištu, što mi je bar dalo znak da su tu. Prišao sam ulaznim vratima i kada sam pokucao, otvorila su dvojica mnogobrojne Meriline braće. Već po njihovom izrazu lica znao sam da neće biti raspoloženi za razgovor, a kamoli da mi dozvole da vidim svoju decu. I pored mog insistiranja, kako bih izbegao sukob, bio sam prinuđen da odem slomljenog srca, sa sve većom brigom za Elen i Mejsona.

Dve nedelje kasnije vratio sam se u kuću njenih roditelja, ali su mi rekli da je opet otišla, bez ikakvih informacija o tome gde je. Sećam se da sam bio jako ljut, očajan, izvan sebe, ne znajući šta da radim. To su bila moja deca i bio sam uplašen za njih. Znao sam da Meril voli decu i da ih ne bi namerno povredila, ali me je brinulo njeno mentalno stanje. Briga je samo rasla. Očajan da ih pronađem, odlučio sam da vozim kroz ulice Orindža, nadajući se da ću uočiti njen auto – prepoznatljivi crveni, udubljeni Mini Kuper.

Nisam bio posebno religiozan čovek, ali sam se pomolio za pomoć da pronađem decu. I čudom, kad sam skrenuo u jednu ulicu, ugledao sam njen auto parkiran u jednom dvorištu. Ispostavilo se da je Meril bila kod svoje starije sestre, Marg. To me je iznenadilo, s obzirom na Merilinu izraženu ljubomoru u ranim godinama, što je dovelo do neutemeljenih optužbi da sam imao aferu sa njom. Ne znam sigurno da li me je neka viša sila vodila tog dana kroz ulice, ali voleo bih da verujem da jeste.

Bilo je veliko olakšanje kada su se Meril i deca konačno vratili u zapadna predgrađa Sidneja, u socijalnu kuću koju je nekako uspela da obezbedi. Sada su bili samo petnaest minuta vožnje daleko. Kao instruktor vožnje, često sam imao učenike u blizini, što je olakšavalo posete, donošenje hrane i poklona. Nije to bila idealna situacija, ali stvari su počele da se stabilizuju, što mi je ulilo nadu da će ubuduće biti lakše, kako god da to izgleda.

Jedna stvar koju sam znao sa sigurnošću bila je da sam prema Sendi, jednoj od svojih učenica, počeo da razvijam osećanja.

Duboko u sebi znao sam da ni Meril ni Sendi nikada neće moći da se porede sa onim što sam još uvek osećao prema Mili, ali sa Sendi sam pronalazio utehu u razgovorima i bliskosti. Nakon što je dobila vozačku dozvolu, bilo je jasno da i ona gaji osećanja prema meni, i počeli smo da se zabavljamo. Stvari su išle vrlo lepo sa Sendi i počeo sam da osećam da imam budućnost sa njom.

Nije bilo lako za Sendi da bude sa nekim ko ima nestabilnu bivšu ženu i dvoje dece. Ipak, Sendi je sve to podnosila sa grcioznošću, i bio sam zahvalan što je uspevala da se nosi sa svim usponima i padovima. Povezala se sa decom, naročito sa Elen. Mejson je bio još uvek mali, i gledajući unazad, cela situacija sa Meril verovatno je za njega bila jako zbunjujuća. Bio je vrlo stidljivo i povučeno dete, oprezniji prema Sendi, nikada se nije stvarno zbližio sa njom koliko sam se nadao. Elen, s druge strane, starija, bila je oduševljena. Sendi je bila prelepa, obrazovana, elokventna i glamurozna žena – prava "dama". Veoma moderna, uvek sa savršenom frizurom i šminkom. U to vreme, kursevi ponašanja bili su popularni među ženama, a Sendi je živela i disala manire, držanje i grcioznost koje je naučila. Elen je volela da provodi vreme sa njom, koja je bila potpuna suprotnost njenoj majci.

Kako je veza sa Sendi napredovala, mogao sam da joj poverim svoje finansijske poteškoće oko održavanja kuće – kuće za koju sam uzeo kredit da bih deci obezbedio stabilan dom. Srećom, Sendi je bila puna razumevanja, razumela je moje namere i pozajmila mi je novac iz svojih ušteđevina, uz obećanje da ću joj vratiti, što sam i uspeo da učinim.

Bio sam sve zahvalniji za podršku i uticaj koji je imala na mene i decu. Osećao sam se smirenije nego što sam bio duže vreme i zaista sam je zavoleo i razmišljao da je zaprosim. Problem je bio što sam još uvek bio u braku sa Meril. U to vreme, zakon je zahtevao pet godina razdvojenosti pre razvoda, što je značilo da moramo još malo da sačekamo pre nego što sve postane zvanično.

Brak sa Sendi, smatrao sam, takođe bi značio da mogu da obezbedim "dom" za decu, što bi možda poboljšalo moje šanse da dobijem starateljstvo.

Sve više sam razmišljao o starateljstvu, sa svim što se dešavalo sa Meril i sumnjama u njeno mentalno stanje i sposobnost da se brine o deci. U to vreme, majke su obično dobijale starateljstvo, što je očevima otežavalo da išta ostvare. Ako sam želeo da imam više uloge u životima svoje dece, morao sam da angažujem advokata da mi pomogne u vezi prava na starateljstvo. Iako nisam uspeo da dobijem puno starateljstvo, obezbedili smo pravo posete svake druge nedelje, što je omogućilo da deca prespavaju kod mene i Sendi, koja se sada preselila u kuću.

Tokom našeg perioda razdvojenosti, Merilino mentalno zdravlje se brzo pogoršavalo i postajalo sve nestabilnije i nepredvidivo. Nije se snalazila, a ljubomora, paranoja i ispadanja postajali su sve češći – od toga da dolazi na naš prag, moleći me da se vratim, pa do tvrdnji da je đavo u meni i da sam zao. To se takođe ispoljavalo kroz ono što mogu nazvati osvetničkim napadima, koji su dolazili iz duboke ljutnje. To me je zaista pogađalo, jer joj je jasno bila potrebna pomoć, a ja nisam mogao da joj je pružim. To su bile i godine kada se o mentalnom zdravlju nije govorilo. Ljude su smeštali u psihijatrijske ustanove. Nisam to želeo za nju, samo sam želeo da deca budu bezbedna i da se i ona smiri, želeći prijateljski odnos zbog dece.

Međutim, postojao je kratak period tokom naše razdvojenosti kada je sve bilo mirno. Meril je tada usmerila pažnju na sina svog šefa, na čijem je imanju radila tokom našeg braka. Taj odnos, kako sam kasnije saznao, bio je pokušaj da me učini ljubomornim kako bih se vratio kod nje. Veliki plan koji ne samo da nije uspeo, već ju je doveo do trudnoće sa premladim muškarcem koji ni na koji način nije mogao da je podrži, niti da se brine o detetu.

Dakle, to je značilo da je pažnja ponovo bila usmerena na mene, i kada se njena mala devojčica rodila, Meryl me je navela kao oca u izvodu iz matične knjige rođenih.

Biološki otac bio je sin njenog poslodavca, a ne ja, i pošto nisam prihvatio ni nju ni dete raširenih ruku, cela situacija je dovela u pitanje moju ulogu oca. Potražio sam pravni savet kako bih osporio lažno očinstvo i borio se da se moje ime ukloni iz izvod.

Uprkos pravnim preprekama, bio sam odlučan više nego ikada da obezbedim bolji život svojoj deci.

Kad se osvrnem na ta vremena, bila su ispunjena nesigurnošću i bolom, ali i sve većom ljubavlju prema mojoj deci. Iako je moj brak sa Meryl bio završen, ostao sam posvećen da budem otac i pronađem put napred. Kroz sve to, misli o Mili nisu me napuštale – kao daleki eho onoga što je moglo biti da je sudbina bila blaža.

Usred sve te nesigurnosti, često sam se pitao hoće li život ikada opet izgledati normalno. Čim bih se ponadao nekom miru, pojavili bi se novi problemi koji su gasili nadu. Meryl je još uvek imala puno starateljstvo, i kroz Elenine, ponekad nevoljne, opise stvari koje su je očigledno uznemiravale, s vremenom smo uspeli da sklopimo sliku o tome šta se dešava.

Meryl, sada sama sa novorođenčetom, Masonom (tri godine), i Elen (šest godina), usmerila je pažnju dalje od mene. Počela je da juri svog bivšeg šefa – dedu svoje ćerke. Može se samo pretpostaviti da, pošto njegov sin nije hteo da preuzme odgovornost, njen fokus se prebacio na njega. Bio je oženjen muškarac koji je pokušavao da je izbegne po svaku cenu, ali Meryline postupci postajali su sve čudniji. Počela je da se pojavljuje na njegovom poslu sa sve troje dece u kolima, praveći scene i tražeći njegovu pažnju.

Jednom prilikom, pokušavajući da je otera, on je prosuo prljavu vodu od sudova kroz otvoren prozor automobila, nadajući se da će otići. Nije uspelo. Samo ju je još više razbesnelo, jer je voda pokvasila i nju i decu na zadnjem sedištu, koji su vrištali i plakali.

Meryl je očigledno izgubila kontrolu, a njena opsesija je sada izgledala kao osveta – ko zna tačno – i smislila je opasan plan.

Kasno jedne večeri, čekala je bivšeg šefa na parkingu, ponovo sa sve troje dece u kolima, s namerom da ga pregazi autom. Na sreću, uspeo je da pobegne i odmah je pozvao policiju. Meryl je uhapšena.

Već tada sam znao da Meryl pokazuje veoma čudno ponašanje, ali nisam verovao da će doći do ovoga. Bojao sam se za svoju decu i brinuo šta će se sledeće dogoditi.

Put do starateljstva

Dobijanje starateljstva nad svojom decom bilo je ispunjeno izazovima, jer su očevi tada retko dobijali puno starateljstvo. Bilo je potrebno nešto značajno, povrh svega što je do tada dokumentovano, da bi se situacija promenila. Ti ključni događaji su ubrzo počeli da se odigravaju.

Tokom jedne od mojih redovnih poseta, ćerka Meril je često trčala do vrata sa ostalom decom – mislim da se potajno nadala da i ona može da pođe. To jadno dete bilo je hranjeno lažima o svom očinstvu. Bilo je teško za svu decu da razumeju situaciju, i siguran sam da su priče – Meriline verzije svega – bile veoma različite od moje. Nesumnjivo je to bila tužna situacija. Tokom te posete, primetio sam da je kosa Meriline ćerke bila grubo obrijana do temena.

Kad sam pitao Elen za to, poverila mi se da je njena majka, u trenutku besa, odlučila da joj obrije kosu, rekavši: „Tvoj tata te ne želi", misleći na mene. To je toliko uplašilo Elen da se sakrila u ormar, bojeći se da će njena majka isto učiniti i njoj, što joj je i zapretila. Na sreću, vreme provedeno u skrivanju dalo je Meril vremena da se smiri i predomisli.

Poslednja kap, ona koja je prelila čašu, bila je još alarmantnima. Saznao sam da Meril jednog dana nije pokupila Masona iz škole. Elen je tog dana bila bolesna i kod kuće, a Merilino mentalno stanje očigledno je uzelo danak.

Meril je, pretpostavljam, uzela veću dozu tableta za spavanje nego inače. Onesvestila se na zadnjoj stepenici njihove kuće, gde ju je Elen pronašla.

Elenino sećanje na taj dan bilo je puno straha. Opisala je kako je snažno tresla Meryl da je probudi, plašeći se da je mrtva. Na kraju je uspela da je probudi, ali je Meril, još uvek ošamućena, shvatila da je već odavno prošlo vreme kada je trebalo da pokupi Masona iz škole. Elen se seća vožnje kao veoma „zastrašujuće", držeći svoju sestru čvrsto na zadnjem sedištu bez pojasa, dok je njihova majka vozila nepredvidivo. Na kraju su stigli do kapije škole, gde su ugledali Mejsona kako drži ruku svoje učiteljice, pognute glave i uplakanog – sigurno misleći da je zaboravljen.

To je bila poslednja kap. Kontaktirao sam svog advokata. Njegov savet bio je jasan:

„Nemoj da vraćaš decu."

Zabrinut, pitao sam: „A šta ako pozove policiju zato što ih nisam vratio?"

Uverio me je: „Ne brini, dobiću sudsku zabranu prilaska."

Konačno je došao dan kada mi je dodeljeno puno starateljstvo nad decom, dok je Meril mogla da ih viđa svaki drugi vikend. Sud je takođe naredio da Meril dobije psihijatrijsku pomoć i da se pridržava zabrane prilaska kako bi se osigurala naša bezbednost.

Bilo je to traumatično vreme za sve, ali postepeno smo se svi smirili i počeli da gradimo stabilan porodični dom.

Porodični život nam je prijao; imali smo rutinu koja nas je prizemljivala i pomagala nam da idemo napred. Svako jutro, dok je Sandy još radila, vozio bih je do železničke stanice odakle je putovala do Burwooda. Zatim bih vodio decu u školu pre nego što bih krenuo na posao. Popodne bih ih pokupio, spremio večeru i sačekao Sendi u 17h na stanici.

Život je ponovo počeo da izgleda stabilno.

Dodatak 2: Moja filozofija „Neodgovorena pitanja"

Razmišljati drugačije: Pitanja koja nas izazivaju

Osećam se veoma drugačije od većine ljudi. Ali da li se i većina ljudi tako oseća? Često razmišljam o kontroverznim temama – politika, rasizam, međurasne veze i pravednost u ličnim odlukama. Neke teme se izbegavaju jer ljude čine nelagodnim, ali zar ne bismo trebalo da preispitamo sve ako zaista želimo da razumemo?

Pritisak roditeljstva

Da li je pravedno da muškarac kaže: *„Želim da mi rodiš dete"*?

Ljubav može da natera ljude da pristanu na stvari za koje možda još nisu spremni. Ako žena zaista voli muškarca, takva izjava može da stvori ogroman pritisak na nju. Ako nije spremna za dete, da li rizikuje da ga izgubi?

Slična situacija prikazana je u seriji *Home and Away* sa **Felisiti i Taneom.** Od početka, Felisiti je rekla Taneu da nikada ne želi decu. Bio je povređen, ali ju je prihvatio jer ju je voleo. Vremenom je, međutim, ona osetila da bi mogla da ga izgubi ako ne promeni mišljenje. Zato je krišom uzimala kontracepciju, bez njegovog znanja. Kada je Tane to otkrio, ostavio ju je – ne zato što nije htela decu, već zato što je **lagala.**

Bio sam besan jer je **Tane zaboravio da je krivica bila njegova.** Ona je bila iskrena od početka. Trebalo mu je mnogo vremena da shvati da nije bio u pravu. A onda je Felisiti umrla.

Ovde postoji pouka.

Kao muškarac, lično verujem da **nikada** ne bih trebalo da tražim od žene da mi rodi dete. Zašto? **Zato što je to sebično.** Nisam ja taj koji mora da prođe kroz devet meseci trudnoće. Odluka bi u potpunosti trebalo da bude njena.

Ali, da li i drugi to vide na taj način?

Gojaznost: Dobrota ili iskrenost?

Kada je reč o gojaznosti, ne **možeš** nekome reći da je predebeo a da ga ne povrediš – čak i ako je to istina.

"Da li nas to čini lošima ili pokazuje da brinemo?" Društvo nas uči da **prihvatimo** ljude takve kakvi jesu. To je u redu. Ali da li bi trebalo da ignorišemo problem? Ne. **Trebalo bi da pronađemo način da pomognemo.**

Sada se traži da država **preduzme** mere protiv gojaznosti. **To je trebalo da se desi odavno.**

Ali kako da pronađemo ravnotežu između **istine i dobrote** u svetu u kome čak i iskrenost može da bude uvreda?

Preispitivanje Boga i religije

Već sam pominjao svoje razočaranje verskim organizacijama. Proučavao sam Bibliju godinu dana i mogu reći sledeće – imam problem i sa Bogom.

Izlazak 21:24 – „Oko za oko, zub za zub, ruka za ruku, noga za nogu."

Kakav bi to Bog rekao nešto takvo?

Ako je Bog ljubav, kako možemo voleti Boga koji zapoveda takve stvari? Ako je sveznajući, zar nije mogao da predvidi posledice takvih zakona? Da li je to bilo zbog pravde ili zbog kontrole?

A ako je to nekada smatrano pravednim, koliko je vremena bilo potrebno da **Bog – ili čovečanstvo – shvati da je to pogrešno?**

Zatim, u Novom zavetu, Isus propoveda *oproštaj: okreni drugi obraz umesto da tražiš osvetu.*

Da li je Bog promenio mišljenje? Ili čovečanstvo tada jednostavno nije bilo spremno za milost? Ako je božanski zakon večan, **zašto se menjao?**

Neki teolozi tvrde da je „oko za oko" bilo zamišljeno da **spreči preteranu osvetu** – način da se obezbedi da kazna bude pravična i ne prekomerna.

Ali meni je teško da poverujem da je to moglo da funkcioniše. Da svi živimo po tom pravilu, zar to ne bi dovelo do beskrajnog ciklusa osvete? Zar se ne bismo svi **međusobno poubijali?**

Možda je zato Isus kasnije propovedao oproštaj – jer stroga pravda nije dovoljna. Neko mora da prekine taj krug, inače neće ostati niko.

Da li je Bog to shvatio prekasno? A ako jeste–kako je sveznajući Bog mogao da napravi takvu grešku?

Zatim, u Novom zavetu, Isus je propovedao oproštaj: Okreni drugi obraz umesto da tražiš osvetu.

Da li je Bog promenio mišljenje? Ili čovečanstvo jednostavno nije bilo spremno za milost u to vreme?

Ako je božanski zakon večan, zašto se onda razvijao?

Neki teolozi tvrde da je „oko za oko" zapravo imalo za cilj da spreči preteranu osvetu – da kazna bude pravedna i da ne prelazi ono što je zasluženo.

Ali meni je teško da razumem kako bi to moglo da funkcioniše.

Ako bi svi živeli po tom pravilu, zar to ne bi vodilo u beskonačan ciklus osvete?

Zar ne bismo svi na kraju poubijali jedni druge?

Možda je baš zato Isus kasnije propovedao oproštaj — jer stroga pravda sama po sebi nije dovoljna.

Neko mora da prekine taj krug, inače niko neće ostati.

Da li je Bog to shvatio prekasno?

A ako jeste, kako je moguće da sveznajući Bog napravi takvu grešku?

Priča o Jovu: Test ili okrutna igra?

U Knjizi o **Jovu**, Bog i Sotona sede zajedno. Bog se hvali Jovovom vernošću, ali ga Sotona izaziva, govoreći da je Jov veran samo zato što je bogat i zaštićen.

Da bi dokazao poentu, Bog dozvoljava **Sotoni da mu oduzme sve** – bogatstvo, porodicu, čak i zdravlje.

Ako je Bog sve milosrdan, zašto bi dozvolio patnju samo da bi dokazao nešto?

Zašto se lojalnost testira kroz bol?

Ako je moral nekada značio strogu kaznu, a kasnije oproštaj, **kako da znamo koja verzija Boga je prava?**

I ako je Bog ljubav, zašto se ponekad ponaša na način koji ne izgleda ni blizu ljubavi?

Važnost preispitivanja

Da li grešim što postavljam ova pitanja? Ne.

Kroz istoriju, oni koji su postavljali pitanja menjali su svet.

- Sam Jov je **ispitivao** Boga kad je nepravedno patio.
- Propovednik (Knjiga Propovednikova) se bavi smislom života i pravdom.
- Isus je izazivao verske vođe svog vremena.
- Galilej je doveo u pitanje Crkvu i dokazao da se Zemlja okreće oko Sunca.
- Sokrat je podsticao ljude da kritički razmišljaju i zbog toga je osuđen na smrt.
- Martin Luter King mlađi je izazvao rasnu nepravdu i promenio tok istorije.

Vera, moral i uverenja ne bi trebalo da se zasnivaju na slepom prihvatanju. Oni treba da se temelje na **razumevanju, preispitivanju i traganju za istinom.**

Ako nam je Bog dao sposobnost da kritički razmišljamo, onda **je postavljanje pitanja deo tog dara.**

Ovo nije napad na veru – ovo je **potraga za jasnoćom.**

Dakle, da – ispravno je postavljati ova pitanja. Mnogi će ih izbegavati, ali pravo razumevanje dolazi iz suočavanja sa teškim idejama.

Mešane veze: Ko se zaista suočava sa osudom?

Ovo je samo moje zapažanje.

Ako vidite belca sa osobom druge rase, to i dalje privlači poglede – naročito ako imaju dete zajedno.

Kada se to dogodilo u **britanskoj kraljevskoj porodici**, ljudi su se pitali: *Koje će boje biti dete?*

Da li je to bilo ispravno?

Zaljubljujemo se u ljude drugačijeg porekla i prihvatamo poglede i osude drugih.

Ali mogu li naša deca to isto?

Da li mi odlučujemo u njihovo ime?

Možda je ljubav jednostavna, ali svet je čini komplikovanom.
I možda nije stvar u tome da li mi možemo da podnesemo poglede – već da li naša deca treba da moraju.

Dodatak 3: O Autoru
Ko je Aleksa Család?

Većina ljudi bi rekla da sam niko i ništa. Možda su u pravu. Ali možda – samo možda – mogu da budem onaj koji će vam pokazati da je svako neko. Neki jednostavno nikada ne dobiju priliku da budu saslušani.

Živeo sam život pun obrta, borbi i neočekivanih skretanja. Sada, sa 78 godina, konačno imam vremena da ispričam svoju priču pre nego što istekne moj čas. Ne pišem zbog slave ni novca. Pišem jer priče poput moje – poput tvoje – zaslužuju da budu ispričane. Ne samo od strane slavnih ili moćnih, već od običnih ljudi koji su živeli, voleli i borili se da ostave trag.

I ako pročitaš moju knjigu, saznaćeš jednu stvar o meni:
Ne odustajem.

Zašto ova knjiga?

The Diary of Parallel Serendipity nije samo knjiga. To je putovanje – koje obuhvata decenije, daljine i dubine ljudskog srca. To je priča o ljubavi, razdvajanju i o tome kako sudbina ponekad savija vreme da bi spojila dve duše.

Godinama je ova priča živela u meni. Nosio sam je kroz borbe emigracije, težinu neizgovorenih reči i trenutke kada me je život skoro naterao da zaboravim. Ali nikad nisam zaboravio. A kada me je unuk podsetio na moj san – da pišem, da budem saslušan – znao sam da je vreme.

Imao sam dva izbora:

- Da zadržim priču u sebi dok ne izbledi zauvek.
- Da je pretočim u reči i podarim joj sopstveni život.

Izabrao sam drugo. Jer žaljenje je teže od neuspeha.

Pisanje protiv vremena

Postoji izazov o kojem nisam mnogo govorio. Dijagnostikovana mi je suva makularna degeneracija. U narednih deset godina, možda ću potpuno oslepiti. To me samo još više gura napred.

Kažu da većina autora prvih knjiga ne uspe. Da je za uspeh potrebno mnogo godina. Ali to nisam ja. Planiram da nadmudrim statistiku. A ako ne uspem? Pa šta. Bar neću sedeti u poslednjim danima života i reći:

„Samo da sam bar pokušao."

Jer jesam.

Šta želim da ponesete iz ove knjige

Ovo nije samo moja priča. Ovo je za svakoga ko se ikada zapitao: „Šta bi bilo da sam...?"

Za svakoga ko je ikada nešto izgubio – ili nekoga – i pomislio da je prekasno.

Za ljude koji nastavljaju dalje, bez obzira koliko teret bio težak.

Ako moja knjiga može da pokaže makar jednoj osobi da njena priča ima vrednost, da nije zaboravljena, i da ljubav, nada i druge šanse zaista postoje – onda je vredelo pisati.

„U životu svi nosimo svoj teret – neki vidljiv, neki skriven. Ali bez obzira koliko bio težak, ja nikada nisam prestao da koračam."

Ako si pročitao moju priču i želiš nešto da pitaš ili da podeliš svoje misli, rado ću te saslušati. Možeš me kontaktirati putem mog sajta, koji takođe sadrži i divnu animaciju Mile, više o ovoj knjizi, i nove članke na blogu:

https://thediaryofparallelserendipity.com/

Hvala ti što si pročitao!

Dodatak 4: Moje muzičko putovanje

Soundtrack Paralelne Srećne Slučajnosti

Trebao mi je ceo dan da ovo sastavim – ne zato što je bilo teško, već zato što je bilo duboko emotivno. Preslušao sam svaku pesmu, pogledao svaki video, i plakao više puta nego što mogu da izbrojim.

Ove pesme nisu samo pozadinska muzika – one čine soundtrack mog života sa Milom.

Svaka pesma me vratila nazad. Na prvi plamen ljubavi. Na dane kada smo plesali, sanjali i davali obećanja. Na vremena kada smo bili razdvojeni, a ipak nekako povezani.

Ove pesme su mi pomogle da sve ponovo proživim – lepotu, tugu, nadu.

Želeo sam da ti, čitaoče, dam nešto više od običnih reči na papiru. Hteo sam da osetiš priču – da putuješ kroz vreme sa mnom, da zamisliš kakav je život tada bio, i da razumeš zašto mi ova ljubavna priča još uvek toliko znači.

Ova kolekcija je moj poklon tebi. Slušaj srcem. Pusti muziku da te vodi. Pusti sećanjima da dođu.

Jer kada reči nisu dovoljne... muzika govori.

Pesme koje su uokvirile našu ljubav
Apache – The Shadows (1960)
House of the Rising Sun – The Animals (1964)
Yesterday – The Beatles (1965)
A Whiter Shade of Pale – Procol Harum (1967)
Hey Jude – The Beatles (1968)
Imagine – John Lennon (1971)

1960-e
Stand by Me – Ben E. King (1961)
Can't Help Falling in Love – Elvis Presley (1961)
The Sound of Silence – Simon & Garfunkel (1964)
Unchained Melody – The Righteous Brothers (1965)
My Girl – The Temptations (1964)

Moja sećanja na Italiju – 1968

Godine 1968, dok sam čekao u Italiji — kao izbeglica sanjajući novi život — ulice, kafići i radio stanice bili su ispunjeni nezaboravnom muzikom. Te pesme su nosile nadu, čežnju i ponekad onaj gorko-slatki osećaj kada nemaš ništa osim srca punog snova.

Evo muzike koja nas je tada okruživala — soundtrack vremena kada su ljubav, razdvojenost i sudbina hodale ruku pod ruku.

Pavarotti – Tu che m'hai preso il cuor (Ti što si mi srce ukrala) – bezvremenska ljubavna pesma. U tim danima, mnogi od nas su čeznuli za nekim ko je bio daleko. Kada bi se ova pesma čula, činilo se kao da govori direktno mom srcu, koje je čeznulo za Milom.

Senza una lira in tasca (Bez lipe u džepu) — ovo je bilo više od izreke; to je bio naš život. U izbegličkim kampovima u Latini i Padrićanu, mnogi od nas nisu imali ni dinara, ali smo imali prijateljstvo, muziku i nadu. Sećam se kako sam stajao ispred malog kafića i slušao radio. Jedan čovek je pevao: 'senza una lira in tasca, ma con un cuore che ama' — bez lipe, ali sa srcem koje voli. Smejali smo se, plesali i preživljavali.

Azzurro – Adriano Celentano

Vesela pesma o čežnji za domom i osećaju zarobljenosti u gradu. Često sam je pevušio dok sam se vraćao u kamp.

Canzone per te – Sergio Endrigo

Prelepa balada – pobednica Sanrema 1968. godine. Tada se neprestano svirala.

La Bambola – Patty Pravo

Smeo, senzualan hit – čuli smo je svuda, u barovima i džuboksima.

Non credere – Mina

Dramatična ljubavna pesma – Minin glas nam je svima stvarao jezu.

Cuore matto – Little Tony (Ludo srce)

Pesma za mlade i divlje, čak i sa praznim džepovima.

Senza luce – Dik Dik

Italijanska verzija pesme "A Whiter Shade of Pale". Puna emocija, savršena za tihe večeri.

Una rotonda sul mare – Fred Bongusto
Klasična pesma iz plesne sale — mnogi parovi su uz nju plesali pod zvezdama.
Delilah – Tom Jones
Strastvena i dramatična – Italijani su je obožavali, a i mi sa njima.
Love Is Blue (L'amour est bleu) – Paul Mauriat
Instrumentalna pesma ispunjena čežnjom – svirala je svuda te godine.

1970-e
Let It Be – The Beatles (1970)
Your Song – Elton John (1970)
Stairway to Heaven – Led Zeppelin (1971)
Bridge Over Troubled Water – Simon & Garfunkel (1970)

1980-e
Every Breath You Take – The Police (1983)
Time After Time – Cyndi Lauper (1983)
With or Without You – U2 (1987)
Careless Whisper – George Michael (1984)

1990-e
Tears in Heaven – Eric Clapton (1992)
I Will Always Love You – Whitney Houston (1992)
One – U2 (1991)
Nothing Compares 2 U – Sinéad O'Connor (1990)

2000-e
The Scientist – Coldplay (2002)

Hvala ti što si pročitao!

Takođe dostupno na engleskom jeziku!

The Diary of Parallel Serendipity: A Love Story Beyond Imagination

Ako ste uživali u ovoj knjizi, englesko izdanje možete pronaći na mom sajtu ili preko Amazona.

Skenirajte kod i saznajte više:

thediaryofparallelserendipity.com

www.ingramcontent.com/pod-product-compliance
Lightning Source LLC
Chambersburg PA
CBHW061725070526
44583CB00024B/3010